68혁명,
세계를
뒤흔드는
상상력

68혁명, 세계를 뒤흔드 상상력

1968 시간여행

잉그리트 길혀홀타이 지음 ㅣ 정대성 옮김

창비

68 Revolution

역사에는 전사(前史)가 있기 마련이다. 68세대가 아닌 필자의 1968년 '시간여행' 이야기도 멀리 24년 전으로 거슬러 올라간다. 독일에서 가장 오래된 하이델베르크대학 총장을 지낸 베르너 콘체(Werner Conze) 교수가 '68'을 연구주제로 권했다. 총장으로 재직하던 1969~70년에 그는 학생들에게 계란과 토마토 세례를 받은 경험이 있었다. 하이델베르크는 베를린, 프랑크푸르트와 더불어 68운동의 아성으로 알려진 곳이다. 68운동 발발 직전 하이델베르크 대학생은 콘체 교수가 겪어본 학생들 가운데 최고였다. 그는 1985년 하이델베르크의 어느 까페에 앉아 당시 학생들의 이름을 기억해냈다. 그러고는 "학생들이 그때 왜 그랬을까? 왜 저항했을까? 그 이유를 규명해볼 수 있겠어요?"라며 서독 68운동을 하빌리타치온(교수자격) 논문주제로 제안했다. 역사가인 콘체 교수가 이듬해 세상을 떠나자 서독 교수는 누구 하나 68논문을 지도할 준비가 되어 있지 않았다. '1968'은 "역사가 아니다"라고들

말했다. 3년 뒤에 필자가 지도교수를 구하고 나자 이번에는 '독일 사회주의학생연합'(SDS)의 유산을 관리하던 옛 활동가들이 바리 케이드를 쳤다. 그들은 독자적 연구 프로젝트를 준비하며, 필자 가 SDS 자료에 손대는 걸 허용하지 않았다.

68운동이라는 연구대상을 바꾸지 않으려면 나라를 바꿀 밖에 도리가 없었다. 필자는 프랑스를 택해 프랑스 '5월운동'의 동원과 정을 연구하기 시작했다. 프랑스에서 저항은 국제적 저항운동의 정점에 뒤늦게 솟아오르지만 1968년 5월 3일에서 10일까지 단 일 주일 만에 다른 나라의 저항을 따라잡고 넘어선다. 5월 말이 되 면, 물경 750만에서 950만명이 파업에 돌입한다. 샤를 드골 대통 령은 독일·프랑스 국경을 저공비행하는 헬기로 프랑스를 떠난 다. 부르디외가 『호모 아카데미쿠스』(1988)에서 말한 '결정적 순 간'에 이른 것이다. 결정적 순간이란 "미래가 정말로 우연성의 지 배를 받아 앞으로의 일이 진정으로 결정되어 있지 않으며, 순간 이 정말로 순간 그 자체로 보여 예상되거나 예상할 수 있는 결과 없이 일시 정지 상태에 있는 그런 시점이다."

하지만 모든 나라에서 68운동이 "프랑스 같은 상황"에 비견할 만한 정치 위기를 낳지는 않았다. 그럼에도 '68'을 수놓은 사건들 은 한스 마그누스 엔첸스베르거 말대로 "체제가 흔들린다"는 인 상을 남겼다. 필자는 프랑스 68운동을 다룬 교수자격논문을 『상 상력에 권력을!: 프랑스의 68년 5월』(1995)이라는 책으로 낸 뒤, 68 운동의 그런 저항 역동성을 설명하기 위해 독일, 프랑스, 이딸리 아, 미국에서 68운동의 인식론적 지향 및 그 운동의 형성과 동원, 몰락 과정을 비교 분석했다. 그 결과물인 『68운동: 독일·서유럽·미국』(2001)은 2006년 한국어로도 옮겨졌다. 필자의 68운동 연구는 이후 레지스 드브레, 페터 한트케, 귄터 그라스, 한스 마그누스 엔첸스베르거 같은 운동 주역들에 대한 책으로 이어졌다(『현실참여적인 사상: 지식인의 영향력 기회』, 2007).

이번에 새로 나온 『68혁명, 세계를 뒤흔든 상상력』에서는 프라하, 뻬이징, 런던, 토오꾜오, 멕시코씨티 같은 곳의 저항까지 아우르며 대상 국가가 넓어지는 대신, 시기는 1968년 1월 말 베트콩 구정공세에서 1969년 1월 런던과 프랑크푸르트의 대학점거까지로 좁혀진다. 이 책에서 특히 강조하는 부분은 68운동 활동가들의 국제적 연결망과 행동의 동시성(同時性)을 비롯해 '다른' 사회를 위한 기본사상과 시대진단 및 시대인식 같은 것이다. 필자는 이들 1968년의 활동가와 사건에 최대한 가까이 다가가 상호연관성을 보여주기 위해, 29개 무대 장면이 하나의 꼴라주로 모아지는 역사적 설명방식을 택했다. 이 '역사 꼴라주'의 한국어 번역을 맡아준 역자에게 감사하고, 한국 독자들을 만나게 되어 기쁘기 이를 데 없다. 나아가 29개 장면의 역사 무대 속에서 68이라는 지구적 저항운동의 유토피아와 전략, 성공과 실패를 둘러싼 관심이 피어나기를 기대한다. 지식인 신좌파가 고무한 68운동은 기존 사회·경제질서와 지배질서에 맞서는 대항구상을 품은 마지막 저항운동이었다. 모쪼록 이 책을 통해 한국 독자들이 '1968'의 역사 무대를 가로지르는 '시간여행'을 즐겼으면 하는 바람으로 작별인사를 드린다.

2009년 6월 하이델베르크에서
잉그리트 길혀홀타이

차례

프롤로그

"'1968'은 상상력이 나래를 편 해다." 시인 한스 마그누스 엔첸스베르거(Hans Magnus Enzensberger)는 「격정과 혼란의 시기에 대한 기억」이라는 글에서 그렇게 썼다. 나아가 '1968년'에 일어난 일을 제대로 설명하는 것이나 그때 일어난 사건들과 대면하여 "이해하는 것"조차 불가능하다며, '1968년'과 씨름하려면 꼴라주 기법을 사용할 수밖에 없다고 보았다(Enzensberger 2004, 23면). 시집 『타이타닉의 침몰』(1978)에서 엔첸스베르거는 시의 형태를 빌려 다음과 같이 회고했다.

> 춥다. 아직 채 십년도 지나지 않았다는 사실이 믿기 어렵지만,
> 유난히 경쾌했던 그 희열의 나날이 기억난다.
> 당시엔 누구 하나 침몰을 생각지 않았다.
> 오래 전부터 침몰의 그림자가 드리워진 베를린에서조차도.
> 섬나라 꾸바는 우리 발밑에서 흔들리지 않았다.

어떤 것이 우리 앞에 있는 듯이 보였다.

우리가 만들어내야 하는 어떤 것이. (Enzensberger 1978, 14~15면)

그 '어떤 것'이 무엇이었는지 엔첸스베르거는 십년 세월이 지나고도 제대로 말하지 못한다. 이렇게 돌려 말할 뿐이다.

내일이면 나아질 거야.

내일이 아니면 모레는 그렇게 될 거야.

뭐 그러니까, 꼭 나아지지는 않을지 몰라도 달라지긴 할 거야.

어쨌든 완전히 달라질 거야. 모든 게 달라질 거야.

환상적인 느낌이었지. 나는 기억해.

엔첸스베르거처럼 이 유토피아를 탐색하러 나선 프랑스 철학자 레지스 드브레(Régis Debray)도 비슷하게 그 시대를 돌아보았다. 드브레는 자서전에서 말한다. "내가 스무살 때 시대는 앞을 비춰주었고 우리를 앞으로 불러냈다. (…) 그 시대는 우리를 '더 적은 것'에서 '더 많은 것'으로 이끈 위대한 여행이었다. 우리는 다른 세계를 꿈꾸었다. 그 세계는 아직 어디에도 없지만 약속된 것이었다"(Debray 1996, 604면).

1968년에 섬광처럼 빛난 유토피아는 카리스마를 잃었다. 그 유토피아는 '제도를 가로지르는 장정' 속에서 왜곡 또는 좌초되고 정반대인 디스토피아로 뒤집히거나 알맹이가 없어져 낡고 진부한 것으로 뒤바뀌기도 했다. 하지만 1968년에 촉발된 '인식 혁명'은 현대 세계의 변화와 자기성찰에 다양한 방식으로 기여했다. 그래서 1968년이라는 해는 당시 스무살이던 여러 사람들의 삶뿐 아니라 1945년 이후 현대사에서도 중요한 분기점으로 주목받고 있다.

이 책은 24개의 무대로 구성된 역사적 꼴라주 형태로 1968년을 그려낸다. 필자는 이 무대를 통해 당대 저항의 현장으로 돌아가 중심사건을 이야기로 엮어내고 주역들을 소개하고 활동배경을 묘사하며, 사건들의 상호작용과 저항의 성과 및 장기적인 영향을 부각해낼 것이다. '1968'은 지구적인 현상이었다. 1968년 절정에 이른 저항운동은 국제적 운동이었기에, 각국 운동을 이끈 그룹은 서로 관련되고 세계적으로 연결되었다. 다양한 나라의 저항운동이 각기 특수한 진행경로를 보여주는 것도 사실이지만 주된 동원요인은 어디서나 베트남전 반대였다.

1968년에 대학생과 노동자, 지식인은 서구 산업사회에서뿐 아니라 사회주의 국가에서도 반기를 들었다. 따라서 이 '시간여행'의 일정표에는 중국 문화혁명과 프라하의 봄도 들어 있다. 사회주의 진영의 전환점으로 기록되는 두 사건은 서방세계에까지 영향력을 내뿜었고, 그 희생과 파국에도 불구하고 전반적인 궐기분위기를 돋우는 데 기여했다.

무릇 여행이 그렇듯 이 여행도 장소와 무대를 골라야 하기에 과거를 돌아보는 여행자의 눈길은 선택을 피하기 어렵다. 이 역사적 꼴라주 속에서 일련의 무대 장면을 (재)구성하며 필요에 따라 강조하거나 극적으로 표현하는 부분도 있지만, 전체를 포착할 수는 없으며 그럴 필요도 없다. 1968년의 연대기에 따라 장면이 꼬리를 무는 이 여행은 음력 새해 명절에 시작된 1월의 베트콩

'구정공세'에서 출발해 1969년 1월 31일 프랑크푸르트 사회연구소 측이 점거 학생들을 몰아내며 종착역에 이른다.

여행은 각 사건의 전사(前史)나 주역들의 회고도 담아낸다. 거기서 주로 목소리를 내는 사람은 자서전을 썼거나 본인이 겪은 일에 대해 말이나 글로 입장을 표명한 인물들이다. 하지만 이 가운데 다시 한번 선별이 이루어졌다. 여행 출발지에서 먼저 동승하는 인물들은 각국 운동을 주도한 그룹의 대변자로, 구정공세 시작 직후인 1968년 2월 17, 18일 열린 베를린 '국제베트남회의'에 참가한 이들이다. 여행은 1968년의 현장을 가로지르며 그중 루디 두취케(Rudi Dutschke), 타리크 알리(Tariq Ali), 쟌쟈꼬모 펠뜨리넬리(Giangiacomo Feltrinelli), 다니엘 콘벤디트(Daniel Cohn-Bendit) 4인의 행적을 추적한다. 베를린에 오지는 않았지만 베트남전 반대 전략에 맞춰 활동한 두 사람도 같이 여행길에 오른다. 버나딘 돈(Bernardine Dohrn)과 톰 헤이든(Tom Hayden)이다. 그밖에 또 한사람이 이 여행에서 목소리를 낸다. 68운동 활동가로 꼽히지도 않을뿐더러 당시 볼리비아 감옥에 갇혀 있어 완전히 열외였던 레지스 드브레이다.

이 '시간여행'은 그러한 시대 전환기의 움직임을 지진계처럼 추적하고 평가한 시인 한스 마그누스 엔첸스베르거의 성찰에 크게 힘입었다. 또한 필자도 여행 끝자리에 이름을 올린다. 필자는 68운동 주역들이 "만들어내야 하는 어떤 것이 우리 앞에 있다"는 신념을 어떻게 갖게 되었는지 탐색하려고 '역사의 흔적 찾기' 여행에 나섰다. 그밖에 샤를 드골(Charles de Gaulle), 한나 아렌트(Hannah Arendt), 피델 까스뜨로(Fidel Castro), 페터 한트케

(Peter Handke), 마오 쩌뚱(毛澤東) 같은 여러 인물도 나름의 역할을 하고 있다. 물론, 이 책에서 잠시 언급된 이들이나 등장하지도 않은 다른 많은 이들의 공헌이 없었다면 1968년이 '획기적인 해'가 되지 못했으리라는 점을 필자는 익히 알고 있다.

이제 현대사에 필요한 것은 "하나, 둘, 수많은 (그 이상의) 자서전"과 회고록, 일기 및 편지를 비롯해 "현대사 자체를 이해하기 위한" 더 많은 "시간"이다. 1968년 6월 한나 아렌트는 칼 야스퍼스(Karl Jaspers)에게 썼다. "우리가 1848년에서 배우듯" 21세기의 아이들은 "1968년에서 배울 것입니다"(Arendt/Jaspers, 617면). 따라서 2008년[1]은 "바로 그 출발점이다."

---

1) 21세기 벽두인 2008년은 68혁명/운동 40주년이자 이 책이 씌어지고 나온 해를 말한다(이후의 각주는 모두 옮긴이 주임).

1

베트콩 '구정공세'

싸이공, 1968년 1월 30일: 싸이공이 연기에 휩싸인다. 자정 이후 도처에서 전투가 벌어져 북베트남 군대와 베트콩 게릴라조직 '남베트남민족해방전선'(NLF)이 정부청사와 관공서 건물로 돌진하고 군사기지를 공격한다. 1월 30, 31일 음력 새해 명절인 구정기간의 휴전이 깨졌다. 예상을 뒤엎은 이 기습은 남베트남 정부를 전복하는 민중봉기를 불러일으키려는 목적에서 감행되었다. 싸이공뿐 아니라 전국에서 부대가 진격한다. 베트남의 옛 황도(皇都) 후에(Huê)가 접수되고 거의 모든 지방 주요도시가 공격받으며, 라오스 접경에 위치한 미 해군 주둔지 케산을 둘러싸고 1월 중순부터 펼쳐지던 전투가 더 달아올랐다. 베트남 전역으로 번져가던 구정공세는 미 대사관 앞에서도 멈추지 않는다. 19명의 베트콩 병사가 대사관 건물을 둘러싼 울타리에 폭발물로 구멍을 뚫는다. 6시간 동안 전투가 벌어진다. 베트콩 병사는 결국 모조리 시체로 발견되고 기대한 민중봉기는 일어나지 않는다. 하지만 어떤 변화가 이루어졌다. 미군 지도부가 변함없이 확신한 '터널 끝에서 불빛이 보인다'는 생각이 흔들렸다.

1968년 베트남에서는 선전포고도 없이 시작된 전쟁이 4년간이나 벌어지고 있었다. 1964년 8월 7일 미 의회는 "미 해군에 겨냥된 모든 공격을 물리치고 뒤이은 공격행위를 저지하는 데 필요한 일체의 조치를 취할" 권한을 미군 최고 명령권자인 존슨(L. B. Johnson) 대통령에게 부여하는 결의안을 통과시켰다(Kutler, 655면). 결의안은 전권 위임장에 다름아니었다. 존슨 대통령은 TV 담화에서 북베트남 초계정의 통킹만 미 구축함에 대한 두 차례 선제공격을 의회결의안의 원인으로 꼽았다. 미 공군은 벌써 두번째 공격 당일 밤에 북베트남에 보복 폭격을 감행했다. 한데, 두번째 공격이 실제로 있기나 했는지는 애초부터 논란거리였다. 탁월한 게릴라전 전술가로 북베트남 국방장관(1954~1980)을 지낸 보 응우옌 지압(武元甲) 장군은 1995년에 베트남전 당시 미 국방장관이던 로버트 맥너마러(Robert McNamara)에게 '그런 공격은 없었다'고 못박았다. 맥너마러는 1964년에 자신이 그렇게 믿었다면 "북베트남 보복공격은 있지도 않았을 것"이라고 대꾸했다(Steininger, 84면).

1968년 구정공세가 시작될 때 베트남에 주둔하고 있던 미군은 43만 1천명이었다. 베트남의 미군 숫자는 1965년과 1966년 사이 3천명에서 38만 5천명으로 기하급수적으로 늘어났고 이후로도 꾸준한 증가 추세에 있었다. 미군 병력은 대개 공중전으로 수행된 군사작전 '롤링 선더'(천둥작전)에 투입되었다. '롤링 선더'는 국방장관 맥너마러가 지시한 작전의 하나로 폭격을 통한 북베트남 압박이 목표였다. 공산주의 세력의 베트남 침투와 중국 및 소련의 지원을 저지해야 했다(Frankum, 19~20면).

베트남은 냉전을 상징하는 대표 모델이었다. 베트남은 프랑스 식민주의 세력이 인도차이나에서 퇴각한 뒤인 1954년에 북위 17 도선을 따라 나뉘었다. 북쪽에는 하노이를 수도로 친공산주의 베트남민주공화국이, 남쪽에는 미국의 지원하에 싸이공을 수도로 다른 공화국이 섰다. 미국 정치 군사 지도부가 견지한 '도미노 이론' 가설에 따르면, 공산주의 세력이 남베트남으로 진출할 경우 필리핀과 라오스, 인도에서도 권력의 향배가 공산주의 쪽으로 기울 것이었다. 따라서 남베트남은 전력을 다해 방어해야 할 보루로 보였다. 제2차 세계대전 때보다 더 많은 폭탄을 베트남전에 쏟아붓고 있던 미군은 북베트남 폭격이 시작된 뒤 네이팜탄과 파쇄성(破碎性) 폭탄, '에이전트 오렌지'라는 고엽제도 투입했다.

당시 세계적으로 조직되고 있던 베트남전 반대세력은 미국의 이런 전략을 '인종학살'이라 불렀다. 미국 내 반전세력은 의회 밖에서 먼저 형성되어 목소리를 높이며, 극동의 한 인종을 말살하는 전쟁이 미국 헌법의 가치를 지키기는커녕 "모독하고 있다"고 주장했다. 그 전쟁이 보호하는 자유가 있다면 "베트남에서 게릴라전과 반혁명전략을 실험하고 있는 펜타곤과 미 국무부의 전쟁놀음 세력을 위한 자유밖에 없다"는 것이었다(Potter, 14면).

미국 내에서는 먼저 대학생이 자국 정부의 베트남 개입정책 강화에 반기를 들었다. 학생들은 베트남에 전투병으로 징집될지도 모른다는 위기감을 느꼈고 실제로 1966년 봄부터 징집 인원이 점차 더 늘어났다. 항의를 위해 학생들은 '농성토론회'라는 새로운 정치토론 및 선동 형태를 창출했다. 농성토론회의 목표는 기존의 일방적인 강의 방식을 탈피하여 토론과 정보전달을 통해 활발한 정치활동 참여에 불을 지피는 것이었다. 농성토론회는 1965년 3월 24일 앤아버 주 미시건대학에서 처음으로 실험되어, 그해 5월 15일에는 122개 대학에서 동시다발적으로 베트남전 반대 농성토론회가 열렸다.

학생들의 저항을 이끌던 중심조직은 '민주사회학생연합'(SDS)이었다. 60년대 초부터 영국, 프랑스, 이딸리아, 서독에서 각각 뉴 레프트(New Left)·누벨 고슈(Nouvelle Gauche)·누오바 씨니스뜨라(Nuova Sinistra)·노이에 링케(Neue Linke)[2]로 불리며 신좌파 네트워크가 형성되기 시작했는데, SDS는 여기에 속하는 대표적인 미국 학생조직이었다. SDS 회원수는 베트남전 비판을 거치며 2천명(1965)에서 3만명(1967)으로 가파르게 올라간다. SDS는 병역거부자를 지원하고 군수산업과 연구기관의 '공모 관계'를 들추어낸다. SDS 대변인 폴 포터(Paul Potter)는 베트남전이 미국의 빈민 및 인종주의 문제와 연관된다고 꼬집으며 갈등의 원인을 설명하고 저항의 방향을 가리킨다. 폴 포터는 베트남전과 빈민 및 인종 문제가 모두 어떤 '체제'(System)의 결과라고 보았다. 포터는 '체제'의 이름을 구체적으로 말하는 대신 '체제'의 특징을 묘사한다. 그 체제는 "익명의 끔찍한 관료집단을 만들어내고 물질적 가치를 인간적 가치보다 더 앞세움에도 불구하고, 스스로 자유로운 체제라고 큰소리치며 나머지 전세계에 도덕을 가

---

2) 뉴 레프트·누벨 고슈·누오바 씨니스뜨라·노이에 링케는 영국, 프랑스, 이딸리아, 서독에서 각각 '신좌파'를 뜻하는 말이다.

르칠 자격이 있다고 정당화한다." 포터에 따르면 SDS는 "삶의 방식을 바꾸고 기존 체제에 도전할 준비가 되어 있으며 변화의 문제를 진지하게 생각하는" 사람들의 사회운동을 조직해 이 체제에 맞서려고 한다. 그런 사람들이 볼 때 관건은 미국이 처한 문제의 핵심을 베트남이 아니라 미국 자체에서 찾아야 한다는 점이다. 나아가 "베트남에서 전쟁을 벌이는 일은 상상할 수도 없고" 인간적 삶이 가치를 얻고 "자발성과 창의성을 중시하는" 민주적이고 인간적인 사회가 세워져야 한다(Potter, 16~18면).

베트남전 반대운동은 평화운동과 흑인 시민권운동의 지지를 받는다. 시민권운동은 미국의 군사개입 강화와 나란히 급진화의 길을 걸었다. 1966년부터 아프리카계 미국인 학생조직 '비폭력학생협력위원회'(SNCC)는 흑인 차별을 비난하며 군대의 신병 충원에 저항한다. 흑인에게 떨어질 확률이 훨씬 높았던 징집영장이 공개적으로 불태워진다. 프란츠 파농(Frantz Fanon)과 에르네스또 체 게바라(Ernesto Che Guevara)의 저작에 영향을 받은 SNCC는 문화적인 억압을 근거로 삼아, 흑인 주민은 미국 내의 '식민화된 존재'라 규정하고 제3세계 해방운동의 선봉으로 자처한다(Carson, 367~68면). 1967년 여름부터 SNCC는 1966년 10월 결성된 '블랙팬더'(Black Panther)와 긴밀히 협조하며 흑인 게토의 상황 변화를 위해서만이 아니라 베트남전 반대의 틀에서도 대결 국면에 돌입한다. "전쟁을 국내로 가져오자!"는 SNCC의 구호는 SDS 진영 일각에서도 호응을 얻는다.

베트콩의 구정공세로 전쟁이 남베트남 도시로 확대되자 이제 베트남전은 그곳에 머물던 미국 사진기자와 TV 방송기자의 카메라 앞에서 펼쳐진다. 베트콩은 여태 안전하다고 간주된 지점들을 점령했고 얼굴도 알려지게 되었다. 사진과 TV 화면이 여론을 움직이고, 존슨 행정부가 말하는 전쟁과 실제 전쟁 사이의 간극이 드러난다. 미국 언론이 계속 침묵하고 있던 전쟁의 공포도 폭로된다. 베트콩 공세의 충격 속에 쏟아진 전쟁보도는 전쟁에서 이길 수 있다는 생각에 불안과 의혹의 그림자를 드리운다. 전쟁에 찬성하는 주민이 줄고 전쟁 타당성 주장이 빛을 바래며 전쟁 찬성자 비율은 2월 말까지 51%에서 32%로 떨어진다. 정치권도 여론의 급변을 피해갈 수 없었다. 구정공세에 대한 즉각적 대응으로 베트남의 미군부대가 당장 증강되긴 하지만, 정치 지도부는 막후에서 부대철수와 베트남전의 '베트남 내부 문제화'로의 길을 열기 시작한다. 앞으로 특히 남베트남 부대가 지상전을 떠맡아야 한다는 말이었다.

미군부대가 몇몇 지역에서는 곧바로, 다른 곳에서는 몇주 뒤 또는 늦어도 그해 8월까지는 구정공세를 저지하는 데 성공하지만 구정공세는 베트남전의 분수령으로 작용한다. 작전에 참여한 베트콩 7만 5천명 가운데 4만명이 전사해 구정공세는 전략 면에서 북베트남군과 베트콩의 실패로 기록된다. 하지만 구정공세 및 관련 보도는 사태 인식과 미국 정치의 변화를 이끌어낸다. 구정공세는 미국 대외정책상의 '부분적 혁명'(Herring)을 야기했고, 동아시아 정책에 대한 숙고와 미국 헤게모니의 목표 및 한계에 대한 성찰을 낳는다.

존슨 대통령이 부른 '현명한 조언자들'은 '불간섭'을 요구한다. 따라서 극적인 대책 없이는 전쟁에 이길 수 없다며 예비 병력 20

만 6천명의 증파를 주장하는 군지도부와 대척점에 선다. 이미 구정공세 이전에 베트남전을 비판한 상원의원 유진 매카시(Eugene McCarthy)는 공개적으로 북베트남 폭격 종결을 요구해 민주당 대선후보 지명전에서 두각을 나타낸다. 상원의원 로버트 케네디(Robert Kennedy)는 형 존 F. 케네디(John F. Kennedy) 정부의 법무장관 겸 고문으로 베트남 운명에 대한 개입정책이 시작되는 데 일조했지만 68년 3월 터놓고 잘못을 받아들인다. 매카시처럼 케네디도 미국의 베트남정책 수정을 요구하고, 민주당 대선후보로 나설 것임을 밝힌다. 소속정당 내에서 두 후보가 도전장을 내밀자 존슨 대통령은 68년 3월 31일 재출마 포기와 부분적인 북베트남 폭격 중지를 선언한다. 결국 '롤링 선더' 작전은 68년 10월에 막을 내린다.

미국 SDS의 입장을 대변하는 잡지 『신좌파 연구』(New Left Studies)는 사진 두 장으로 구정공세에 대한 논평을 내놓는다. 첫 번째 사진에는 미 해병들이 고전적 할리우드 스타일로 다리를 건너 후에 시 쪽으로 행군하는 장면이 들어 있고, 다른 사진은 해병들이 구정공세의 충격이 채 가시지 않은 듯한 얼굴로 그 도시에서 황급히 도망쳐나오는 모습을 담고 있었다(Sale, 408면).

톰 헤이든은 구정공세로 인해 SDS가 새로운 의식, 즉 급진 소수진영이 거대한 힘에 맞서 주장을 굽히지 않는 것이 가능하다는 생각에 눈을 떴다고 말한다. SDS의 상징인물 헤이든은 벌써 대학을 졸업했음에도 불구하고 1964년부터 반전활동에 뛰어들고 있었다. 또한 일찍이 1965년에 북베트남 길에 올랐다. 전쟁에서 일어나는 일을 현장 사진으로 담고, 미국 언론에서 늘 얼굴 없는 적으로만 등장하는 베트콩을 두 눈으로 확인하기 위해서였다. 거기서 헤이든은 고통받는 베트남 주민과의 일체감을 끌어내려면 전쟁을 희생자 시각으로 보고 이런 관점을 여론에 전달해야 한다는 사실을 깨달았다. 미국 언론은 헤이든의 입장을 "우리 모두는 베트콩"이라는 말로 각을 세워 전달했다(Miller, 280면).

헤이든은 두번째 북베트남 방문 직전인 1967년 가을, 게릴라 전략에 공감한다고 털어놓는다. 1964년부터 사회봉사활동을 벌이고 있던 뉴욕 입구의 흑인 게토 뉴어크 거리의 폭력을 통해, "미국적 형태의 게릴라전 수행을 위한 조건이 슬럼가에서 창출되었다"는 점을 납득했다는 것이다. 헤이든이 볼 때 그런 대결 전략의 유일한 '합리적 대안'은 로버트 케네디였다. 1967년 말에 이미 헤이든은 케네디의 대화 초대를 받아들였고 구정공세 이후 다시금 케네디가 접촉을 해온다. 8월 시카고의 민주당 대선후보 지명 전당대회를 교란할 항의행동 준비에 몰두하던 헤이든은 케네디의 대화 제의를 받아들인다.

헤이든은 SDS 대오 내에서 거센 불신과 비판의 소나기를 맞는다. 헤이든도 케네디처럼 아일랜드 혈통에다 가톨릭 교육을 받았고 둘 다 알베르 까뮈의 책에 열정적 관심이 있었다. 헤이든은 젊고 전투적이며 원기왕성한 그 실존주의적 정치가에게 호감을 느낀다. 케네디는 베트남전에 대한 자신의 입장 수정 작업에 헤이든을 참여시키고, 헤이든이 집필에 결정적 역할을 맡은 SDS 강령 「포트 휴런 선언」(Port Huron Statements)의 사상과 개념을 자기 연설에 인용한다(Hayden 1988, 264~65면). 헤이든은 갈등에 빠진다. 결국 헤이든은 게릴라 투쟁의 범주에 속하는 생각을 단념하지 않은 채 케네디를 통해 민주당의 베트남정책을 바꿀 기회를 노린다. 헤이든의 입을 빌리면 이는 "베트남전 종결에 사전 동의하지 않고서는 차기 대통령으로 뽑힐 수 없게 만드는 것"이었다(Hayden 1988, 206면).

SDS 내에서 '대결노선'의 대변자로 떠오른 인물은 26세의 법학도 버나딘 돈이다. 버나딘 돈은 1967년 시카고 로스쿨을 마치고 변호사가 되려던 계획을 접었다. 법학도를 베트남전 반대로 동원하는 과제에 오롯이 헌신하고 병역거부자에게 법률적 도움을 주기 위해서였다. 탁월한 조직가이자 설득력 넘치는 연설가로 꼽힌 버나딘 돈은 예쁘고 쎅시한 여성이었다. 그녀가 연설하는 모습을 보려고 멀리서 청년들이 찾아오곤 했다. 아버지 버나드 온스틴은 헝가리계 유대인이고 어머니는 스웨덴 사람이었다. 밀워키에서 자란 버나딘 돈은 SDS 및 신좌파 합류에 앞서 마틴 루서 킹 (Martin Luther King)의 흑인 시민권운동에 가담한 적이 있었다. 뒤이어 SDS 프로젝트인 JOIN(Jobs or Income Now)에서도 활동했다. JOIN은 시카고의 흑백 실업자를 '인종을 초월하는 빈민운동'으로 조직해내려는 기획이었다.

버나딘 돈은 1968년 초부터 뉴욕의 진보 성향 변호사협회에서 일한다. 뉴욕 SDS의 대변인인 버나딘 돈은 제국주의와 착취이론 개념으로 여성해방을 주장하는 여성그룹 대표이기도 했다. 구정 공세가 펼쳐질 무렵 버나딘 돈은 '제국주의를 뒤흔드는 열흘'이라는 슬로건으로 1968년 4월에 출범할 캠페인 계획에 열중하고 있었다. '시민 불복종' 전략을 새로 규정하는 이 캠페인은 '항의에서 저항으로' 이행하기 위한 새로운 방향을 제시하려고 했다.

이를테면 군사기관에 대해서는 더이상 캠퍼스 내에서 항의하지 않고 직접 공격하는 것이 그런 이행의 한 방편이었다. 거리를 누비는 항의행진과 자동차 방화도 고려했다(Hayden 1988, 283면). 캠퍼스 안팎에서 '열흘' 캠페인의 목표물을 가려냈다. 베를린의 '국제베트남회의'도 '항의에서 저항으로'라는 슬로건을 내걸고 있었다.

2

"호! 호! 호찌민!"
베트남전 반대자 네트워크

베를린, 2월 17~18일: "호! 호! 호찌민(胡志明)!" 베를린 하늘에 열띤 외침이 메아리친다. 베를린에서 열린 '국제베트남회의' 참가자 3천명은 우레와 같은 박수를 치고 베트남민주공화국 대통령의 이름을 박자를 곁들인 손뼉에 맞춰 소리 높여 연호했다. 더불어 회의 참가자들은 확성기를 타고 시시각각 전해지는 베트콩의 새로운 승리 소식을 평가하며 열띤 토론을 벌이고 있었다. 미국의 '민주사회학생연합'(SDS)과 조직 약자명이 같은 '독일사회주의학생연합'(SDS)이 '냉전의 수도'(Tariq Ali) 베를린 서쪽에서 베트남전 반대를 지지하고 강화하기 위해 전세계 청년 학생들을 초청한 것이다. 프랑스만 해도 좌파와 급진좌파 그룹을 대표해 3백명이 왔다. 뜨로쯔끼주의 그룹 '혁명적 공산주의청년연합'(JCR)의 알랭 크리빈느(Alain Krivine)와 아나키스트 그룹 '아나키스트학생연합'(LEA)의 다니엘 콘벤디트도 포함되어 있었다. 영국에서는 '베트남연대캠페인'(VSC)과 영국 신좌파의 타리크 알리와 로빈 블랙번(Robin Blackburn)이 왔고, 이딸리아는 출판인 쟌쟈꼬모 펠뜨리넬리가 사회주의 좌파 성향의 '프롤레타리아 통일이 딸리아사회당'(PSIUP) 대표로 베를린을 찾았다. 그중 몇몇은 영국의 타리크 알리처럼 수년 동안 반전활동을 벌이고 있었다.

타리크 알리는 학생단체 대변자로 1965년에 벌써 옥스퍼드대학에서 최초의 농성토론회를 조직한 인물이었다. 알리는 옥스퍼드와 하버드 대학 측이 TV 카메라 앞에서 겨루는 '베트남전 토론회'에도 참가했다. 토론회에서 알리는 베트남전 반대 입장의 대표로 나서 헨리 키씬저(Henry Kissinger)의 주장을 반박하고 옥스퍼드가 베트남전을 찬성하는 하버드를 꺾는 데 기여했다. 알리는 1967년에 북베트남을 방문하고 미국 SDS와 접촉을 이어간다. 알리는 "베트남인이 자기 나라에서 미국을 몰아내는 데 힘이 되기 위해 필요하다면 세상을 뒤집어엎기로" 작정했다(Ali, 77면). 이딸리아인 쟌쟈꼬모 펠뜨리넬리도 같은 생각이었다.

그래서 펠뜨리넬리는 이딸리아에서 대량의 다이너마이트를 승용차 뒷자리에 숨겨 베를린으로 가져왔다. 펠뜨리넬리는 '국제베트남회의' 전야에 SDS 반권위주의 진영 대변자인 루디 두취케의 집 앞으로 다이너마이트를 싣고 간다. 독일 항구에서 베트남으로 무기를 실어나르는 미국 선박 방해 활동에 착수하자는 것이 펠뜨리넬리의 제안이었다. 다이너마이트는 두취케 아들 호세아 체의 유모차에 실려 고급 주택가 어느 집에 보관된다(Dutschke-Klotz 1996, 180면). 1926년생인 펠뜨리넬리는 두취케보다 14살, 알리보다는 17살이 많고 부유한 집안 출신인데 50년대 말부터 출판인으로 이딸리아의 좌파 담론 형성에 크게 공헌한다. 1957년에는 보리스

빠스떼르나끄(Boris Pasternak)의 『닥터 지바고』를 출간했다는 이유로, 1945년부터 몸담아온 이딸리아 공산당에서 제명되기도 한다.

펠뜨리넬리는 1959년에 처음 꾸바로 갔다. 까스뜨로에게 자서전 간행을 권하려는 의도였다. 1968년 1월 펠뜨리넬리는 아바나의 '국제문화회의'에 참석하기 위해 3주간 다시 꾸바에 머물렀다. 서독의 한스 마그누스 엔첸스베르거와 미국의 톰 헤이든을 비롯해 작가와 예술가, 지식인 4백여명이 모습을 드러낸 그 문화회의에서 결의안 하나가 채택된다. "노동력을 더이상 상품으로 팔지 않고, 깨어 있는 의식으로 사회에 봉사하며, 노동을 소명으로 생각하는 인간유형의 창출"이 선언된다(Tricontinental 1968, No. 4/5, 87면). 나아가 문화회의 참가자들은 식민지 또는 신식민지로 억압받는 아프리카, 아시아, 라틴아메리카 민중이 "무장투쟁"을 통해서만 해방될 수 있다고 강조한다.

펠뜨리넬리는 꾸바에서 「게릴라와 혁명적 정치」라는 글을 썼다. 이딸리아에서도 "대항폭력을 점진적이되 체계적으로 사용할 것"을 주장하는 내용이었다. 펠뜨리넬리가 생각하는 "정치 게릴라는 현 이딸리아 프롤레타리아트의 핵심 구성요소라는 소신을 잃지 않고, 지배계급의 권력과 체제의 권위주의적 퇴행에 맞서"야 했다. 여기서 필수적인 것은 "모범이 될 만한 목표를 겨냥해 실질적으로 행동의 칼날을 벼리는 일"이었다. 펠뜨리넬리는 꾸바에서 까스뜨로를 만나지 못한다. 동행한 엔리꼬 필리삐니(Enrico Filippini)가 볼 때 펠뜨리넬리는 자기네 이딸리아인이나 알아들을 만한 스페인어를 썼지만 꾸바인이 들을 수 있게 굳이 스페인어로 연설했다. 유럽 출판인으로서의 자기 과제는 끝났고 이제 반제국주의 투사로만 이해되기를 바란다는 취지의 연설이었다 (Feltrinelli, 331~32면).

아바나 '국제문화회의'에 참석한 유일한 1929년생 서독 작가 엔첸스베르거도 회의 직후 깜짝 놀랄 행동과 선언을 한다. 그때까지 미국 웨슬리언대학에서 고등연구쎈터 연구원으로 받아온 장학금을 반납한 것이다. 엔첸스베르거는 68년 구정공세 시작 하루 뒤인 1월 31일 웨슬리언대학 총장에게 보낸 공개서한에서 "미합중국을 지배하고 있는 계급과 그 계급의 이익에 봉사하는 정부가 공공에 해로운 존재"라는 생각 때문에 그런 결정을 내린다고 밝혔다. 지금 미국의 지배계급은 "섬멸을 겨냥한 폭격에서 정교한 의식조작 기술까지" 수단이란 수단은 있는 대로 동원해 10억이 넘는 세계인과 선전포고도 없는 전쟁을 벌이고 있다는 판단이었다. 엔첸스베르거는 그 장학금 때문에 자기 신뢰가 땅에 떨어지고 말해야 하는 것의 예봉이 꺾였다고 보았다. 또한 웨슬리언대학보다 자신이 더 큰 도움을 줄 수 있고 배울 수도 있는 꾸바에서 그해 가을에 장기간 머물 것이라고 예고했다. 엔첸스베르거는 이런 상황을 규정하는 기본 원칙을 프랑스 철학자 레지스 드브레의 조언에서 끄집어낸다. "어떤 지식인을 평가하려면 사상검증으로는 충분치 않다. 결정적인 시금석은 사상과 행동 사이의 관계이다"(Enzensberger 1970a, 233~38면).

엔첸스베르거가 치켜든 '사상과 행동의 통일'이라는 깃발은 베를린 국제베트남회의 참가자들의 가슴에도 펄럭인다. 회의장인 베를린 기술대학 대강당의 연단 뒤에 걸린 거대한 붉은 깃발에는 대형 글씨로 이렇게 아로새겨져 있었다. "베트남 혁명의 승리! 혁명가의 의무는 혁명을 일으키는 것이다!" 이 슬로건은 라틴아메리카 해방운동의 공조활동을 위해 1967년 8월 아바나에서 뭉친 라틴아메리카 나라들의 연대조직 '라틴아메리카 연대기구회의' (OLAS-Konferenz)의 최종선언문에서 빌려왔다. 까스뜨로 및 체 게바라와 나란히 칠레 상원의장 쌀바도르 아옌데(Salvador Allende)도 OLAS의 발기인에 들어 있었다. 아옌데의 조카로 베를린 자유대학 학생이자 루디 두취케의 친한 친구인 작가 가스똥 쌀바또레(Gaston Salvatore)는 국제베트남회의가 시작되자 회의장의 그 붉은 대형 깃발 아래 자리잡고 앉는다.

두취케와 쌀바또레는 OLAS가 게릴라 전략을 빌려온 체 게바라의 텍스트를 함께 독일어로 옮긴 바 있었다. 게바라는 라틴아메리카 해방투쟁의 아방가르드 역할을 농촌 게릴라에게 맡겼다. 또한 게릴라를 정당에 종속시키는 것과 정당을 게릴라 위에 두는 것을 공히 반대한다. 라틴아메리카 나라들의 공산당과 맑스·레닌주의 분파 그룹에 반대하는 게바라의 구상은 1966년 11월부터 자신이 '거점' 설립을 시작한 볼리비아 게릴라 그룹의 확산 및 배가와 국경 밖으로의 이전을 목표로 삼는다(Debray 1974, 83~88면). 그것은 3억명이 살고 있는 대륙의 점차적인 해방을 위해 세포분열로 최종 봉기로까지 증폭해나갈 가능성을 혁명적 소수에게 두며 현재 속에서 미래를 선취하려는 기획이었다(Debray 1975, 136면). 게바라는 '의식' '의지' '의무'를 신뢰하는 전략을 내걸었고, 따라서 주의주의(主意主義)에 믿음을 건다. 그 주의주의는 '역사는 창출 가능하다'는 생각과 연결되고, 필수적인 물질적 조건이 아직 존재하지 않아도 '다른' 사회가 만들어질 수 있다는 생각과도 결부된다.

　게바라의 볼리비아 투쟁은 실패했다. 미국 출신 반게릴라 활동 전문가의 지원을 받은 특공대가 최종 12명으로 줄어든 게바라 그룹을 섬멸하고 67년 10월 게바라를 사살했다. 하지만 신화는 계속 살아남는다. 불가능한 것이 가능할 수 있고 급진적 소수가 '거대한 힘'에 맞서 승리할 수 있는 증거로 비친 것이 베트콩의 구정 공세였다. 베트콩 및 호찌민과의 연대가 꾸려지고 "호! 호! 호찌민!" 외침 속에서 한층 더 공고해지는 무대가 바로 베를린 국제베트남회의였다. 회의장은 두취케의 다음 선언과 더불어 도취감과 열정의 분위기에 휩싸인다. "역사의 가능성은 우리에게 열려 있습니다. 역사의 이 시기가 어떻게 끝날지는 무엇보다 우리 의지에 달려 있는 것입니다"(Dutschke 1980, 120면). 연설 끄트머리에 두취케는 이렇게 결론짓는다. "베트남혁명과 진정 혁명적으로 연대하려면 (…) 제국주의 심장부를 시급히 약화시키고 끝내 전복해야 합니다"(Dutschke 1980, 121면).

　아울러 두취케는 아프리카계 미국인 학생조직 SNCC와 미국 SDS가 제시한 전략에 전력투구한다. 두취케는 두 미국 학생조직의 원칙을 좇아 "전쟁을 국내로" 가져오고 "항의를 저항으로" 바꾸어내자고 주장한다. 두취케가 볼 때 이 주장을 실현하는 길은 자본주의체제의 내적 모순을 돋보이게 하는 '반권위주의 전략'의 가속화에 있었다. 국제베트남회의가 채택한 최종결의안은 다음과 같이 선언된다. "식민지 반혁명의 우두머리 미국과 서유럽의 군사협력은 무너져야 하고, 그 대리인 나토는 분쇄되어야

한다." 또 서유럽 대도시에서는 "두번째 혁명전선"이 등장해야
한다. 따라서 "적극적인 저항"이 호소된다. 그 저항을 위한 수단
으로는 '남베트남민족해방전선'(NLF)이 이끄는 무장 해방투쟁의
물질적인 지원, 미군 병사에 대한 선전 계몽 활동, "공장과 사무
실, 대학과 중등학교에서의 투쟁"을 통한 후기자본주의 모순의
격화 등이 꼽힌다(SDS-Westberlin/INFI, 159면).

　'반권위주의 전략'은 '제한적 규칙위반' 원칙에 입각하고, 합
법성과 불법성의 경계를 넘나드는 '도발행동'을 지향한다. 국제
베트남회의 전야에 참가자들은 회의를 마무리하는 시위대열을
미군 맥니어 병영 쪽으로 이끌 것인가의 문제를 심사숙고하고 토
론했다. 미군 병영에는 시위대열에 합류하기를 바라는 '블랙팬
더' 소속 아프리카계 미군 병사 그룹이 포진하고 있었다. 시위계
획을 미리 알고 있던 미 헌병대 측은 흑인 병사들의 행동계획을
폭동으로 규정하고, 국제베트남회의 측 시위도 점령조례를 내세
워 금지했다.

　미 헌병대는 베를린 시정부에 학생들이 지시를 어길 경우 총기
가 투입될 것이라고 알렸다. 개신교 주교 쿠르트 샤르프(Kurt
Scharf)와 작가 귄터 그라스(Günter Grass), 작곡가 한스 베르너
헨체(Hans Werner Henze), 신학교수 마르틴 피셔(Martin
Fischer) 들이 발 벗고 나서서 베를린 시장 클라우스 쉬츠(Klaus
Schütz)에게 시위금지를 철회하고 타협안을 내놓도록 설득했다.
시위를 하되 미국인 거주지역으로 들어가지 않음으로써 대결을
피하는 타협안이 나왔다. 하지만 쉬츠 시장은 시위금지 철회와
타협안을 거부했다. 그러자 친SDS 성향의 변호사와 개신교 법률

고문이 시위허용 신청을 냈다. 국제베트남회의가 열렸을 때 아직 법원의 결정은 내려지지 않은 상태였다.

결정을 내리지 않기로는 SDS도 마찬가지였다. 시위금지가 고수되면 어떻게 할 것인가? 시위가 제한적으로만 허용되면 또 어떻게 할 것인가? 반기를 들고, 주어진 시위경로를 무시할 것인가? "혁명가의 의무는 혁명을 일으키는 것"이라고 국제베트남회의 슬로건은 말하고 있었다. 신좌파 스펙트럼에 속하는 각국 그룹의 기대는 극도로 고조되었다. 가스똥 쌀바또레를 비롯한 SDS 회원들은 지난해 작가단체 '그룹 47'[3]을 '종이호랑이'라고 비꼰 바 있었다. 어떤 일이 일어나야 함은 분명했다. 하지만 어떤 일이 일어나야 할까? 연설이 꼬리에 꼬리를 물었고, 전날 밤샘을 하다시피 한 청중이 태반이었다.

다니엘 벤싸이드(Daniel Bensaïd)는 자신의 뜨로쯔끼 그룹과 함께 빠리에서 24시간이 걸려 베를린에 왔다. 벤싸이드 그룹이 체육관에서 밤을 보내고 국제베트남회의장인 베를린 기술대학 대강당에 도착했을 때는 끊임없는 연대 메씨지 낭독에 이어 영국 '베트남연대캠페인'(VSC)의 타리크 알리가 연단 위에 있었다. 폭력을 부정한다는 알리의 말은 이중부정을 통해 다음과 같이 긍정으로 뒤바뀐다. "저는 우리가 혐오스런 미국 영사관을 불태우지도, 미국 비행기를 폭파하지도 말아야 한다고 말하지 않겠습니다. 물론 그런 행위도 유용한 선전가치가 있지만, 사실 본격적인 전투는 세계 광범위한 부분에서 미국 헤게모니가 유지되도록 돕

---

3) 1947년에 결성된 '그룹 47'(Gruppe 47)은 나치시대 이후 독일의 민주적 계몽과 교육을 목표로 활동한 문인 단체다.

고 있는 자본주의체제와 벌이는 전투입니다. 이 체제를 남김없이 완전히 박살내야 합니다"(SDS-Westberlin/INFI, 38면).

39년 뒤 다니엘 벤싸이드는 국제베트남회의의 연설을 더는 기억하지 못한다. 하지만 벤싸이드의 기억에 단단히 똬리를 틀고 있는 장면이 하나 있었다. 가죽점퍼를 입은 루디 두취케가 칠판 앞에 서서 시위경로를 설명하며 어떤 지점을 표시하던 장면이었다. 작년 자유대학에서 만난 벤싸이드에게 "그게 무슨 지점이냐"고 필자는 물었다. "충돌이 일어날 지점이죠." "어떤 종류의 충돌"을 말하는지 되묻자 "극우파 그룹과의 충돌"이 분명하다는 대답이 돌아왔다. 당시 극우파 그룹들은 혹시 모를 물리적 충돌에 대비해 자전거 헬멧과 몽둥이로 무장하고 베를린으로 왔다. 필자는 프랑스인이 국제베트남회의장에서 모두 독일어를 이해했냐고 궁금해서 물었다. "아닙니다"라고 대답하면서 벤싸이드는 독일어가 반드시 필요하지는 않았다고 덧붙였다. 독일어를 몰라도 두취케를 이해할 수 있었다는 말이다. 두취케가 언어를 초월해서 뿜어낸 영향력에 대한 그런 설명은 필자에게 익숙하다. 후기산업사회 전문가인 한 사회학 교수는 두취케의 카리스마를 설명해주었다. 두취케가 그렇게 "카리스마 넘치는" 점이 대체 무엇이냐는 필자의 질문에 "연단으로 걸어가는 모습, 가죽점퍼를 벗는 폼, 마이크를 잡는 방식"이라고 답한 것이다. 국제베트남회의에서도 두취케의 카리스마는 그 위력을 잃지 않았다. 두취케가 베트남회의에서 선전한 '제한적 규칙위반' 전략은 알랭 크리빈느와 다니엘 벤싸이드의 손에서 "도발행동을 강화하는 전략"으로 번역되어 프랑스로 타전되었다.

두취케와 SDS 반권위주의 진영은 아프리카계 미국인 대학생조직 SNCC와 미국 SDS가 벌이던 미군 탈영캠페인을 지지한다. 탈영병 숫자는 많았다. 전쟁기간 전체를 통틀어 탈영자 수는 병사 1천명당 73.5명에 달했다(Frost, 157면). 흑인 퇴역군인 두명이 베트남전 경험과 미국의 임박한 소요에 대해 발언하려고 국제베트남회의 연단에 오르자 우레와 같은 기립박수로 환영받는다. 두 사람은 노래한다. "나는 베트남에 가지 않을 거야/내가 있는 곳이 베트남이니까/제기랄! 나는 가지 않을 거야! 제기랄! 나는 가지 않을 거야!" 노래 말미에 주먹을 움켜쥐며 인사하는 두 사람을 향해 몇분간 박수갈채가 쏟아졌다(Ali, 190면).

두취케가 연설하는 동안 국제베트남회의 측의 시위계획에 대한 법원 결정이 알려진다. 시위대가 미국인 거주지역을 통과하지 않는 조건으로 시위를 허용한다는 것이다. 베트남전의 참상을 포착하려고 노력한 시인 에리히 프리트(Erich Fried)가 연단 위의 두취케에게 쪽지를 건넨다. 에리히 프리트는 연극 연출가 페터 차데크(Peter Zadek)에게 밝혔듯, 베를린 대학생의 조건이 미국 흑인과 같지 않다는 점을 분명히 해주려고 베를린에 왔다(Zadek, 454면). 그래서 1938년 나치를 피해 빈에서 런던으로 도피했던 에리히 프리트는 국제베트남회의에서 처음 만난 두취케에게 법원 결정을 받아들이고 어떤 '도발행동'도 선동하지 말도록 쪽지로 충고한 것이다. 두취케와 반권위주의 진영이 '경기규칙'을 받아들인 이유가 타리크 알리의 추측대로 그런 충고를 담은 프리트의 쪽지 때문인지, 아니면 그레첸 두취케 클로츠(Gretchen Dutschke-Klotz)가 쓰듯 샤르프 주교와의 대화 때문인지는 아직 밝혀지지 않았다.

어쨌든 다른 시위경로가 받아들여지고 지켜졌다. 1만 5천명의 참가자가 "호! 호! 호찌민!" "우리는 급진적인 소수다!"를 외치며 부드러운 물결처럼 베를린 시가를 가로질러 이동해간다. 사회학자 로빈 블랙번이 나중에 평가하듯, 처음으로 "1968년의 정신"을 느낀다고 믿은 순간이자 "고무적인 새로운 정치적 분위기"였다 (Fraser, 180면). 대학생들만 베를린 거리를 활보한 것은 아니었다. 시사평론가 겸 저널리스트 제바스티안 하프너(Sebastian Haffner)도 그 행진에 동참한다. 하프너는 파시즘의 징후가 서독에 드리우고 있다고 믿으며, 딸 자라(Sarah)와 에리히 프리트의 팔을 끼고 "호! 호! 호찌민!"을 연호한다(Haffner, 149면). 무언가 꿈틀대는 듯했고, 오랜 여파를 남길 것이었다.

런던, 3월 17일: 베를린 시위가 성공하자 타리크 알리는 런던에서도 견줄 만한 성과를 욕심낸다. 런던에서는 '베트남연대캠페인'(VSC)의 주도로 3월 17일자 시위가 잡혀 있었다. 타리크 알리는 이미 베를린 '국제베트남회의'에서 런던 시위계획을 전하며 참가를 부탁한 참이었다. 런던에 도착한 독일 SDS 대표자들이 알리를 압박한다. 베를린에서는 단념했지만 런던 시위는 '제한적 규칙위반' 행동으로 이끌자고 요구하며 미 대사관 점거를 제안한 것이다. 알리는 거부하며 국내 주최측이 그때그때 올바른 전술을 결정할 권리가 있다고 주장한다. 여하튼 시위대열이 조직되자 SDS 대표들은 베트남연대캠페인 대표자들 뒤의 둘째 열에 포진해 거대한 '남베트남민족해방전선'(NLF) 깃발의 호위 속에 행진한다. 알리의 추정으로 그새 2만 5천명으로 늘어난 시위대는 미

대사관이 위치한 그로스브너 광장으로 다가가다 갑자기 경찰과 맞닥뜨린다. 알리는 더이상 상황을 통제하지 못한다. 시위대가 미 대사관 앞 광장을 점거한다. "그들은 적었고, 우리는 많았다" 고 훗날 알리는 평가한다.

하지만 기마경찰이 등장하며 힘의 균형은 뒤바뀐다. 서로 팔을 걸고 수동적으로 저항하는 시위자들을 둘러싸고 기마경찰이 무작위로 곤봉세례를 퍼붓자 저항은 삽시간에 폭력대결로 돌변한다. 빠리에서 온 알랭 크리빈느는 그런 일에 익숙했지만, 이 대결에서 시위대가 보여준 전투성에 놀라움을 감추지 못한다. 2시간의 대결 후에 타리크 알리는 철수 신호를 보낸다. 이 결정에 실망한 시위자가 '스트리트 파이팅 맨'(거리의 투사)이라고 이름 붙인 노래에 불만을 담아낸다. 록 그룹 롤링스톤즈의 믹 재거(Mick Jagger)였다(Ali, 198~204면).「스트리트 파이팅 맨」은 베트남연대캠페인이나 국제베트남회의에서 다루어진 베트남전 반대 논거와 동떨어진 가사를 노래하지만, 전투적인 저항을 고무하는 태도와 정서는 잘 전달한다. 의심할 나위 없는 폭풍전야의 상황이었다.

빠리, 3월 17일: 빠리에서도 1968년 3월 17일 베트남전 반대 시위가 벌어졌다. 시위에 이어 아메리칸 익스프레스 은행의 유리창이 깨진다. 낭떼르 대학생 자비에 랑글라드(Xavier Langlade)가 체포된다. 뜨로쯔끼주의 그룹 '혁명적 공산주의청년연합'(JCR) 회원이자 베를린 국제베트남회의에도 참가한 인물이었다. 이 체포는 낭떼르 캠퍼스에 있는 아나키스트 그룹과 뜨로쯔끼주의 그룹, 마오주의 그룹의 연대를 부채질해 '3월 22일 운동' 그룹이 태어난다. 3월 22일 운동이라는 명칭은 까스뜨로의 '7월 26일 운동'⁴⁾을 모범으로 삼았다. 3월 22일 운동은 행동을 통해 생겨나 계속적인 행동을 지향한 행동연합이다. 3월 22일 금요일 저녁 142명의 학생이 빠리 외곽에 있는 개혁대학 낭떼르의 행정건물 회의장을 점거한다.

4) '7월 26일 운동'은 바띠스따 독재정권을 전복하고 꾸바혁명(1959)에 성공한 게릴라 조직으로, 1953년 까스뜨로가 이끈 게릴라 부대의 '몬까다병영 습격' 날짜인 7월 26일에서 이름을 따왔다.

3

'행동하는 소수'
3월 22일 운동 그룹

낭떼르, 3월 22일: 이미 오래 전부터 낭떼르대학 캠퍼스에 불만이 쌓여가고 있었다. 콘크리트와 철근, 유리로 세워진 캠퍼스는 칙칙하고 차가우며 볼품없어 보였다. 1967년 봄 학생들은 기숙사의 '성별 분리'와 '탄압', 즉 남학생의 여자 기숙사 출입을 금지하는 규정에 맞서 들고일어났다. 학생들은 2학기가 시작되자 교육부 장관 푸셰(Fouchet)의 개혁안에 파업으로 맞섰다. 푸셰 개혁안에는 교육을 경제와 산업의 요구에 맞추어 '대학의 산업화'를 위한 길을 닦고, 전인교육을 희생한 댓가로 대학교육의 전문화를 가속화하며 학업기간을 3, 4년으로 못박는 내용이 담겨 있었다. 하지만 '프랑스전국학생연합'(UNEF)이 호소한 그 파업은 불과 몇주도 지나지 않아 잦아들었다. 그런데 1968년 1월 8일, 언론의 헤드라인을 장식하고 캠퍼스에서의 동원에 길을 터준 사건이 일어난다. 『르 몽드』(*Le Monde*)에도 보도된 그 사건은 즉각 '수영장 사건'이라는 이름이 붙는다.

　1월 8일 프랑쑤아 미쏘프(François Missoffe) 체육청소년부 장관이 수년 만에 완공된 수영장 개관식을 위해 낭떼르에 왔다. 개관식 행사는 학생들 없이 진행되었다. 건물을 떠나려는 순간에야 장관은 학생들과 처음 맞부딪쳤다. 밖에서 기다리던 학생 무리에서 빨강머리 학생이 걸어나와 장관에게 다가갔다. 학장이 끼어들어 그 학생의 멱살을 잡아, 뒤에서 지켜보는 학생들 속으로 도로 밀어넣으려 했다. 학생은 흡사 꼭두각시 인형처럼 꼼짝없이 딸려갔다. 하지만 학장에게 끌려서건 우연이건 학생은 바로 장관의 발 앞에 세워졌다. 학생은 장관에게 불을 빌릴 수 있을지 물었다. 장관은 불을 건넸다. 조용히 담배에 불을 붙인 학생은 한모금 빨고 연기를 내뿜더니 말을 이었다. "장관님, 청년문제에 관한 당신의 보고서를 읽었습니다. 3백 면짜리 보고서에 청년의 성문제는 한줄도 없더군요." 장관은 청년들이 더 몰두해야 마땅한 스포츠를 장려하려고 낭떼르에 온 것이라고 대답했다. 하지만 학생은 재차 힘주어 말했다. "왜 쎅슈얼리티에 대해서는 일언반구도 없냐구요?" 흥분한 장관은 뻔뻔한 빨강머리랑은 그런 문제를 논하고 싶지 않다며 덧붙였다. "자네는 분명 성문제가 있어 보이는군. 나로선 제발 수영장에 뛰어들라고 충고할 수 있을 따름이네." 이 말이 분노를 낳았다. 그 말을 들은 사람은 독일계 유대인 대학생 다니엘 콘벤디트였다. 장관의 말은 히틀러 소년단에게나 어울릴 법한 것이었고, 주변 학생들도 그렇게 느꼈다.

　콘벤디트는 1945년 4월생으로 당시 만 22세였다. 나치 독일에서 망명해 독일의 빠리 점령 후 아내와 프랑스 남부 몽또방

(Montauban)에 은신처를 찾은 변호사 에리히 콘벤디트의 둘째 아들로 낭떼르대학에서 사회학을 공부하기 전에 독일에서 학교를 다녔다. 대학입학 자격시험인 아비투어도 독일 학교에서 보았다. 1910년 교육개혁운동의 정신으로 설립되어 반권위주의 교육을 선전하고 실천해온 오덴발트슐레 기숙학교였다. 여하튼 '수영장 사건'으로 콘벤디트는 눈 깜짝할 사이에 낭떼르의 유명인물이 되었다.

콘벤디트는 낭떼르대학 행정건물을 점거한 학생들 속에 있었고, 이들이 3월 22일 밤에 '3월 22일 운동'으로 뭉친다. 이론적인 토론은 없었다. 이데올로기적 합의에는 10분도 걸리지 않았을 것이다. 하지만 3월 22일 운동이 어떤 강령도 없다고 생각하면 오산에 가깝다. 그 운동은 도그마에 반대했고, 바로 그게 강령이었다. 콘벤디트가 싸르트르(J. P. Sartre)와의 대화에서 밝히듯, 그 강령의 최고원칙은 "혁명적인 투쟁대오는 (⋯) 정치노선이나 이데올로기가 아니라 행동 속에서 직접 나온다"는 믿음이다(Cohn-Bendit 1968b, 77면). 3월 22일 운동은 레닌주의 전략을 거부하고 탈중심적이다. 따라서 지도권을 요구하지 않으며, 행동하는 소수의 역할을 통해 행동을 이끌어내기를 원한다. 3월 22일 운동의 회합에서는 누구나 발언할 수 있었다. 어떤 수뇌부 결정이나 어떤 정치적 노선도, 회원으로서의 어떤 구속도 이를 막지 못한다.

공산주의 학생조직 '공산주의학생연합'(UEC)과 '프랑스전국학생연합'(UNEF) 쏘르본느 지부에서 오랫동안 일한 쎄르주 쥘리(Serge July)도 3월 22일 운동의 토론에 참여한다. 마오주의자와 뜨로쯔끼주의자, 아나키스트를 비롯해 '상황주의'의 "열렬한 추종자들"까지 3월 22일 운동 속에서 연대를 일구어낸다. 프랑스혁명 때 로베스삐에르의 좌파 적수였던 자끄 루(Jacques Roux)의 추종자에서 이름을 따온 '격앙파'만 3월 22일 운동에 동참하지 않고 철수한다. 스딸린주의자라고 생각한 마오주의자들이 낭떼르 행정건물 점거자들 중에 들어 있었기 때문이다. 3월 22일 운동 그룹은 첫번째 결의안에서 모든 분야의 억압에 반기를 들며 선언한다. "우리는 더이상 어떤 것도 성취할 수 없는 항의 방법과 갈라서야 한다"(Lebel u.a., 86~87면). 대학 행정건물 점거는 낡은 항의행동 형태를 새로운 것으로 갈아치운 최초의 시도였다.

'3월 22일 운동'의 행동은 사실 국제적인 선례를 따른 것이었다. 1966년 1월 이딸리아 뜨렌또에서 이미 사회학과 학생들이 자신들의 연구소를 점거해 사회학을 사회문제 해결을 찾는 기술로 환원한 데 항의하고, 미국 사회학자 라이트 밀즈(Wright Mills)의 '비판 사회학' 모델을 선전한 바 있었다. 미국 SDS도 1966년 5월 11일에서 16일까지 시카고에서 처음 대학 행정건물을 점거했다. SDS는 이 점거행동으로 대학과 '군산복합체'의 관계를 이해하는 실마리가 되는 현장을 부각했다고 본다. 그 현장은 대학 행정건물에 상주하며 성적순에 따라 학생 징집을 시행한 '순위 사무소'였다(성적 순위가 나쁘면 나쁠수록 징집 위험은 더 절박하게 다가온다). 항의 표현으로서의 점거행동은 이제 미국 대학에 재빠르게 퍼져나갔고, 이내 대서양을 건너 유럽으로 되돌아왔다.

1967년 3월 런던에서 런던정치경제대학(LSE)이 점거된다. 점거파업이 효과가 없자 LSE 학생들은 행정위원회를 통한 새 총장 선출을 반대하고 일어났다. 그리고 미국 버클리대학의 선례를 따라 점거 공간에 '자유로운 대학'을 만들기 시작했다. 기존 대학에 맞서는 '대항대학'인 '자유로운 대학'은 자유로운 분위기와 기존 커리큘럼에 없는 논쟁적인 테마가 특징이었다. LSE는 '해방구'로 선포되었다. 실험은 일주일간 이어졌다.

1967년 말 이딸리아 학생들도 점거행동에 돌입했다. 점거는 밀라노 가톨릭대학을 필두로 또리노대학으로 옮아갔다. 또리노대학 인문학부 본부인 '빨라쪼 깜빠냐'가 점거되었다. 학생들은 이런 점거행동으로 학업조건과 생활조건, 나아가 교수에게도 신랄한 비판의 화살을 겨누었다. 그리고 교수 강의를 방해했다. 빨라쪼 깜빠냐 점거에 가담한 한 여성은 '우리 허락 없이 누구도 발언할 수 없었다'고 회고했다. 강의 방해 앞에서 교수가 모두 침착한 태도를 유지하지는 못했고, 이런 장면은 권위를 둘러싼 신비가 벗겨지는 순간으로 아로새겨져 점거 학생들의 기억속에 오래도록 남겨졌다. 권위비판과 탈위계화가 '68의 정신'과 결부되기 시작한 순간으로 기억된 것이다(Passerini 1996, 69~70면).

저항의 물결은 또리노에서 나뽈리대학으로 번져가 공학부가 56일간 점거되었다. "처음 20일은 오로지 행복감에 젖어 있었습니다. 과장이 아닙니다"라고 당시 활동가는 1988년에 회고했다. "매사가 매우 정확하게 조직되었으며, 이전에는 회의에 코빼기도 안 비치던 사람들도 그때는 밤늦도록 남아 있었죠. 대학위원회가 내린 결정은 모두 학생회의의 승인을 받아야 했습니다" (Fraser, 167면). 그것은 점거 건물에서 학생회의를 실현하려는 '직접민주주의' 원칙이자, 기존 대학 내에 학생운동의 자율 공간을 창출해내는 '대항대학'(뜨렌또에서는 '부정대학'으로 불림) 건설을 위한 단초이기도 했다(Donolo, 56면).

빠리 교외의 낭떼르에서도 '3월 22일 운동' 그룹은 이미 22일 밤 '다른' 대학, 곧 '비판대학'의 창출을 호소한다. 비판대학은 1968년 3월 29일로 공고된 '전면 토론의 날'을 계기로 설립될 예정이었다. 이날 논의할 주제는 '1968년의 자본주의와 노동자계급의 투쟁' '반제국주의 투쟁' '대학과 비판대학' 등이었다. 3월 22일 운동은 최초의 결의안에서 이렇게 선언한다. "우리는 여러 강의실에서 작은 그룹단위로 이런 주제를 토론하기 위해 C동 건물을 점거할 것이다." 벽에 붙인 슬로건에서 목청은 더 높아진다. "우리는 아무것도 요구하지 않고 아무것도 부탁하지 않을 것이다. 우리는 점거할 것이다."

하지만 '비판대학' 일정은 미루어야 했다. 학장이 소동을 우려해 대학문을 닫아건 탓이었다. 4월 2일 대학이 다시 문을 열자, 며칠 늦게 열린 '전면 토론의 날' 행사에 1200명의 학생이 참가한다. 학생들은 '독일사회주의학생연합'(SDS) 의장인 카데 볼프(KD Wolff)의 목소리에 열심히 귀를 기울인다. 볼프는 1967년 2학기부터 '비판대학' 모델을 실험해온 독일 대학 상황을 보고하기 위해 낭떼르대학에 초청되었다. 독일 대학 학생들은 미국 '자유대학'의 모범을 좇아 반권위주의적인 새로운 학업 형태를 실험하고, 수습공과 노동자 및 중고등학생을 위한 강의 개방도 추구하고 있었다.

3월 22일 운동 그룹이 독일 대학을 뒤따른다. '진정한 혁명세력인 노동자'와 연계해야만 대학생의 효과적인 의식화가 가능하다는 확신 하에서 3월 22일 운동은 '비판대학' 행동그룹과 뜻을 모아 '문화와 창조' '학생·노동자 투쟁' 같은 위원회를 설립한다. 한편 '학생·노동자 투쟁위원회'의 보고회가 화염병 제조법 설명으로 마무리되고, 휘발유 2/3와 모래 및 가루비누 1/3을 섞어 제조하는 화염병은 다니엘 콘벤디트의 애칭인 "다니의 (가짜) 화염병"이란 이름이 붙는다. 3월 22일의 행정건물 점거 후 낭떼르대학 당국이 기존 목재 출입구 대신 설치한 철문을 조롱하려는 의도로 고안된 화염병 제조법은 예기치 못한 결과를 낳는다. 바로 그날 대학위원회가 대학 치안경찰을 두기로 결정하고, 건물을 제외한 모든 대학 공간의 개방을 선언함으로써 경찰의 교정 출입이 가능하게 된다. 3월 27일에는 콘벤디트가 체포된다. 콘벤디트는 극우파 학생조직인 '프랑스전국학생연맹'(FNEF) 학생들에 대한 불법 폭력행위 가담 및 자기 이름을 딴 '(가짜) 화염병' 제조법 설명 혐의로 체포, 기소된다. 예기치 못한 이 체포로 학생 동원이 이루어지고 언론은 콘벤디트에 주목한다. 그 결과 콘벤디트는 여태 지도자 없는 운동이던 3월 22일 운동의 '지도자'로 알려지게 된다.

4

중국 문화혁명이 서방으로 빛을 발하다

   '조반유리'(造反有理, 모든 반항에는 이유가 있다): 미국이나 영국, 이딸리아의 점거 학생들은 '해방구'라는 개념을 통해 마오 쩌뚱의 용어와 연결된다. 마오 치하의 중국, 특히 문화혁명 발발 후의 중국은 세계 각국 신좌파 그룹에게 경의의 대상이었다. 1966년 마오의 동지 린 빠오(林彪)가 중국공산당 주석의 글과 연설에서 가려뽑은 『마오 어록』은 1968년 빠리에서 삽시간에 10만 부가 팔리며 경전으로 떠오른다. 빠리와 시카고, 밀라노, 베를린에서 마오의 그 붉은 소책자를 손에 들고 자신의 차별성과 반대의견을 강조하고 기성체제에 대한 반란을 표명하는 학생들은 이제 '마오의 홍위병'이라 불린다.

   뻬이징과 서구의 수도에서 동시에 반기를 든 청년들의 모습은 외형상 같아 보였지만 양측의 저항은 사실상 서로 달랐다. 1968년 당시 이미 1년 반 동안 사납게 요동치고 있던 중국 문화혁명은 폭력적으로 수행된 공산당 내부의 권력투쟁이었다. 1966년 8월 뻬이징에서 교사와 교수, 강사, 작가 들을 말과 행동으로 공격하고 집과 도서관을 급습해 책을 불태우며 문화혁명의 서막을 연 청년 학생들의 저항은 사실 조종된 것이었다. 그 반란은 마오의 주창에 대한 반응으로, 시험을 6개월간 연기하고 교육제도의 틀을 완전히 뜯어고친다는 포고령에 힘입었다. 학생들은 지난 수백년간 착취계급이 각인해온 이른바 '낡은 문화'를 청산하기 위해 투입되었다.

마오와 마오에게 복종하는 뻬이징 당 지도자들의 지지를 받으며 거의 모든 대학에서 홍위병 그룹이 결성되었다. '조반유리'와 '건설 이전에 파괴'라는 슬로건을 내건 홍위병 그룹은 '모든 망령과 괴물'을 몰아내려는 결연한 각오로 도시와 농촌의 거리를 행진했다. 72세의 마오는 '위대한 지도자'이자 '위대한 스승'이라는 칭호를 받으며 뻬이징에서 백만 청년을 사열했다. 중국의 이 궐기 소식은 노쇠해가는 마오의 모습과 반란청년들의 에너지를 함께 담은 사진과 영상으로 전세계에 전해졌다. 사회주의 사회에서 당 간부 특권화의 산물인 계급구조가 타파되어야 했다. 마오의 진단에 따르면 중국에서 새로운 부르주아 분자는 이미 형성되었다. 부르주아 계급이 극복되었음에도 불구하고 이 새로운 부르주아 분자는 "대중을 타락시키고 대중의 생각을 사로잡기 위해" '낡은 사상'과 '낡은 문화'에 늘 밀착하고 "착취계급의 관례와 풍습을 이용하려 했다"(Meissner, 319면). 마오 쩌뚱의 생각과 일치하지 않는 모든 것은 '낡은 사상'으로 묶여버렸다. 개인이나 집단의 출신성분보다 그 행동이 더 중요해지고, 모든 것이 계급적 지위에 종속된다는 이론도 밀려났다. 새로운 부르주아 계급이 형성되는 것을 '아래로부터의' 혁명을 통해 막는 데 노력이 기울여졌다. 당 조직은 지역 단위에서만 얼마간 제대로 작동했다(Schram, 171~72면). '반혁명분자' 혹은 자본주의 경로를 택한 '주동자'로 고발된 전국 및 지역 대표는 관직에서 쫓겨나거나 공개 자아비판에 내몰리고, 추방되거나 죽임을 당했다.

당 기구를 비롯한 일체의 권위에 대한 공격은 '위대한 조타수'인 마오도 미리 생각지 못했고 계획하지도 않은 자체 동력을 얻었다. 예를 들어, 뻬이징에서 지방으로 퍼진 그 저항은 1966년 말 중국공산당의 정치권력 독점을 규탄하고 빠리 꼬뮌(1870~71) 모델에 입각해 직접 민주주의를 실천하기 시작한 샹하이 '꼬뮌'의 설립으로 이어졌다. 반란을 이끈 주체는 대부분 샹하이 근교 출신이자 최저 생계비로 살아가던 미숙련 청년 노동자들이었다. 샹하이 노동자 중심지에서 조직된 그 청년 노동자들이 1967년 1월 6일 뻬이징에서 문화혁명 대표자들과 호소한 대중집회에는 백만명이 운집했다. 돌아가는 카메라 앞에서 샹하이 꼬뮌의 노동자들은 샹하이 시장과 수많은 당 고위간부를 직위해제했다. 마오는 당황했다. 샹하이 꼬뮌의 요구처럼 모든 '우두머리'를 자르는 것은 마오에게 무정부 상태와 마찬가지로 보였다. 마오는 샹하이 꼬뮌의 극단적 무정부주의를 반동적이라고 선언하며 "현실에서는 언제나 지도부가 존재할 것"이라고 못박았다(Meissner, 331면).

마오는 좌익 급진주의 세력과 당 관료제에 맞선다는 명분하에 군대를 투입해, 문화혁명의 불꽃이 야기한 꼬뮌의 역동성에 제동을 걸려고 했다. 1967년 여름, 마오의 군사적 개입은 문화혁명 노선과 목표를 둘러싼 권력투쟁에서 폭력이 심화되는 양상으로 번져갔다. 그런 와중에도 문화혁명의 행보는 끝나지 않았다. 직위 해제된 간부의 빈자리는 군인으로 채워졌다(Chang, 552면). 마오는 슬로건을 꺼내들었다. "모조리 의심하고 전복하려는 것은 반혁명적이다." "말로만 하는 비판은 반혁명적이다." 하지만 마오는 아직 그 혁명적인 과정을 저지하지 못했다.

1968년에 중국은 문화적으로 사막이나 다름없었다. 책이나 신문, 영화도 없고 연극도 오페라 상연도 없었으며 라디오에서는 가벼운 음악조차 흘러나오지 않았다. 낡은 유교 텍스트에서 베토벤 씸포니 새 음반까지 모든 것이 쓰레기통에 처박혔다(Meissner, 321면). 오락이라 할 만한 것이라곤 마오의 경구를 시끄러운 음악에 맞춰 노래하고 군무를 추며 마오 경전을 흔드는 '마오 선전대' 밖에 없었다. 마오 부인의 '패션쇼'조차 공개적으로 열리지 못한다. 패션쇼 개최가 엄격한 중앙의 통제 아래 놓여 있었기 때문이다(Chang/Halliday, 525면). 이런 상황에도 불구하고 당시 서독에서는 "마오 뱃지를 달거나 위대한 마오 주석의 경구를 낭독하고 미소 띤 마오 초상화를 세계혁명의 모나리자로 벽에 붙이는 것이 (…) '낡아빠진' 부르주아 세계 및 '낡은' 개량주의·수정주의 좌파에 대한 가장 명확한 안티테제"로 간주되었다고 마오주의자 출신 게르트 쾨넨(Gerd Koenen)은 회고했다(Koenen, 146면). 그럼, 대체 무엇 때문에 문화혁명이 그렇게 매력있게 보였을까?

한때 마오주의자였던 프랑스 인류학자 엠마뉘엘 떼레(Emmanuel Terray)의 관점에 따르면, 특히 문화혁명의 매력이 발산되는 지점은 중국에서 날아온 사진이 서구 유토피아의 표상과 겹치는 곳이다. 예를 들어 떼레는 민중에 복무하며 민중의 생활

여건을 공유하는 중국의 맨발 의사 같은 인물상을 루쏘의 전통 속에 있는 '평등주의'라고 부른다. 떼레의 평등주의 가설은 마오주의 성향의 독일 SDS 회원이던 페터 슈나이더(Peter Schneider)의 말로 입증된다. 문화혁명을 통해 실현되는 기회균등의 꿈이란 "누구나 삐까쏘(Picasso)가 될 수 있고, 삐까쏘 또한 누구나처럼 될 수 있는" 상황을 말한다. 페터 슈나이더에게 비친 문화혁명은 "상상력을 통한 현실의 전복이다"(Schneider 1969, 129, 130, 152면).

게르트 쾨넨은 1968년의 상상력을 '과대망상적 상상력'으로 평가절하한다. 또한 '거대한 환상' 운운하며 본인의 가치판단을 '68의 상상력'에 사후적으로 덮어씌운다. 물론 엠마뉘엘 떼레도 자기를 비롯한 프랑스 마오주의자들이 꿈꾸고 자신들의 정치적 실천도 고무한 문화혁명은 60년대 중국에서 실제 발생한 것과 별 관련이 없음을 인정한다. 하지만 떼레는 문화혁명에 대한 꿈이 '차라리 말하지 않았으면 더 좋았을 청년기의 혼란'이라고 회고하지는 않는다. 오히려 그 반대다. "'우리'의 문화혁명은 사회학과 인류학이 아주 오래도록 추구해온 그런 '집단 표상'(collective representation)에 담긴 무게와 비중을 갖고 있었다"(Terray, 19면). 떼레가 주장한 '집단 표상'의 하나로 꼽을 만한 사례는 '제3세계가 세계혁명의 태풍의 눈이 되었다'(마오)와 같은 생각이다. 따라서 엔첸스베르거가 "안데스 산맥 고원지대를 누비는 한줌의 게릴라가 전세계적 의미를 가진다"고 쓴 것도 마찬가지 사례에 속한다(Enzensberger 1968a, 159면). 하지만 '제1세계'의 신좌파가 '제3세계'를 위해 과연 어떤 일을 할 수 있었을까?

대답은 베트남에 있었다. 베트남전은 반제국주의와 반자본주의를 연결할 기회가 되었다. 미국 마오주의자는 벌써 통킹 만 사건 이전에 베트남문제를 거론했다. 마오주의자는 미국의 인도차이나 개입 확대를 비판했고, 전쟁 비판자들이 '5월 2일 운동'(M2M) 그룹으로 결집하기 시작했다. 1964년 5월 2일 탄생한 'M2M'은 이미 그해 11월에 선언서 「우리는 가지 않을 것이다」를 처음 내놓으며 병역거부 호소의 서막을 열었다. M2M 회원은 미국 SDS 내에서 활발히 움직였고, 할렘을 조직 거점으로 삼은 SDS '진보노동당'(PL) 분파와 연결되어 있었다. PL은 1962년 미국공산당을 박차고 나온 마오주의 조직이었다(Sale, 121~22면, 160~61면).

프랑스 마오주의자는 1966년에야 프랑스공산당(PCF)과 결별하고 새로 '맑스레닌주의 청년공산주의연합'(UJC-ml)을 조직한다. 프랑스 마오주의자도 이른바 '기초베트남위원회'(CVB)에서 프랑스 대학을 전쟁 반대로 이끌려고 노력하는 동시에, '베트남을 공장으로' 옮겨가자는 슬로건을 같이 내놓았다. 마오주의자는 '학생·노동자 동맹'을 호소하며, 공장으로 가서 미숙련·미조직 노동자를 남베트남민족해방전선(NLF) 지지세력으로 동원하자고 학생들에게 촉구했다.

제3세계 해방운동에 대한 평가를 놓고 프랑스에서 마오주의자와 공산주의자는 입장이 분명히 갈렸다. 공산주의자가 제3세계 공산주의 정당을 평화적 권력 장악의 길로 유도하는 흐루시초프(N. S. Khrushchov)의 1956년 '평화 공존' 공식에 묶여 있었던 반면, 마오주의자는 권력으로의 혁명적 길을 공언했다. "권력은 총구에서 나온다"는 마오 쩌둥의 가르침 때문이었다. 따라서 프랑스 마오주의자가 '억압받는 민족의 무장투쟁 만세!' 'NLF가 승리

할 것이다!'라고 외칠 때 공산주의자는 '베트남에 평화를!' 요구
했다. 이렇게 1960년대 프랑스에서 공산당 정책에 불만을 품은
사람들은 중소분쟁을 계기로 공산당과의 차별화 투쟁을 벌이며
공산당과 선을 긋는 기회를 잡았다.

프랑스 마오주의자 대표단은 이미 1964년에 뻬이징으로 날아
갔다. 뻬이징 땅에 닿기도 전에 '누가 대표단 우두머리냐'는 질문
이 날아왔다. 잠시 머뭇거린 뒤 그중 언변이 뛰어난 로베르 리나
르(Robert Linhart)에게 일행의 눈길이 쏠렸다. 결과는 놀라웠다.
리나르만 독방을 받고 나머지는 공동숙소에 묵게 된 것이다. 하
지만 프랑스 마오주의자는 이튿날 아침 중국공산당 대표단과의
접견에 앞서 모두 똑같은 취급을 받았다. 너나없이 이발소로 가
서 머리를 깎아야 했던 것이다. 프랑스의 작은 마오주의 그룹이
중국에서 겪은 일은 이내 마오주의자의 세계적인 특징으로 통용
된다. 장발을 저항의 상징으로 보는 학생이 하루가 다르게 늘어
가는 시기에 마오주의자는 짧은 머리로 통했다. 예외라고는 없었
다. 마오주의자는 모조리 단발 대열에 섰다.

문화혁명은 앞서 엠마뉘엘 떼레가 말한 상상된 '평등주의'나
'반권위주의', 혹은 경직된 구좌파와의 정치적 차별화 기회 외에
도 또하나의 전제를 통해 서구 지식인을 움직인다. 마오는 존재
가 의식을 창출하지 않고, 의식이 정치적 행동을 매개로 존재를
각인한다는 전제에서 출발한다. 생산수단의 사회적 소유만으로
는 부족하다고 생각한 마오는 정치적·이데올로기적 영역에서도
계급투쟁이 필수불가결하다고 본다(Leonhard, 322~23면). 엄격한 토
대·상부구조 도식을 지양하는 이러한 논리는 서구 맑스주의 지

식인을 단번에 사로잡는다. 흡사 동방에서 서광이 비치는 듯했다. 마오는 관념이나 사상, 세계관 같은 문화적 요소 및 주의주의가 사회변혁 과정에서 결정적 역할을 한다고 재평가한다. 60년대 미국 하버드 SDS 회원이던 사회학자 제프리 알렉산더(Jeffrey Alexander)가 볼 때 혁명을 일으킨다는 것은 "강도 높은 토론에 참여하고 세계를 급진적으로 재해석하는 것"을 뜻한다. 현재 예일대학 사회학 교수인 알렉산더는 60년대에 루이 알뛰쎄르(Louis Althusser)의 저작에 영향받았다(Alexander, 46면).

빠리 고등사범학교의 철학자이자 프랑스공산당원인 알뛰쎄르는 '이데올로기적 국가기구' 이론을 발전시켰다. 교회, 학교, 교육기관, 노조, 정당, 가족, 신문, 라디오, TV 등이 그런 기구였다. 알뛰쎄르의 테제에 따르면, '이데올로기적 국가기구'가 생산 및 권력관계의 재생산에서 정부, 군대, 경찰, 관료제, 법원, 감옥 같은 '억압적 국가기구'를 뒷받침한다. 알뛰쎄르는 세상은 달라질 수 있다는 것에 대한 의심을 불식시키며 현실 인식을 구성해낸다. 지배계급과 피지배계급은 각자의 이데올로기를 만들어내고, 그런 가운데 지배 이데올로기에 맞서는 피지배계급의 저항도 보통 피지배계급 자신의 언어 개념으로 표현된다는 것이다. 그런데 알뛰쎄르의 가설에 따르면, 이데올로기 경쟁이 세계관의 변동을 가져올 수도 있다. 또한 이데올로기는 인식의 변화를 거쳐 생각과 실천의 변화로 이어지는 '효과'를 낳을 수 있다. 그 결과 사회변혁 과정의 적극적 역할이 이데올로기에 주어진다. 따라서 알뛰쎄르는 무엇보다 사상가와 이론가, 특히 철학자에게 적합하다고 보는 '이데올로기 투쟁'을 선전한다. 알뛰쎄르는 평생 젊은 철학자들을 키워냈다. 프랑스 마오주의자 다수가 그의 학파에서 나오고 '알뛰쎄르의 병사'로 불린다. 그중 한명이 레지스 드브레이다.

5

까미리 감옥 '수인번호 001'
레지스 드브레

『두 개의 불과 네 개의 벽 사이에 있는 쁘띠부르주아의 일기장[5]』:
1968년 봄 레지스 드브레는 창문도 없는 머나먼 볼리비아 까미리
(Camiri) 감옥의 가로세로 2.5×3미터 독방에 갇혀 있다. 지옥 같
은 곳이었다. 드브레는 잠잘 때만 자기회의와 고립감, 자살충동
에서 벗어난다. 수면이 유일한 해독제였다. 수면은 감옥에 맞서
는 일종의 방편이자 죽음에 대한 면역 혈청 같은 것이었다. 생각

---

5) 『두 개의 불과 네 개의 벽 사이에 있는 쁘띠부르주아의 일기장』(Journal d'un petit
bourgeois entre deux feux et quatre murs)(1976)은 프랑스에서 출간된, 볼리비아
까미리 감옥 시절 드브레의 일기장 제목이다. '네 개의 벽'은 까미리 감옥의 벽을 직
접 지칭하지만, '두 개의 불'은 비유적이고 중의적으로 사용된 말이다. 우선 '두 개
의 불'은 드브레가 속한 계급(프랑스 상층계급)과 자신이 택한 진영(제3세계 해방운
동, 까스뜨로의 꾸바, 체 게바라의 주둔지 등)을 말한다. 또한 '두 개의 불'은 프랑스
국민이라는 드브레의 소속과 스스로 택하고 영위한 제3세계 해방투사로서의 역할
을 뜻하기도 한다(참조, Bernard-Henri Lévy, "Du bon usage de l'oisiveté," Nouvel
Observateur, 5. Juil. 1976). 따라서 '두 개의 불'은 드브레가 선천적으로 소속된 계
급이나 국민/국가와 스스로의 신념과 의지에 따라 선택한 역할이나 진영/국가에
대한 비유이자 양자 사이의 모순적 관계를 뜻하는 말로 볼 수 있다.

이 한없이 요동치고 있었기 때문이다. 독방에서 그 수인(囚人)은 끊임없이 자기자신을 되돌아보게 된다. 외부세계와 완벽히 차단되어 어떤 도주도 불가능하고, 창문이 없어 눈길로나마 창문 너머로 도망칠 수도 없었다. 드브레는 스스로와 대결하며 비판과 자기비판 작업을 시작한다. 감시 속에서 드브레는 독방을 이리저리 오가며 자신과의 대화를 기록하고 메모한다. 일기장이 생각을 담는 그릇이었다(Debray 1976).

'베트남연대캠페인'(VSC)의 타리크 알리와 로빈 블랙번은 '수인번호 001'로 불리는 까미리 감옥의 드브레를 찾아갔다. 이야기는 몇개월 전으로 거슬러올라간다. 그들의 방문은 군사법정에서 열린 드브레 재판보다 앞서 이루어졌다. 타리크 알리는 사진기자로 행세하며 볼리비아 당국의 허가를 받았고, 런던정치경제대학 사회학 강사 로빈 블랙번은 알리의 조수로 감옥을 방문했다. 두 사람은 싸르트르의 제안을 수용한 '러쎌 평화재단'의 위탁을 받아 볼리비아로 떠난 감시단의 일원이었다. 버트란트 러쎌(Bertrand Russel)의 미국인 개인비서 랠프 쇤만(Ralph Schoenman)과 『뉴레프트 리뷰』(New Left Riview)의 편집주간 페리 앤더슨(Perry Anderson)을 비롯해, 잡지 『콘크레트』(konkret)의 기자증을 지참한 독일 SDS의 로타르 메네(Lothar Menne)도 감시단에 속했다. 알리와 블랙번이 감옥을 찾아갔을 때 드브레는 꾸바 아바나에서 만난 적이 있는 블랙번을 곧장 알아보고 목례를 건넸다. 사진 촬영 시간은 빠듯하게 주어졌다. 하지만 '당신 때문에 점점 더 많은 사람들이 볼리비아로 오고 있는 탓에 당신을 죽일 수 없을 것'이라는 귓속말을 전하기에는 충분한 시간이었다

(Ali, 173면).

쟌쟈꼬모 펠뜨리넬리도 까미리로 왔다. 볼리비아에서 드브레가 체포된 직후 까스뜨로가 펠뜨리넬리에게 연락해 드브레 재판을 추적하고 그 사건에 국제적인 주목이 쏠리게 하도록 부탁한 것이다. 펠뜨리넬리는 드브레의 책『혁명 속의 혁명? 라틴아메리카의 무장투쟁과 정치투쟁』을 출간했다. 정치 활동가 교육용 씨리즈의 일환으로 기획한 책이었다. 펠뜨리넬리는 1967년 6월 1일 드브레 책의 발행인 자격으로 린든 존슨 미국 대통령에게 공개서한을 보낸다. 그리고 드브레의 즉각적인 석방을 위해 영향력을 행사하도록 "이딸리아 문화계 다수"의 이름으로 존슨 대통령에게 촉구했다(Feltrinelli, 323면).

타리크 알리는 볼리비아의 호텔 로비에서 만난 "두터운 모피 외투 차림의" 펠뜨리넬리를 기억한다. 펠뜨리넬리는 "대형 볼리비아 지도를 연구해 게릴라 지역을 붉은 별로 표시해놓고 있었다." 또한 "무기와 약품을 구입해 '체'의 투쟁을 지원하려고 돈, 많은 돈을 가지고 왔다"고 했다. 펠뜨리넬리는 이 말을 너무 큰 소리로 하는 바람에 타리크 알리가 "보석으로 치장했다"고 묘사한 애인과 함께 하루도 못 가 볼리비아에서 추방되었다(Ali, 176~77면). 애인으로 따라온 씨빌라 멜레가(Sibilla Melega)는 펠뜨리넬리가 남쪽의 체 게바라에게 날아가려고 볼리비아에서 비행기를 빌렸다고 2002년에 밝혔다(Feltrinelli-Melega, 88면). 당시 볼리비아 장관이던 아르게다스(Arguedas)는 펠뜨리넬리가 체 게바라의 목숨을 구하는 댓가로 볼리비아에 5천만 달러를 제안했다고 기록한다(Feltrinelli, 330면). 펠뜨리넬리의 계획이 무엇이었건 추방 때문에 아무엇도 행동으로 옮기지 못했다.

'러셀 평화재단'의 위탁을 받은 영국 감시단도 드브레의 재판이 끝나기 전인 1967년 11월 볼리비아를 떠났다. 게바라의 경호원으로 오인받아 체포까지 당한 타리크 알리가 가장 먼저 영국으로 돌아갔다. 게바라 경호원이란 오해가 풀리기는 했지만 더 큰 어려움에 처하기 전에 볼리비아를 떠나야 한다고 랠프 쉰만이 주장했기 때문이다. 얼마 뒤 나머지 인물들도 타리크 알리의 뒤를 따랐다. 이번에는 영국 감시단 내의 의견 분쟁이 원인이었다.

의견 분쟁이 터진 것은 랠프 쉰만이 식료품과 의약품을 사서 게바라의 주둔지로 수송하자고 제안했을 때였다. 로빈 블랙번은 쉰만이 제안한 계획을 놓고 고민에 빠졌고 페리 앤더슨은 '무모한 모험'이라고 반대했다. 해군장교의 아들인 페리 앤더슨은 단시간에 감시단의 지휘권을 단호히 장악했다. 토론을 중단한 앤더슨은 블랙번과 메네를 태우고 공항으로 차를 몰았다. 주먹을 휘두르며 랠프 쉰만이 지프차 꽁무니를 뒤쫓았지만 허사였다. 결국 쉰만은 단신으로 게바라 진지를 찾으려고 시도했다가 체포되어 볼리비아에서 추방되었다. 쉰만은 이후 합법적인 입국을 허용받지 못하여 계속 불법 체류자로 영국에 살았다. 버트란트 러셀은 베트남전 범죄를 묻는 '러셀 법정'의 핵심 조직자 쉰만을 잃고 말았다. 자신의 최측근 인물이던 쉰만의 볼리비아 모험으로 초래된 일이었다.

드브레가 수용된 까미리 감옥의 독방은 한낮이면 기온이 40도까지 치솟는다. 1968년 3월 말, 당시 27세의 드브레는 거의 1년 가까이 복역중이었다. 드브레가 체포된 때는 게바라의 주둔지를 떠난 직후인 67년 4월 20일이었다. 그뒤 4일간 행방불명이라고 여겨졌다. 빠리에서는 이미 사망한 것으로 알려졌다.

드브레가 애초에 게바라의 주둔지를 찾은 것은 까스뜨로의 메씨지를 전하기 위해서였다. 게바라와 까스뜨로의 무선 접속이 끊기자 드브레는 주저없이 양측의 연결 임무에 뛰어들었다. 드브레는 "둘, 셋, 그리고 수많은 베트남"을 창출하자는 게바라와 까스뜨로의 기획을 지지했다. 1966년 11월부터 게바라가 볼리비아에 건설하려고 매진한 '게릴라 거점'은 라틴아메리카 해방운동 전략을 위해서도, 공동의 적 미 제국주의에 맞선 투쟁의 '두번째 전선'을 수립하기 위해서도 시발점이자 모델이 되어야 했다. 드브레는 까스뜨로와 게바라가 라틴아메리카의 공산당에 맞서 옹호한 게릴라 투쟁 전략을 세상에 알리려고 책을 쓰기 시작했다. 그리고 일년도 되지 않아 까스뜨로와의 끊임없는 대화를 토대로 『혁명 속의 혁명?』을 펴냈다. 까스뜨로는 빠리 고등사범학교 졸업생이자 알뛰쎄르의 수제자를 선택한 것이고, 드브레는 꾸바 대통령의 '작가'가 된 것이다.

까스뜨로와 게바라가 처음 드브레를 주목하게 된 계기는 싸르트르와 씨몬느 드 보부아르(Simone de Beauvoir)가 빠리에서 발행하던 『현대』(Les Temps Moderns)지에 실린 드브레의 글이었다. 「까스뜨로주의: 라틴아메리카의 대장정」이라는 제목의 글은 까스뜨로의 제안에 따라 스페인어로 옮겨졌다. 독일어 번역본은 1968년 루디 두취케가 묶어낸 책 속에 「대장정: 라틴아메리카 혁명의 길」이라는 제목으로 실렸다. 까스뜨로의 개인적인 초청을 받은 드브레는 '3대륙회의'에 참가하기 위해 1965년 말 꾸바로 갔다. 당시 낭뜨에서 철학 교사였음에도 불구하고 드브레는 꾸바에 머물렀고, 프랑스의 일자리를 아바나대학 강사직과 바꾸었다. 그리고 게바라와 까스뜨로를 연결하는 볼리비아에서의 임무를 맡고 나서야 꾸바를 떠났다. 32년 뒤 58세가 된 드브레는 그 순간을 다음과 같이 묘사한다.

> "절대 잊지 마라. 상아탑을 떠나는 것이 상아탑으로 돌아가는 것보다 용이하다는 점을. 사람들은 사회적 불합리에 격앙해 고상한 분노가 끓어오르며 상아탑을 떠난다. 하지만 언제 그랬냐는 듯 다시 상아탑으로 돌아가는 것은 젊은 시절을 부정하거나 사자가 '늙은 개'가 되었기 때문이다. (…) 스무살에 전투복을 입는다면 당신은 쉰살에 반드시 탈영병으로 보이게 될 것이다."(Debray 1998, 221면)

하지만 아직 그 정도는 아니었다. 드브레가 까미리 감옥 독방에서 쓴 일기장은 꾸바와 대결하는 내용이나 꾸바 경험은 담고 있지 않다. 가족을 대신해 선택한 "거칠지만 따스한 소가족"인 꾸바라는 '기관'은 아직 드브레의 '고향 항구'로 남아 있다. 드브레는 까미리에서 까스뜨로와 결별하지 않는다. 알뛰쎄르는 그에게 더이상 권위가 아니었지만 까스뜨로는 그대로 남아 있었다. 까스뜨로 목소리의 울림은 이제 드브레에게 이전보다 훨씬 더 강력히 '세계 도덕의 화신'으로, '완전한 인간적 존엄'으로 아로새겨진다. "꾸바는 까스뜨로고, 까스뜨로는 꾸바다." 또한 꾸바는 드브레에게 '혁명 속의 혁명'이었다.

드브레가 볼 때 까스뜨로는 1966년에서 1968년까지 '제3세계'

를 대변한다. 이제 까스뜨로는 베네수엘라의 "까라까스에서 미국 할렘까지 반구(半球)의 가난한 지역을 위한 프로메테우스와 다윗의 혼합체"로 상징되고, 모든 사람의 마음을 빼앗은 예외적 인물이자 "인도주의적인 조로(Zorro)"이며, 볼떼르도 좋아했을 "스스로의 지배자이자 만인의 지배자"로 형상화된다(Debray 1996, 172, 173, 179면). 드브레만 그런 매력에 빠진 것은 아니었다. 미국 SDS 성원들도 꾸바로 향하고, 공산당 왼쪽에 있는 다채로운 그룹의 프랑스 청년들도 마찬가지였다. 서독에서는 뷔히너 상을 받은 작가까지 꾸바 길에 올랐다.

베를린 고등학술연구소 창립 25주년 기념식을 계기로 필자는 뷔히너 상을 받은 작가 엔첸스베르거에게 아직 묻어둔 꾸바 경험을 들려달라고 부탁한 일이 있다. 하지만 엔첸스베르거는 말할 게 없다고 태연히 대답했다. 또 자기는 드브레의 경우와 비교될 수 없다고 했다. 드브레와 달리 근본적으로 아버지가 백만장자가 아니라는 점도 그럴뿐더러, 드브레는 언제나 권력에 다가가려 했던 바 처음에는 꾸바의 까스뜨로에게, 나중에는 프랑스에서 미떼랑 품으로 갔다는 것이다. 비록 공로훈장을 받기도 했지만 엔첸스베르거 자신은 결코 권력자 편에 서지 않았고 아바나에서도 똑같았다고 말한다. 출판인 클라우스 바겐바흐(Klaus Wagenbach)도 오늘날 비슷한 주장을 하며 다음과 같은 특징적인 차이점을 덧붙인다. "드브레는 대부르주아 출신인데, 두취케와 엔첸스베르거, 울리케 마인호프(Ulrike Meinhof) 같은 독일 혁명가는 소부르주아 층에서" 나왔다.

드브레는 빠리 16구에서 자랐다. 아버지는 빠리 항소법원 변호사였고, 역시 변호사인 어머니는 1947년부터 빠리의 무소속 시의원으로 활동했으며 삼촌은 '윤리·정치학 학술원' 회원이었다. 드브레가 1547면에 달하는 자서전에서 단 한줄도 언급하지 않은 가족들은 뤼벡 가에 살았다. 빠리 최상류층 구역인 뤼벡 가 사람이 어떻게 꾸바의 아바나로 가게 되었을까?

드브레는 16세 때부터 자기가 사는 환경을 부끄러워하기 시작했다. 하녀의 '시중'을 더는 원하지 않았고, 친구들이 오면 으레 큰 집을 가로지르는 지름길을 통해 곧장 자기 방으로 데려갔다. 1956년 알제리 전쟁 보도를 강박관념을 가지고 추적하고, "알제리에서 고문이 이루어졌다"는 사실을 알았을 때 부모와 갈등이 터졌다. 드브레가 볼리비아에서 체포된 직후 삼촌이 전한 바에 따르면, 알제리 전쟁에 너무 충격을 받은 조카는 고통받는 사람들을 생각하며 자신의 사치스런 삶에 항거하는 차원에서 때때로 바닥에서 잠을 잤다(Todd, 14면). 고등사범학교에 갓 입학한 스무살 때 드브레는 출판인 프랑쑤아 마스뻬로(François Maspero)의 동아리에 들어갔다. 마스뻬로는 잡지 『빠르띠장』(Partisans)을 발행하고 '독서의 즐거움'이라는 독서클럽을 이끌었다. 이 클럽은 60년대 초 빠리에서 제3세계 문제를 토론하는 공간이었다.

드브레는 1961년 4월 '피그만 침공' 때 친구 베르나르 꾸슈네르(Bernard Kouchner)와 함께 꾸바 대사관으로 갔다. 미국을 등에 업고 까스뜨로의 실험에 종지부를 찍으려는 침공 시도에 분노한 두 사람은 골리앗에 맞선 다윗의 투쟁을 돕기 위한 자원봉사자로 등록하려고 했다. 꾸바 대사관은 깊은 감사를 표했지만 받아들이지 않았다. 1961년 12월 드브레는 혼자 뉴욕에서 마이애미를 거쳐 꾸바로 가는 긴 여정에 올라 꾸바의 문맹자 교육 캠페인에 참여했다. 나중에 영화 「제네라씨옹」(Génération)에서 밝히듯 드브레는 꾸바를 축제로 경험했다. 카메라 앞에서는 말하지 않았지만, 꾸바 여성과 사랑에 빠졌다고 자서전은 기록한다. 드브레를 빠리로 돌아오게 하려고 가족이 압력을 가해야만 했다. 결국 압력에 굴복했지만 완전히 다른 사람이 되어 있었다. 꾸바에서 돌아온 뒤, 넥타이와 주름바지 차림의 '왕년의 멋쟁이'는 크고 헤진 신발에다 가죽 재킷을 입고 나타났다. 그리고 도덕과 정치 이야기 아니면, "꾸바인은 세상에서 유일하게……" 같은 말만 했다. 잠시 공산당에 적을 두고 공산주의 학생조직 '공산주의학생연합'(UEC) 회원으로 가입하기도 했다(Gilcher-Holtey 2007, 262면 이하). 까미리 감옥의 일기장에 따르면 드브레는 있는 힘을 다해 가족과 거리를 두려고 했다. 나치 군대의 점령에 수동적인 태도를 보인 1940년에 이미 가족의 명예는 땅에 떨어졌다는 것이다.

감옥 독방의 일기장에서 말하듯 드브레는 생물학적 아버지를 부정하고 다른 '진짜' 아버지를 찾아나섰다. 세 명이 "M, A, F"라는 머리글자로 거명된다. 'M'은 드브레가 '저작 없는 철학자'라 부르는 중등학교 때 철학교사 자끄 뮈글리오니(Jacques Muglioni)다. '순종하지 않기 위한 교육'으로 학생들에게 영향을 미쳤다고 한다. 'A'는 고등사범학교 시절 스승 알뛰쎄르를 말한다. 알뛰쎄르는 프랑스공산당원이자 지식인으로 공산당을 내부에서 비판하고 나온 인물이었다. 'F'는 피델 까스뜨로다. 드브레가 볼 때 까스뜨로는 가능성의 지평을 확장시켰다. 그 지평이란 사람들이 그쪽으로 다가서는 만큼 사정권을 벗어나 앞으로 이동하기에, 사람들로 하여금 끊임없이 '운동 속에 머물기'를 요구하는 그런 것이었다(Debray, 1996, 176면).

하지만 1968년 3월 말~4월 초에 드브레는 꼼짝 못하고 있었다. 까미리 군사법정은 30년 감옥형을 선고했다. 드브레가 '무장 조직'의 성원이라는 범죄 구성요건이 입증된 것으로 보았기 때문이다. 볼리비아 군대는 게바라의 주둔지에서 드브레의 책 『혁명 속의 혁명?』을 발견했을 뿐 아니라 게바라와 게릴라들이 그 책으로 학습한 흔적도 역력하다는 사실을 근거로 내세웠다. 리포터 자격으로 게바라의 주둔지에 왔을 따름이라는 드브레의 해명을 군사법정은 일절 신뢰하지 않았다. 게바라의 진영에 장기간 리포터로 머물렀다는 사람이 체포 당시 카메라나 짤막한 메모쪽지 하나 갖고 있지 않았기 때문이다. 아직 30세도 되지 않은 드브레는 30년 간 감옥에 갇힐 처지에 직면하게 되었다.

6

4월, 두 차례 암살기도

마틴 루서 킹과 루디 두취케

1968년 4월 4일 마틴 루서 킹이 테네씨 주 멤피스에서 총에 맞아 사망한다. 아프리카계 미국 흑인 억압에 맞선 선구자로 1964년 노벨평화상을 수상한 비폭력 옹호자가 폭력의 희생자가 된다. 톰 헤이든은 그 소식을 접하고 타고난 혈통인 아일랜드식으로 반응했다고 회고한다. 즉, 고통스런 심정으로 TV 앞에 앉아 킹의 전설적인 연설 「나에게는 꿈이 있습니다」 재방송을 반복해서 보고, 아프리카계 흑인 학생조직 '비폭력학생협력위원회'(SNCC)의 공동 설립자인 친구와 취하도록 술을 마신 것이다. 버나딘 돈은 킹의 사망 소식에 울음보를 터뜨리고, 뉴욕의 타임즈 스퀘어 광장에서 무차별적으로 창문을 부수는 활동가들과 합류한다. SNCC 및 블랙팬더의 대변인 스토클리 카마이클(Stokely Carmichael)은 워싱턴 거리를 난폭자처럼 활보하며 흑인들에게 무장을 호소한다. 수도 워싱턴의 거리는 온통 화염에 휩싸인다. 미국 75개 도시가 폭동에 휩쓸리고 45명이 목숨을 잃는다. 며칠 뒤 톰 헤이든이 왔을 때도 워싱턴은 여전히 연기가 피어오르고, 아직 불타는 곳도 있었다(Hayden 1988, 269~70면).

헤이든은 킹의 암살이 흑백 활동가들의 공조에 악영향을 몰고올 것임을 순식간에 깨닫는다. SNCC가 흑인 차별에 맞서 내놓은 대응책인 '분리', 즉 흑백의 분리된 삶에 대한 희망이 지속되는 한편, 헤이든이 「포트 휴런 선언」(1962)에서 묘사한 '다인종적 빈민 운동'의 기회는 허공으로 사라진다. SNCC에서 함께 활동하던 백인 활동가들은 1967년 겨울부터 쫓겨나게 된다. 백인 활동가 제명 결정은 24명이 기권한 가운데 19대 18이라는 간발의 차로 통과되었다. 박빙의 통과였다 해도 이 결정은 여러 도시구역 프로젝트에서 미국 SDS와 SNCC의 협력에 영향을 미친다. 물론 헤이든은 개인적으로 아직 이 영향을 감지하지 못했다. 폴크스바겐을 몰고다니며 뉴어크 흑인 게토에서 벌이던 자신의 활동이 아직 인정받고 있었던 탓이다(Miller, 274면).

헤이든은 중재자 역할을 맡아 '백인 스토클리 카마이클' 같은 존재로 여겨졌다. 동부 해안 사람들과 대화가 가능하고 게토에서 일어난 사건을 설명할 수 있는 장점이 있었기 때문이다. 헤이든은 자신의 역할을 뒤돌아보며 당시 분위기를 이렇게 묘사한다. "헤이든과 이야기하자. 흑인과의 대화는 가능하지 않지만 헤이든과 이야기할 수 있다. 헤이든은 대학을 다녔고 라이트 밀즈를 비롯한 다양한 책을 읽었으며 우리와 말이 통한다. 따라서 어떤 일이 일어났는지 설명할 수 있다." 헤이든은 『뉴욕 리뷰 오브 북스』(*New York Review of Books*)에 글을 썼으며 이런 저런 잡지에서 끊임없이 원고청탁을 받는다. 『뉴욕 리뷰 오브 북스』의 앤드류 콥킨드

(Andrew Kopkind)와 커피숍에서 만난 자리에서 헤이든은 화염병 제조법을 아느냐는 질문을 받고 냅킨에 직접 그려서 보여주었다(Miller, 276면; Hayden 1988, 165면). 이 그림이 신문 일면을 장식한다. (독일에서 『슈피겔』(Spiegel)이 루디 두취케의 유사한 그림을 실었다면 어떤 일이 일어났을지 상상하기 어렵지 않다.)

프랑스에서 다니엘 콘벤디트는 '다니의 (가짜) 화염병' 때문에 징계를 앞두고 있었다. 미국에서는 신문 일면을 장식한 헤이든의 화염병 그림이 그런 결과를 낳지 않았다. 하지만 헤이든이 활동하던 조직망은 킹 암살 직후 의회에서 가결한 '반폭동 수정법안'으로 가중된 압박에 시달린다. 헤이든은 차후 이 법률안을 근거로 소송에 휘말려 레지스 드브레처럼 감옥형 선고가 임박했다는 위기를 느낀다. 물론 아직 그 시점은 아니었다. 헤이든은 4월 9일 킹의 장례식 당일 뉴어크를 떠나 시카고로 향한다. '베트남전 종식을 위한 전국 동원위원회'(MOBE)의 공동 조직자로 일하며 8월 민주당 전당대회에 맞춘 항의행동 준비를 위임받은 것이다(Caute, 168면). 헤이든은 상원의원 유진 매카시에 비해 대통령 후보가 될 가망성이 계속 높아지던 로버트 케네디와도 접촉을 지속한다.

인생의 새로운 단계를 준비하던 헤이든은 1961년에 결혼한 아내와 헤어진다. 헤이든은 사랑에서 요구되는 책임을 원하지 않았고, 그 순간에는 여하튼 어떤 가족도 바라지 않았다. "아마 더 운명적인 일을 찾기 시작했던 것 같다"고 자서전은 기록하고 있다. SNCC와 관련해 활동했고 신여성운동을 선언한 책 『성과 카스트 제도』(1966)를 메어리 킹(Mary King)과 함께 쓰기도 한 아내 케이씨(Casey)에게 이 모든 것을 설명하기란 쉽지 않았다. 케이씨의 기억에 따르면 마침내 헤이든은 "긴 모험 여행을 떠날 생각"이라고 말했다(Hayden 1988, 272면).

1968년 4월 11일 서베를린 쿠어퓌르스텐담 백주대로에서 한 청년이 루디 두취케에게 묻는다. "루디 두취케 씨 맞나요?" 두취케는 SDS 본부에서 약 50미터 떨어진 약국 앞에서 아들의 약을 사려고 자전거에 앉아 기다리는 중이었다. 두취케는 그 청년이 자동차를 몰고와서 주차하는 것을 이미 지켜보고 있었다. 청년이 코앞에서 그렇게 묻자 두취케는 "그런데요"라고 대답한다. 윗도리 주머니에서 권총을 꺼낸 청년이 방아쇠를 당긴다. "무의식적으로 그 청년 쪽으로 꼬꾸라졌다"고 두취케는 기억한다. 하지만 쓰러지고 나서의 일은 전혀 기억해내지 못한다. "막간의 짧은 순간을 빼고는 이후 시간이 두취케 머리에서 공백으로" 남아 있었다(Dutschke-Klotz 1996, 197면). 증인들은 두취케가 "아버지와 어머니"를 부르고 "살인자"라고 외쳤다고 진술한다(Chaussy, 248면). 위독한 상태에서 병원으로 옮겨진 두취케는 뇌수술 전문의에게 머리에 박힌 총알 제거 수술을 받는다. 수술은 이겨냈지만 언어중추가 손상되어 읽을 수도 의사표현을 할 수도 없었다. 아내를 알아보기는 해도 이름은 알지 못했다. "레닌이 누구지?"라는 아내의 물음에 "몰라"라고 대답했다(Dutschke-Klotz 1996, 201면).

두취케와 아내는 지난 2월 베를린 '국제베트남회의'가 끝난 뒤 어린 아들을 데리고 몇주 동안 거주지를 다섯번이나 바꾸었다. 지지난번 집에서는 신원미상의 인물이 우편물 투입구로 '악취탄'을 던지고 붉은색으로 벽에다 "두취케를 가스실로!"라고 휘갈

긴 적도 있었다. 베를린에서 이런 공격을 받고 두취케 부부는 잠시 외국에 나가기로 결정했다. 이 결정에 일조한 다른 사건도 있었다. 두취케가 회색 외투에 붉은 목도리를 두르고 겨드랑이에 맑스의 『자본론』을 낀 사진이 잡지 『카피탈』(Capital) 표지를 장식한 일을 계기로 SDS 안에서 두취케 개인숭배에 대한 비판이 일고 두취케를 제명하자는 요구가 불거졌던 것이다. 두취케는 암살기도 직전 TV 리포터에게 해외로 나갈 계획을 털어놓았다. 하지만 이 말이 채 방송을 타기도 전에 쿠어퓌르스텐담에서 총성이 울렸다. 두취케를 쏜 극우 성향의 페인트공 출신 실업자 청년은 범행 직후 곧바로 붙잡혔다.

두취케 암살기도 소식은 세찬 분노의 물결과 폭력행동을 불러일으켰다. 사건 당일인 4월 11일 부활절 목요일 밤에 2천명의 시위대가 베를린 장벽 근처 '슈프링어 언론출판 그룹' 본사 고층건물로 몰려갔다. 슈프링어 그룹 신문들이 마녀사냥하듯 두취케를 비방했다고 여겼기 때문이다. 부활절 기간 동안 서독에서 대략 5만명이 슈프링어 그룹 인쇄소를 봉쇄하려는 시도에 가담한다. 대학생뿐 아니라 고등학생과 수습공도 동참했다. 뮌헨에서는 두 사람(대학생과 사진기자)이 목숨을 잃고 천명이 넘는 시위자가 체포된다.

런던에서도 가두시위가 벌어진다. '베트남연대캠페인'(VSC)은 '핵군축캠페인'(CND)이 조직한 부활절행진 참가자들에게 하이드 파크의 정리집회 후 독일 대사관으로 가자고 호소한다. 2천명의 시위자가 호소에 따른다. 독일 대사관 앞에서 경찰과 몸싸움이 벌어진다. 대사관 직원이 시위자 대표단을 맞이한다. 대표단을 이끈 타리크 알리는 그 직원에게, 슈프링어 신문이 다년간 '운동 비방 캠페인'을 벌여왔다는 사실이 참으로 놀랍지 않느냐고 아주 부드러운 어조로 물었다. 직원은 대답하지 않았다. 타리크 알리는 서독 정부가 SDS의 활동을 금지한다면 유럽의 모든 서독 대사관이 포위될 것이라고 경고한다. 나치 시기이던 30년대에도 대사관 포위 같은 일은 없었기에, 대중 학생조직인 SDS의 권리를 확보하려는 뜻을 그 경고에 실어 분명히 전한다는 것이 알리의 생각이었다(Ali, 208~9면). 시위대는 독일 대사관을 떠나 슈프링어 그룹 런던 사무실이 있는 『데일리 미러』(Daily Mirror) 건물로 향한다. 격렬한 시위 결과 『데일리 미러』는 신문 한 면을 할애해 학생 시위대가 항의 이유를 설명할 수 있게 했다.

두취케 암살기도는 뉴욕, 버클리, 토론토, 빠리, 로마, 밀라노, 프라하, 벨그라드 같은 여러 도시에서 항의 시위를 야기한다. 빠리의 연대시위에서는 다니엘 콘벤디트가 '3월 22일 운동'의 대표자로 처음 메가폰을 잡는다. 콘벤디트는 "그 시위가 당시 나를 유명하게 만들었다"고 후에 밝혔다(Fraser, 194면). 콘벤디트 그룹은 이데올로기가 다르다는 이유로 그간 접촉이 없던 각 정파 그룹이 공동 시위를 위해 오데옹 광장으로 가는 여러 길목에서 각각 합류하는 방식으로 연대시위를 조직했다. 로마에서는 이딸리아 판 슈프링어 신문으로 간주되던 『꼬리에레 델라 쎄라』(Corriere della Sera)의 창문이 부숴지고, 뒤에 펠뜨리넬리가 그 시위를 조직한 책임을 뒤집어쓴다(Feltrinelli, 355면). 뉴욕에서는 경찰과 가두 투쟁이 벌어진다. 거기서 처음으로 함께 투쟁한 그룹들이 곧이어 컬럼비아대학을 점거할 것이다(Fraser, 194~95면).

7

컬럼비아대학 점거

    뉴욕, 4월 23일: 4월 23일 컬럼비아대학 점거의 깃발을 든 미국 SDS의 분파는 '행동파'로 자처하고 있었다. '행동파'의 대변인 마크 러드(Mark Rudd)는 이제 막 꾸바 여행에서 돌아왔고, 겨우 21세의 나이에 컬럼비아대학 SDS 의장으로 뽑힌 인물이었다. 마크 러드는 4월 22일 마틴 루서 킹 추모식을 계기로, 우선 대학측이 망자를 추모할 자격이 있는지 이의를 달았다. 총장 그레이슨 커크(Grayson Kirk)의 주재로 대학 대표자들이 「우리 승리하리라」를 부르고 난 직후 러드가 일침을 가했다(Gitlin, 306면). 대학이 '소요 진압' 연구에 협조하고 흑인 노동자의 노동조합 조직화를 방해하며 비폭력 시위를 벌이는 대학생들을 처벌한다는 것이었다. 할렘 접경 공원에 세워질 체육관 문제에도 러드는 신랄한 비판을 쏟아냈다. 흑인주민이 압도적으로 많은 구역에서 체육관 출입구를 흑백으로 따로 설치할 예정이었기 때문이다(Sales, 435면).

    하지만 4월 23일 아침 학생들이 우루루 총장실로 몰려간 것은 개인적 이해관계와 전혀 무관한 일은 아니었다. 지난 3월 SDS 회원 다섯명과 함께 러드는 총장이 포고한 학내 시위금지를 위반했고, 그 위반 행위를 학장에게 해명하라는 요구도 거스른 일이 있었다. 러드는 총장에게 보낸 편지에서 한마디만 하겠다며 썼다. "꼼짝 말고 손들어, 이 새끼야! 자유를 위해! 마크"(Caute, 166면). 사건 이후 러드와 다섯 학생에게 '근신처분'이 내려진 상태였다.

　"꼼짝 마, 이 새끼(motherfucker)야!"는 마틴 루서 킹의 죽음으로 터진 소요 때 공권력에 저항하다 체포된 애미리 버라카(Amiri Baraka)의 시에서 따온 것이다. 그 말은 통상 경찰이 게토에서 흑인을 제압할 때 사용했다. 뉴욕의 로우어 이스트 싸이드에 사는 히피와 예술가, 기성사회 '이탈자'로 이루어진 그룹이 이 말을 빌려와 '마더퍼커스'(motherfuckers)로 자칭했다. 마크 러드의 '행동파'는 총장실 문의 유리를 부수고, 「네덜란드 장군 초상화」라는 렘브란트의 진품이 걸려 있는 총장 집무실을 점거한다. 한 학장이 볼모로 잡혀 26시간 동안 억류된다. 총장 그레이슨 커크가 교정으로 불러들인 경찰은 맨 먼저 렘브란트 그림부터 구한다. 그림이 안전한 곳으로 옮겨지자마자 학생들이 창문을 통해 다시 총장실로 기어들어간다. 학생들은 총장의 시거를 피우고 스페인산 백포도주를 마시며 총장실에 손도 대지 않은 상태의 책이 허다하다는 사실도 발견한다. 커크 총장은 점거 둘쨋날 처음으로 베트남전에 대해 입장표명을 한다. 총장은 미국이 베트남에서 '철수'하도록 촉구하는데 "그 전쟁 때문에 시민저항이 일종의 미덕처럼" 변질된다는 점을 주요 근거로 든다(Gitlin, 306면).

컬럼비아대학 건물 다섯 동이 8일간 점거된다. '비폭력학생협력위원회'(SNCC)의 방침인 흑백 학생 분리가 점거 양상으로 두드러진다. 흑인 학생이 해밀턴 홀을 접수하고, 백인 학생은 페이어웨서 홀을 점거한다. 애버리 홀은 건축학부 학생이, 로우 라이브러리와 수학부 건물은 급진파 SDS 회원이 장악한다. 수학부 건물 점거자 가운데는 '마더퍼커스' 그룹과 톰 헤이든도 있었다.

앞서 톰 헤이든은 컬럼비아대학 점거 및 인질억류 소식을 뉴욕 SNCC 사무실에서 듣는다. 그리고 조언과 지원을 위해 주저없이 대학행 지하철에 오른다. 헤이든은 SDS가 '전쟁과 인종주의의 공모관계'라고 말하는 것의 전형이 명문 아이비리그 대학으로 불리는 컬럼비아대학이라고 본다. 국방부를 위한 무기연구에 종사하고 베트남에서의 반게릴라 전투기술을 평가하는 '국방분석연구소'(IDA)와 컬럼비아대학이 공조하고 있다는 것이다. 커크 총장은 '철새'라고 생각하는 학생들에게 아무 발언권도 허용치 않았는데 징계조치를 내릴 때도 마찬가지였다. 총장 혼자서 1764년 규정대로 모든 징계권을 행사하고 "학생들에게는 어떤 정당한 조치나 합당한 절차도 제공하지 않았다"(Hayden 1988, 273면).

헤이든이 경탄하며 쓰듯 이제 상황은 뒤바뀐 것처럼 보인다. 학생들이 "권력을 손아귀에 넣었다." 심지어 흑인 학생 몇몇이 무장했다는 소문까지 나돈다. 흑인 학생의 분노는 엄청났다. 킹 암살 때문에 처음 시작된 분노도 아니었다. 흑인 학생들은 전투적인 항의 형태로 넘어갈 준비를 갖추고 있었다. '행동파'가 함께 움직였다. 행동파는 폭력을 통해 사고의 혁명화가 가능하고, 마크 러드의 표현에 따르면 '의식 고양'이 가능하다고 생각했다

(Gitlin, 307면). 더불어 SDS의 '행동파'는 '실천의 축'이라는 그룹과 단호하게 선을 그었다. 마오주의에 고무된 '실천의 축'은 대결을 통한 변혁을 선전하는 대신 조직과 '토대 건설'이 성공적인 모든 저항운동의 전제라고 보았다. 따라서 '실천의 축' 그룹은 대학뿐 아니라 캠퍼스 밖 공장이나 사무실에서도 세포 건설에 매진하고 있었다.

'실천의 축' 그룹이 볼 때 마크 러드는 '행동광'이었다. 헤이든은 러드가 자기와는 '천양지차'로 다른 새 유형의 학생 지도자라고 느꼈다. 러드는 아버지가 장교 출신인 헤이든보다 아홉살이 어렸다. 러드의 아버지 야코브 스무엘 루드니츠키(Jacov Smuel Rudnitsky)는 1917년 폴란드에서 미국으로 이주했다. 어머니의 조상은 리투아니아 출신이었다. 디트로이트에서 태어난 헤이든은 러드를 뉴저지 변두리 출신 꼬마로 부르며, 자기를 비롯한 'SDS 지식인'과 동떨어진 인물로 분류한다. 러드는 참여를 통한 변혁이 아니라 대결 전략에 믿음을 걸었다. 또한 학생반란으로 전체 '체제'를 전복할 수 있다고 확신했다. 헤이든의 눈에 러드는 빈정대길 즐기고 자아도취적이며 교조적인데다 체질상 광적인 인물이었다. 새 유형의 이런 SDS 지도부 세대를 이끌 수도 가르칠 수도 없다는 것을 잘 알면서도 헤이든은 새로운 투쟁 국면에 참가하기를 원했다.

헤이든은 4월 26일 컬럼비아대학 캠퍼스로 들어간다. 후배들은 29세의 헤이든에게 수학부 건물 꼬뮌 의장직을 위임한다. 이를 수락한 헤이든은 1870~71년의 빠리 꼬뮌과 닮았다고 생각한 실험에 5일 동안 관여한다. 헤이든이 보기에 실험 참가자들은

"자기 자신만의 세계"에 살 기회를 얻었다. 물론 그 세계는 계속되는 체포와 폭력의 위협 때문에 몰락의 위험이 상존한다는 한계가 있었다. 하지만 적어도 실험 참가자들은 얼마간 꼬뮌을 조직해 스스로 결정하는 직접민주주의를 수행하거나 혹은 SDS의 근본강령 식으로 말하면 '참여민주주의'를 실행에 옮길 수 있었다(Hayden 1988, 277면). 4월 말 당시 헤이든의 일거수일투족을 추적하며 처음에는 말 붙일 엄두조차 내지 못하던 시인 스티븐 스펜더(Stephen Spender)는 헤이든을 "전장을 시찰하는 장군"에 비유한다(Miller, 292면). 경찰이 건물로 밀고들어올 경우의 대처법을 조언하는 데 많은 시간이 소요된다. 안전과 방어 전략을 둘러싼 논의가 원칙문제를 다룰 시간을 잡아먹는다. 원칙문제가 상정되자 약 150명의 점거자는 두 진영으로 확연히 갈라진다. 한 진영은 '대학재건' 착수를 목표로 내건다. 학생 발언권을 높여, 대학의 중요 사안에 참여하는 '공동결정권'을 인정받는다는 것이다. 다른 진영은 대학 입학으로 이미 특권을 얻은 사람만 이롭게 하는 공동결정권이 '기회주의적인 타협'이라고 본다. 따라서 '학생권력'이 아니라 '학생·노동자 동맹'이 필요하거나, 혹은 러드와 '행동파'식으로 표현해 파농의 '대지의 저주받은 자들'과의 동맹이 요구된다. 러드의 계획은 학생과 사무직, 할렘 주민으로 꾸리는 '임시 지배기구'를 마련하는 것이었다(Hayden 1988, 278면). 헤이든은 「둘, 셋, 그리고 수많은 컬럼비아를」이라는 제목으로 신문에 기고한 글에서 점거 학생들이 바라는 대안을 선명하게 제시한다. 학생들은 "미국 사회의 주류에 맞서는 새롭고 독립적인 대학을 원하지, 그밖의 어떤 다른 대학도 원치 않는다."

헤이든 자신은 어느 진영에도 동의하지 않는다. 대학 '재건파'의 생각은 너무 온건해 보이고, 마크 러드의 계획은 대학의 폐지를 전제로 하기에 너무 급진적으로 느껴진다. 헤이든은 '사회변혁의 중개인'인 대학을 근본적으로 개혁하자고 주장한다. 개혁을 통해 학생들의 권리를 구체화함으로써 학생들이 자신의 발언권과 감시권을 인식할 수 있게 해야 한다는 것이다. 하지만 컬럼비아대학 학생이 아니라서 헤이든은 그런 입장을 강변하지 않는다. "스스로 결정하게 하자"는 원칙에 따라 토론을 이끌 뿐이었다. 점거가 길어질수록 토론에 참여하러 찾아오는 대학 강사가 더 늘어난다. 이로써 대학과의 협상이 가능하고 성과도 낼 수 있음이 드러난다. 나아가 위계가 무너지고 장애물이 사라질 수 있음을 보여주는 일이기도 했다. 이는 다수 학생들에게 잊을 수 없는 경험이었다. '해방구'로 명명된 수학부 건물에서는 결혼식도 치러진다. 개인적인 것과 정치적인 것이 '혁명 속의 결혼'에서 하나로 모아진 것이다(Fraser, 198면).

하지만 1968년 4월 30일 종말이 찾아온다. 경찰이 캠퍼스로 밀어닥친다. 전기와 수돗물, 전화가 끊긴다. 경찰은 점거 건물 진입 및 대량 체포 태세를 갖춘다. 건물 안의 시위자들은 촛불을 켜고 입구에 주로 설치된 바리케이드를 점검한다. 경찰이 문을 부수는 동안 시위자들은 팔에 팔을 걸고 노래를 부르며 기다린다. 헤이든은 '무자비한 효율성'을 앞세운 경찰이 가만히 바닥에 앉아 비폭력 저항을 수행하는 학생들을 구타하는 장면을 본다. 헤이든은 뉴욕을 떠나 시카고로 간다. 헤이든의 눈에 컬럼비아의 승자는 마크 러드였다. 러드가 '행동파'를 이끌고, 사회 근간을 위협하는 혁명적 학생운동이라는 상을 창출하는 데 결정적으로 기여했다고 본 것이다(Hayden 1988, 282면). 헤이든과 생각이 다른 여성이 컬럼비아대학 계단에서 학생들과 토론을 벌이고 있다. 그 이름은 한나 아렌트이다.

한나 아렌트가 폭력을 숙고하다

   권력과 폭력: 뉴욕에 살며 컬럼비아대학에서 객원교수로 가르치기도 했던 한나 아렌트는 마틴 루서 킹 암살, 컬럼비아대학 점거 및 인질억류 사건, 신좌파의 언어에 스며든 폭력 열정 등에 자극받아 폭력 현상을 숙고하게 되었다. 폭력은 어떻게 발생하는가? 폭력 고양과 폭력 레토릭은 어떻게 설명될 수 있는가? 한나 아렌트는 네 가지 근거를 든다. 폭력에 대한 신좌파의 열정은 첫째, "현대 무기의 섬뜩하고 자멸적인 발전과 긴밀히 결부된다." "원자탄의 그늘에서" 자라난 신좌파 대표자들은 "현재 속에 묻힌 시한폭탄이 째깍거리는 소리를" 들었다(Arendt, 17, 21면).

   둘째, 신좌파 대표자들의 사고에서 "폭력으로의 전환"은 아버지 세대가 물려준 범죄국가 경험, 즉 범죄적인 폭력이 정치로 대거 침투하는 경험을 통해 힘을 얻고 "강제수용소와 절멸수용소, 인종학살과 고문 및 테러에 대한" 지식을 통해 강화된다. 이런 지식과 경험 때문에 신좌파의 반란 각오는 더 굳어졌다. 또한 아렌트가 격렬한 베트남전 반대자 노엄 촘스키(Noam Chomsky)에 기대어 말하듯 "이른바 히틀러 치하의 '선량한 독일인'처럼 행세하지 않으려는 것"도 반란 동기로 작용했다(Arendt, 17~18면).

셋째, 신좌파의 폭력 레토릭을 설명하기 위해 아렌트는 어떤 유사한 사례나 전례도 없는 또하나의 '경험'을 지적한다. "다름아닌 '진보'가 여러모로 지구상의 생명체를 재앙으로 몰고가는 경험"이다. '진보'와 진보의 학문적 토대를 잘 알게 되면서 학생들이 배운 사실은 "학문은 스스로 낳은 과학기술의 치명적 결과를 돌이킬 능력이 없어 보일 뿐 아니라, 전쟁에 빠져들지 않게 할 방법이 도통 존재하지 않는" 단계에까지 도달했다는 것이다 (Arendt, 20면; 인용은 독일어본에서). "눈부시게 빠른 기술적 '진보'에 담긴 그 엄청난 파괴적 경향성"은 신좌파의 사고에 깊은 영향을 미쳤다. 신좌파는 통제 불가능한 기술적 진보와 결코 안전하지 않은 미래에 직면해 출구를 찾지만, 그 속에서 스스로 '진보주의적 사고'에 사로잡히게 된다.

넷째, 폭력이 '창조적'이라는 신좌파의 가정은 역사를 '연속적인 과정'으로 보는 관점에서 나온다. 이 '과정'은 일단 한번 들어선 방향으로 자동적으로 진행되고 전쟁과 혁명을 통해서만 중단될 수 있다. 이제껏 어떤 폭력 이론가도 이런 맥락을 지적하지 않았지만 아렌트에게는 의심할 나위가 없는 것이었다. 나아가 아렌트는 이딸리아 철학자 조르조 아감벤(Giorgio Agamben)의 개념을 빌려와, 일상적 시간의 단일 흐름에 파열구를 내는 '신성한 폭력'이라는 특징이 학생들의 파괴적 행동 속에 있다고 생각한다. 아직 학생들에게서 고갈되지 않은, "행동으로 세상을 바꿀 가능성에 대한 믿음"이 그런 생각의 심리적 전제였다(Arendt, 19면). 반란을 일으키는 학생들은 거의 전적으로 도덕적 동기에서 저항하며, 18세기가 '공적인 행복'이라고 칭한 인간 존재의 차원을 새로이 발견했다. 그러나 '공적인 행복'이란 공적으로 행동하는 사람들에게만 열려 있는 "어떤 흠잡을 데 없는 '행복'"이다(Arendt, 109면).

아렌트는 1967년 12월까지만 해도 폭력을 회의적으로 평가했다. 뉴욕 지식인의 대화의 장인 '시어터 포 아이디어'(Theatre for Ideas)에서 언어학자 촘스키, 아일랜드 정치가 겸 작가이자 언론인 코너 크루즈 오브라이언(Conor Cruise O'Brien), 미국 시인 로버트 로웰(Robert Lowell) 등과 토론하던 중에 아렌트는 권력과 폭력을 구별하며 다음처럼 주장했다. "대체로 폭력은 항상 무기력에서 나온다. 폭력은 권력 없는 자들의 희망이다"(Young-Bruehl, 565면). 이런 주장은 학생층에서 널리 읽힌 『혁명론』(1964)에서 내놓은 핵심 판단으로 돌아가는 것이었다. 아렌트는 '시어터 포 아이디어' 토론장의 다른 참가자들과 마찬가지로 이론적이고 추상적인 폭력 설명에 머물러 있었다.

토론장의 방청객으로 있던 쑤전 쏜택(Susan Sontag)이 왜 모두의 관심사인 폭력문제를 더 명료하게 토론하지 않는지 물었다. 쏜택이 볼 때 핵심적인 문제는 "이 자리에 있는 우리와 우리가 아는 사람들이 곧이어 폭력을 사용해야 할지 말아야 할지"였다(Young-Bruehl, 565면). 아렌트는 쏜택 스스로 그것에 대해 말해주면 좋겠다고 이해를 구했다. 자신의 머릿속에도 늘 이 문제가 맴돈다는 것이다. 두 사람의 대화에서 분명히 드러나듯 폭력사용이라는 문제는 그 토론회를 주재한 『뉴욕 리뷰 오브 북스』의 틀 안에서도 1967~68년 전환기 무렵에 사고와 행동을 요구하는 과제로 간주되었다. 폭력문제가 공적인 담론을 지배했고 폭력 레토릭은 사적인 편지에까지 스며들었다. 가령 아렌트의 새책 소식을 오랫동안 듣지 못한 메어리 매카시는 편지를 보내 아렌트가 "폭탄을 만들고 있는지" 알고 싶어했다(Arendt/McCarthy, 316면).

'시어터 포 아이디어' 토론에서 아렌트가 촘스키와 함께 '비폭력의 거대한 힘'과 필요성을 옹호하고 있을 때 톰 헤이든이 방청석에서 아렌트의 말을 자르고 끼어들었다. 헤이든은 더이상 참을 수가 없어 아렌트에게 직격탄을 날렸다. "당신이 말이나 이론이 아니라 실천으로 베트남전과 미국 인종주의에 맞서 어떤 일을 할 수 있다는 진지한 증거를 내놓지 못하는 한, 당신이 그런 증거를 내놓기를 기다릴 수 없는 사람들의 폭력을 비난해서는 안된다고 봅니다." 뉴어크 같은 게토의 폭동은 비폭력 수단을 통해서는 변화를 불러올 수 없기 때문에 나온 정당하고 납득할 만한 대응이라는 것이었다. 따라서 베트남전에 맞선 평화운동에도 폭력에 할당된 자리가 있어야 했다. 아렌트는 헤이든에게 동의할 용의가 없었다. 폭동이 얼마나 덧없이 순식간에 사라져버리는 것인지를 분명히 하려고 아렌트는 전체 역사, 특히 유럽사를 사례로 들며 반박했다. 아렌트의 이런 훈계를 토론자 자격으로 듣고 있던 오브라이언이 헤이든 편을 들며 참견한다. 그리고 헤이든이 아일랜드 혈통임을 모르는 아렌트에게 아일랜드 경구 하나를 들려준다. "상황 완화를 위한 협상은 때때로 폭력을 통해서만 가능하다"(Young-Bruehl, 566면).

아렌트는 뒤에 폭력에 대한 숙고를 글로 옮기며 그 토론회에서 받은 자극을 반영한다. 이제 "폭력은 진보의 기관차도, 역사나 혁명의 기관차도 달구어낼 수 없지만, 폐해를 극적인 방식으로 표현하고 대중의 관심을 이끌어내는 데 온전히 기여할 수 있다"고 주장한다. 따라서 가능한 것을 얻기 위해 불가능한 것을 원하는 게 때때로 유용하듯, "오브라이언이 같은 이름의 지난 세기 아일랜드 선동가를 인용해 이따금씩 언급한 것, 즉 얼마간의 폭력성은 상황 완화의 목소리에 귀 기울이게 하기 위해 필요하다"는 말 역시 때때로 그럴싸하게 들린다는 것이다. 아렌트는 여기서 이렇게 결론을 내린다. 폭력은 "폭력의 예언자들이 우리에게 믿게 하려는 바와 반대로, 혁명을 일으키는 것보다 개혁을 끌어내는 데 훨씬 더 적합하다"(Arendt, 78~79면). 아렌트는 자기 테제가 대학의 최근 상황을 통해 입증되었다고 생각한다. 컬럼비아대학 소요가 없었다면 누구도 대학 개혁이 필요하다는 생각조차 하지 못했을 것이라는 말이다. 또한 "서독에서 '생각을 달리하는 소수'의 존재가 '도발행동 없이는 인식조차 되지 못한다'(두취케)"는 주장도 타당성이 있을 법하다고 본다(Arendt, 79면).

폭력 이론가로서 두취케에 대한 작금의 논쟁에서는 한나 아렌트의 이런 두취케 수용을 간과하고, 폭력 논쟁의 국제적 맥락과 개념적 불명료성 역시 소홀히 취급하고 있다. 아렌트는 뉴욕의 '시어터 포 아이디어'를 조직한 셜리 브로턴(Shirley Broughton)에게 썼다. "폭력문제에서 우리 모두를 지배하는 혼란이 무엇인지 분명하게 해준 그 토론이 없었다면 저는 폭력에 대한 책을 절대 쓰지 않았을 것입니다"(Young-Bruehl, 473면). 아렌트가 밝혀야 했듯, 일상어뿐 아니라 학술용어에서도 권력, 힘, 강제력, 권위,

폭력 같은 핵심개념을 제대로 구분하지 않고 있었다(Arendt, 44면).
'폭력'이라는 항목은 1968년 판 『사회과학 백과사전』에도 빠져
있었다.

　아렌트는 『폭력론』(국역본 『폭력의 세기』)을 쓰는 동안 뉴욕 신사
회연구원에서 가르친다. 강의 제목은 '20세기의 정치적 경험'이
었다. 아렌트는 킹 암살 후 미국에서 일어난 사건들에 압박받고
있었다. 독일 군대에 쫓겨 프랑스에서 도망쳐야 했을 때 자신을
받아준 이 나라가 불편하게 느껴지기 시작한 아렌트는 집을 팔고
스위스로 갈지 고민하게 된다(Young-Bruehl, 574면). 어쨌든 아렌트
는 5월 종강 직후 혹은 가능하다면 더 빨리 유럽으로 가기를 바란
다(Arendt/McCarthy, 320면). 하지만 1968년 봄 수차례 가벼운 심근경
색을 일으킨 남편의 건강 상태가 이 여행을 허락하지 않는다.

　그러자 아렌트는 미국 저항의 급진화와 나란히 진행되는 유럽
학생운동의 동원과정이 매주 어떻게 역동성을 얻는지 라디오와
TV, 신문을 통해 추적해나간다. 아렌트는 감정이입 상태로 사건
을 뒤쫓는다. 4월에 "학생들은 시위하고, 우리 모두는 학생들 편
에 서 있다"고 말한다. 빠리 망명 시절 친구이자 한때 공산주의자
였던 채넌 클렌보트(Chanan Klenbort)가 아렌트가 사실을 직시
하게 한다. 클렌보트는 아렌트가 시위하러 밖으로 나가지 않고
레스또랑에서 식사하며 토론하고 있음을 지적한다(Young-Bruehl,
567면). 핵심을 찌른 말이다.

　아렌트는 군중이나 대중집회를 좋아하지 않았다. 평화행진에
도 전혀 참가하지 않았다. 소규모 모임에서 학생들과 대화를 꾀
했다. 하지만 아렌트는 징병 선발 자료로 쓰라고 병무청에 성적

을 넘겨주는 것에 반대하는 학생 시위를 지지하고 점거라는 수단을 인정한다. "연좌시위와 건물 점거는 방화나 무장반란과는 다른 것이고 양자의 차이는 단순한 단계의 문제가 아니다." 따라서 아렌트는 "반대에서 음모로, 수동적인 저항에서 무장봉기로" 나아가는 것이 타당하다는 생각에 단호히 맞선다(Arendt, 49면).

아렌트는 당시 세상에서 일어나는 일에 매료된다. 즉흥적으로 발생하고 도덕적인 동기로 행해지는 학생반란은 아렌트가 전혀 예상치 못한 '금세기의 사건'이었다(Arendt, 108~9면). 빠리에서 날아오는 소식을 호기심에 가득 차서 뒤쫓던 아렌트는 5월에 신문에서 다니엘 콘벤디트라는 이름과 마주친다. 프랑스 주재 미국대사의 부인이자 작가인 친구 메어리 매카시에게 "그를 아니?"라고 묻는다. 콘벤디트와의 접촉을 도울 수 있는지 알고 싶었던 것이다. 당시 신문지상에서 '붉은 다니' '유대인' '독일인' '불청객' 등으로 부르던 콘벤디트는 프랑스 정부에 의해 추방된 상태였다(Arendt/McCarthy, 327면).

콘벤디트와 연락이 닿자 아렌트는 자신과 남편 하인리히 블뤼허(Heinrich Blücher)가 프랑스 망명 시절 빠리와 몽또방에서 그의 부모와 친분을 나누었다고 편지에 쓴다. "두 가지만 말하고 싶구나. 우선, 살아계셨다면 너희 부모님 특히 네 아버지는 너를 아주 흡족하게 생각하셨을 것이란 확신이 드는구나. 그리고 네가 좋지 않은 상황에 처했거나 혹시 돈이 필요하면 연락 다오. 채넌 클렌보트도 우리도 힘닿는 대로 널 도울 준비가 되어 있단다"(Young-Bruehl, 562면).

9

빠리 바리케이드의 밤

빠리, 5월 10, 11일: 5월 3일 금요일부터 프랑스에도 학생운동과 콘벤디트라는 저항의 상징인물이 존재하게 된다. 프랑스공산당 (PCF) 당수 조르주 마르셰(Georges Marchais)의 글이 5월 3일자 『뤼마니떼』(L'Humanité)에 실렸는데, 의도와 달리 빠리 학생들이 콘벤디트와 연대하는 데 기여한다. 콘벤디트는 며칠 뒤인 5월 6일 여덟명의 낭떼르 학우와 함께 낭떼르대학에 대한 징계권이 있는 쏘르본느대학 징계위원회에 출두해야 했다. 5월 3일 정오, 몇백명의 학생이 쏘르본느 교정에 나타나 낭떼르 학우들이 소환당한 사실을 알리고 항의 시위를 벌인다. 거기서 뜨로쯔끼주의자 학생이 『뤼마니떼』에 실린 조르주 마르셰의 글을 낭독한다. 특히 "독일 아나키스트 다니엘 콘벤디트"가 이끄는 '3월 22일 운동'을 지목하며 "사이비 혁명가들"을 폭로해야 한다고 호소하는 마르셰의 글에 학생들은 경멸과 비웃음을 보낸다. 학생들은 프랑스공산당에 대한 자신들의 반감을 확인했다고 느낀다.

콘벤디트와 '3월 22일 운동' 그룹이 쏘르본느에 도착한 사실이 알려지자 장 마리 로슈(Jean Marie Roche) 총장은 학생들의 강의실 점거를 우려해 경찰에 연락을 취했다. 빠리 경찰청장 모리스 그리모(Maurice Grimaud)는 총장이 곤경에 빠질 경우 도와줄 것을 약속했다. 하지만 그리모는 쏘르본느대학에 경찰을 투입하는 일에 집착하지 않는다. 비시(Vichy) 정권의 대변자 겸 나치 협력자 모리스 빠뽕(Maurice Papon)을 대신해 1967년 1월부터 경찰청장으로 재직중이던 그리모는 경찰을 투입해 억누르기보다 대화로 해결책을 찾는 쪽을 선호했다. 따라서 쏘르본느에 빠리 치안경찰을 투입하는 대신 총장과 학장들이 다른 해법을 찾는 편이 차라리 나아 보였다. 오후 3시경 총장이 "쏘르본느의 내부 질서를 복구하고 방해꾼을 몰아내기 위해" 경찰 투입을 요청할 때 그리모는 집무실이 아니라 하늘에 있었다. 헬기를 타고 기자들과 빠리 상공을 비행중이었던 것이다.

이 무렵 쏘르본느 교정의 학생 수는 약 5백명으로 불어난다. 극우파 조직 '옥씨당'(Occident, 서양) 그룹 소속의 '파시스트' 백명이 쏘르본느로 오고 있다는 소문이 돌자 학생들 사이에 동요가 일어났다. 파시스트의 공격에 대비하기 위해 마오주의자 및 뜨로쯔끼주의자 학생들이 비닐봉투에서 헬멧을 꺼내고 책상 다리를 떼어내기 시작했다. 하지만 예상된 극우파 백명 대신 경찰 백인대(百人隊)가 교정으로 밀고들어온다. 신성모독이었다. 경찰이 쏘르본느에 발을 들여놓은 경우는 전무했고, 심지어 독일 점령기에도 그런 적은 없었다.

몇몇 학생은 저항을 고민한다. 반면 뜨로쯔끼 그룹 '혁명적 공산주의청년연합'(JCR)의 알랭 크리빈느는 투입된 경찰부대 지휘자와 평화적인 시위대 철수를 놓고 협상한다. 27세의 크리빈느는 이미 대학생이 아니었다. 그리고 빠리의 중등학교에서 임시교사로 일하고 있었다. 반유대주의를 피해 19세기 말 우크라이나에서 프랑스로 온 치과의사 가족의 아들인 크리빈느는 16세 때부터 정치활동에 참여해왔다. 공산주의 청년조직과 학생단체의 회원으로 활동하던 크리빈느는 1966년에 발을 빼고 뜨로쯔끼주의 학생조직 JCR을 설립했다. 주로 베트남전 반대자 대오에서 충원한 JCR 회원 25명과 동조자 40명가량이 낭떼르 캠퍼스에 포진하고 있었다. 크리빈느는 그간의 정치적 경험을 통해 이 상황에서 저항은 무의미하다고 느낀다. 하지만 크리빈느가 콘벤디트와 함께 시위대 선두에서 쏘르본느 교정을 채 나서기도 전에 경찰차들이 문앞으로 들이닥친다. 경찰에게는 일상적인 일이 시위대에게는 충격으로 와닿는다. 경찰은 시위자들의 신원을 확인하려 든다. 하지만 수가 너무 많아 현장 확인이 어려워 경찰서로 연행해야 했다. 시위대 리더를 필두로 시위자들은 차례로 경찰버스에 태워진다. 버스 한 대당 25명씩이었다. 차문이 닫히고 시위자들은 수송된다.

　주위에 둘러서서 상황을 지켜보던 학생들은 이 광경을 체포이자 모욕으로 받아들인다. "학우들을 석방하라!"는 소리가 울려퍼진다. 또한 통상 소요나 파업 및 시위 해산에 투입되는 프랑스 특수경찰부대 '공화국보안경찰대'(CRS)가 아니라 빠리 경찰만 쏘르본느에 동원되었음에도 불구하고, "CRS는 SS(나치 친위대)다!"라는 외침까지 터져나온다. 하지만 이렇게 학생들이 CRS와 SS를 동일시하는 것은 전혀 과장이 아니었다. 무엇보다 그 동일시는 탄압의 논리가 경찰을 나치 친위대로 바꾸어놓을 수도 있다는 경고로 이해해야 한다(Auron, 255면). 나아가 그 동일시는 과거에 일어난 두 가지 사건을 연상시키는 것이었다. 빠리에서 모리스 빠뽕의 비호 아래 발생해 신좌파 학생들의 기억속에 각인된 사건으로, 1961년 10월 17일과 1962년 2월 8일 알제리 독립을 위한 빠리집회에 경찰이 폭력적으로 개입한 일이었다. 두 차례 모두 시위자들이 살해되었다. 빠뽕이 퇴역 군인을 대량으로 충원해넣은 경찰의 손으로 자행된 이런 폭력적 개입은 프랑스 군인이 알제리에서 저지른 고문과 마찬가지로 수많은 프랑스 청년의 정치의식을일깨웠다. 그 청년들 가운데는 아우슈비츠 생존자의 자녀인 유대인 급진주의자도 다수 있었다.

이 급진주의 청년들은 유대인 학살의 희생자가 아니라 희생자의 자식으로 살며 역사에서 교훈을 끌어내었다. 즉 억압의 모든징후에 촉각을 곤두세우고 폭력의 희생자와 연대하며, 항상 고통받는 소수자 편에서 서야 한다는 것이었다(Auron, 96면 이하, 70면). 알제리 전쟁에 경악한 그 유대인 청년들은 이후 여러 사건에 계속해서 관여한다. 꾸바혁명 편에서 미국의 '피그만 침공'을 비판하고, 베트콩을 지지하며 미군의 베트남 개입에 반대했고, '블랙팬더'를 옹호하고, 일부는 팔레스타인 편에 서기도 했다. 나아가아우슈비츠 생존자의 자식들은 프랑스에서 신좌파 그룹에 대거참여했다. 그래서 각 신좌파 그룹의 전국 대표자들은 만약 원하기만 했다면 모든 정치적 견해차를 넘어 서로 유대어로 대화할수 있었을지도 모를 정도였다(Cohn-Bendit 1975, 11~12면). 그들 중

다수는 스스로를 싸르트르적 의미에서 '실존주의적 유대인'이나, 알랭 핑끼엘크로(Alain Finkielkraut)가 자신도 속한다고 말한 '가상의 유대인'이라고 생각했다. 자신의 '유대인적 존재'를 종교나 문화의 차원에서 도출하지 않고 쇼아(유대인 대학살을 지칭하는 말)를 통해 만들어냈다는 말이다. 또한 60년대에 그 청년들은 사회주의 혁명을 통해 반유대주의와 착취 및 억압이 동시에 극복될 수 있다는 확신을 공유했다. 단지 '혁명을 어떻게 이루어낼 것인지'를 두고 의견 대립이 있었을 따름이다. 5월 3일의 쏘르본느 경찰 투입은 그런 견해차를 녹여버리고, 다년간의 정치선동이 할 수 없었던 일을 가능케 한다. 동료 학우들과의 연대가 이루어지기 시작한 것이다.

쏘르본느에 투입된 경찰은 시위자 수송에 대한 학생들의 비판적 대응에 신경질적으로 반응한다. 경찰이 시위자들을 밀쳐낸다. 시위대는 구호로 반격한다. "탄압을 분쇄하자!"는 외침이 울려퍼진다. 그 소리에 이끌려 밖에서 구경꾼이 점점 더 많이 모여드는 한편 안에서는 긴장이 고조된다. 경찰과 시위자 간에 몸싸움이 벌어진다. 경찰이 곤봉을 뽑아들면 학생들은 물러났다 다시 밀고들어오기를 되풀이한다. 시위대 속에는 처음부터 경찰에 맞서 항의하던 여성도 많았다. 이들도 이제 물러서지 않는다. 치안경찰이 최루탄을 쏜다. 시위대와 행인을 비롯해 쏘르본느 광장에 있는 두 까페의 손님들까지 곧장 연기에 휩싸인다. 이런 오리무중의 상황에서, 곧이어 무슨 일이 터질지 알아챈 사람은 거의 없었다. 보도블록 조각이 처음 허공을 가른 때는 오후 5시 30분이었다. 경찰차 앞유리를 뚫고 들어간 돌에 경찰 한명이 쓰러진다.

뒤이어 많은 돌이 날아가지만, 첫번째 돌이 역사의 수레바퀴를 돌린다.

동료가 중상을 입었다는 소식이 경찰들 사이에 쏜살같이 퍼져 나간다. 위기감이 고조되고 덩달아 폭력 수위도 높아진다. 이제 라땡 구역 거리에는 시위자와 행인의 구별이 사라진다. 경찰이 닥치는 족족 사람들을 공격한다. 총 574명이 체포된다. 3백명은 쏘르본느에서 274명은 인근 거리에서 붙잡혔다. 뒷날 콘벤디트 는 당시 관할 경찰서 분위기가 시시각각으로 살벌해지던 상황을 묘사했다. 한 경찰관이 "눈에는 눈, 이에는 이"라며 보복을 공언 했다. 다른 경찰은 한술 더 떴다. "꼬마야, 너는 댓가를 치를 거 야. 아우슈비츠에서 네 부모랑 같이 뒈지지 않은 게 유감이야. 요 새는 그럴 수가 없거든"(Cohn-Bendit 1975, 33면).

콘벤디트는 5월 4일 토요일에 먼저 풀려나지만 학생 13명이 구 류 상태로 남아 있었다. 그중 1명은 주말 즈음에서 석방되고 8명 은 징역형에 기소유예를, 나머지 4명은 즉결로 2개월 징역형을 선고받는다. 그 4명 가운데 쏘르본느대학 '기독교학생연합' 의장 인 22세의 장 끌레망(Jean Clement)이 있었다. 그는 루르드 성지 순례의 조직자로, 그날 시위가 폭력화되는 것에 격렬히 반대한 인물이다. 빠리 경찰청장 그리모는 이번 처벌이 이례적으로 가혹 하다고 생각한다. 그래서 불만스러웠지만, 그 처벌이 학생층에 미칠 영향력을 자신도 과소평가했음을 뒤에 시인한다.

"학우들을 석방하라!"가 당시 프랑스 학생운동의 세 가지 기본 요구사항 가운데 하나가 된다. 사태의 직접적인 책임이 비록 경 찰의 몫은 아님에도 불구하고 두번째 요구 역시 경찰을 향한다.

쏘르본느대학 총장은 이미 금요일 밤에 학교를 폐쇄했다. 쏘르본느 역사상 처음 있는 일이었다. 이후 경찰부대가 대학을 에워쌌다. 따라서 학생들의 나머지 두 가지 요구사항은 '라땡 구역의 경찰력 철수'와 '쏘르본느 재개방'이었다. 결과적으로 로슈 총장이 경찰에 진입을 요청함으로써 활동가와 비정치적이던 학생들의 연대를 본의아니게 촉진하고 여러 조직들간의 연대도 후원한 셈이 되었다.

이렇게 프랑스에서 학생운동은 흡사 자생적인 듯한 활동 과정에서 즉흥적으로 일어난다. 학생 시위대의 행동과 국가적 탄압의 상호작용 속에서 며칠 새 동원은 연쇄반응을 일으키듯 고조되고, 사건의 역동성에 힘입어 더욱더 많은 고등학생과 젊은이들이(청년 노동자도 섞인) 대학생 편에 서게 된다.

학생운동은 이미 오래도록 무르익은 전반적 대학 위기를 배경으로 등장한다. 1960년대 서구 산업국가에서 한결같이 실행된 고등교육기관 확대에 힘입어 프랑스의 대학생 수는 20만명(1960)에서 58만 7천명(1968~69)으로 늘어났다. 유럽 교육통계상 최고 기록이었다. 중등교육기관의 사회개방으로 교육을 통한 사회적 신분상승을 꿈꾸며 대학 문턱을 밟는 중산층 및 소시민 출신 학생이 크게 증가한다. 이로 인해 대학생들의 기대치가 높아진 반면 실제 보장된 기회는 줄어들었다. 대학교육은 더이상 유망한 직업을 자동으로 보장해주는 디딤돌이 아니었다. 이런 구조적 신분하락은 교수진 구조 때문에 더 심해진다. 몰려드는 학생을 받아들이기 위해 조교 자리는 늘어난 데 비해 교수직의 수적 변동은 보잘 것없는 수준이었다. 그 결과는 이중적이었다. 학생과 교수의 의

사소통이 어려워진 동시에 조교의 승진 기회는 줄어들었다. 학생과 조교의 불만은 교수에 대한 비판으로 터져나왔다. 쏘르본느대학 교수 레몽 아롱(Raymond Aron)이 솔직히 털어놓듯 프랑스 교수는 그때까지 신이나 다름없었다.

그럼에도 불구하고 1968년 5월 긴장 상황의 확산일로에 방아쇠를 당긴 것은 프랑스 대학의 구조적 위기가 아니라, 이질적인 사회 그룹들의 인식을 같은 시간대로 묶어낸 '결정적 사건'이었다. '결정적 사건'은 다름아닌 5월 10일 '바리케이드의 밤'이었다.

쏘르본느 폐쇄 일주일 후, 학생과 젊은이들이 세 가지 요구사항 관철을 위한 평화시위를 벌인 뒤 라땡 구역 일부를 점거하고 바리케이드를 쌓기 시작한다. 즉흥적으로 등장한 바리케이드는 과거로부터 전해오는 형태를 이용하되 단순한 역사적 모방에서 벗어나 청년 학생들의 저항을 표현하는 상징물이 되었다. 그날 밤 세워진 바리케이드는 역사에서 빌려온 것이다. 학생들은 빠리 꼬뮌(1871)의 바리케이드와 독일 점령기 빠리의 해방(1944)을 위한 바리케이드를 거울삼아 역사적 모범의 기억을 되살린다. 학생들이 설치한 바리케이드는 도구적 성격이 아니라 표현적 성격을 띠었다. 학생들의 저항은 이런 도발행동 및 뒤이은 경찰 투입 과정에서 미디어의 반향과 여론의 반응, 정부 및 노동조합의 조치를 매개로 마침내 정치화된다.

학생들의 행동주의는 대중매체를 끌어들인다. 첫번째 바리케이드가 설치된 직후 점거지역으로 달려온 라디오 방송 차량 두 대의 중계를 통해 운동의 영향력은 외부로 증폭된다. 라땡 구역의 경계뿐 아니라 빠리 밖으로까지 영향력이 파급된다. 언론 보도를 들으며 무슨 일이 일어나는지 주의깊게 귀 기울이는 사람들이 생겨나고 독자적인 여론이 형성된다. 학생들의 저항 물결은 빠리를 훌쩍 뛰어넘어 지방으로 번져나간다.

경찰 추산으로 이미 25개의 바리케이드가 세워지고 나서도 경찰총장 그리모는 개입하지 않는다. 정부 지시를 기다리며, 학생들이 지하철 막차를 타고 집으로 돌아가기를 바란다. 낭떼르대학 교수이자 지식인 신좌파의 선구자에 속하는 알랭 뚜랜느(Alain Touraine)는 자정 직전 더는 기다릴 수가 없었다. 상황이 심각해질 것을 우려한 뚜랜느 교수는 쏘르본느를 둘러싼 경찰 저지선으로 다가가 다른 동료들과 함께 로슈 총장과의 대화 가능성을 타진한다. 제자 콘벤디트도 곁에 있었다. 경찰은 즉각 콘벤디트를 알아본다. 총장이 콘벤디트를 보고 싶지 않을 것이라고 경찰은 트집을 잡지만 뚜랜느 교수가 답변으로 반박한다. 자기가 먼저 총장과 이야기하고, 누구를 대화상대로 맞을지는 총장이 직접 결정하면 된다는 것이었다. 경찰은 제안을 받아들인다. 교수 대표가 먼저 들어가고 학생들도 뒤따른다. 콘벤디트가 포함된 사실을 누구도 총장에게 알려주지 않는다. '어떻게 해야 한다고 보느냐'는 총장의 질문에 콘벤디트가 대답한다. "아주 간단합니다. 경찰을 철수시키고 쏘르본느를 다시 개방하시면 제가 오케스트라 서너 팀을 데려와 축제를 벌이지요." 장난 같은 상황 설명이 도발하듯 튀어나오지만 상황은 나아지지 않는다. 총장이 반응하기도 전에 전화벨이 울린다. 교육부장관의 전화였다. "콘벤디트가 당신 앞에 있소"라고 장관이 일깨운다. 총장은 "천만에요"라고 단호히 반박한다. "아니, 좀 거들먹거리는 빨강머리 젊은이가 당신 앞에 있지 않나요?"라고 장관이 재차 확인하자 총장은 결국 수긍한다. "예, 그런 친구가 하나 있습니다." 로슈 총장이 그제야 깨닫게 된 사실을 수백만 프랑스인은 벌써 알고 있었다. 밤 12시 35분경 'RTL 방송'을 통해 학생 대표단이 쏘르본느에 들어간 게 알려지고, 10분 뒤 '유럽 I 방송'이 콘벤디트 포함 사실을 이미 전했기 때문이다. 총장은 협상을 중단한다.

정부는 이제 당장 조치를 취해야 한다는 압박을 받았으며, 양보든 탄압이든 어떻게 대응해도 정당성을 위협받는 상황에 빠졌다. 이런 상황에서 정부는 확실한 전략이나 결단력이 없었다. 조르주 뽕삐두(Georges Pompidou) 총리가 아프가니스탄에 머물고 있었기 때문이다. 주무장관들은 일사분란하게 움직이지 못했다. 드골 대통령은 언제나처럼 일찍 잠자리에 든 상태였다. 어느 장관도 감히 대통령을 깨울 엄두를 내지 못한다. 하지만 모든 중재 시도가 무산되자 장관들은 드골이라면 어떻게 할지를 생각하며 움직인다. 그 결과 장관들은 시위 학생을 폭도로 규정하고, 세 가지 요구를 내건 학생들의 시위를 '폭동'으로 간주한다.

5월 11일 이른 새벽, 오랜 망설임 끝에 크리스띠앙 푸셰(Christian Fouchet) 내무장관은 경찰과 공화국보안경찰대(CRS)에 바리케이드 철거를 지시한다. 경찰의 대응은 극도로 강경했고 새벽 5시 30분경에 마지막 바리케이드가 철거되었다. 독일 주간지『슈피겔』의 표현대로 "무자비한 전투"였다. 난폭한 경찰력 투입은 이날 밤에도 격렬한 저항을 낳고 노동조합이 학생운동과 연대하게 만든다. 노동조합은 경찰의 강경진압에 항의하고 학생들의 요구사항에 힘을 실어주기 위해, 5월 13일에 전국적인 24시간 총파업과 시위집회를 벌이자고 호소한다.

5월 10일 밤부터 11일 새벽까지 일어난 극적인 사건은 바리케이드 설치보다 정부와 경찰의 대응으로 초래된 바가 더 컸다. '결정적 사건'이란 일상과 사물의 통상적 질서를 뒤흔들고 사람들의 입장표명을 요구하며, 모두가 그 사건에 몰두하게 만들고, 나아가 새로운 사회정치적 구도와 선택 및 행동방식이 등장하는 상황을 창출한다. 하지만 이 모든 것에서 벗어난 사람이 있었다. 지하철을 타고 빠리를 이리저리 돌아다니며 혼자 생각에 잠긴 페터 한트케였다.

10

언어폭력
페터 한트케의 「카스파르」 공연

프랑크푸르트, 5월 11일: 빠리에서 총파업이 계획되는 동안 서독
에서는 '의회외부저항운동'(APO)[6] 세력이 '비상사태법'의 의회
제2독회를 앞둔 수도 본으로 '집결행진'을 연출한다. '비상사태
법'은 대내외적으로 국가가 위협에 처했을 때 발생하는 비상상황
을 규정하고, 그런 상황에서 국민의 기본권을 심각하게 제한하는
내용을 담고 있었다. 적게는 2만 5천에서 많게는 5만명까지 헤아
리는 APO 시위대가 수도 본에 도착한다(시위대 규모의 추정에는
꽤 편차가 있지만 어느쪽을 잡아도 APO의 최대 시위였다). '비상
사태법' 반대세력을 조직해 의회 제2독회를 막기 위해서였다.

---

6) '의회외부저항운동'(Die Außerparlamentarische Opposition: APO)은 독일 68 저
항의 구심점으로, 1966년 기민/기사연합과 사민당의 대연정 출범과 더불어 의회 야
당의 견제력 상실을 비판하며 의회 밖에서의 비판과 항의를 목적으로 호소된 (상징
적) 연합조직이자 사회운동이었다. 대연정이 민주적 의회정치의 불구화를 낳는다
고 비판한 각종 정치세력과 노조 및 학생단체가 포함된 일종의 상부 네트워크인
'APO'의 대표 세력은 학생조직 '독일사회주의학생연합'(SDS)이었다.

바이마르 공화국에서는 제국헌법 148조로 인해 대통령이 국민의 기본권을 무효화하고 긴급명령으로 통치하는 것이 가능했다. 이런 역사적 배경을 아는 시위자들에게 '비상사태법'의 결과는 불을 보듯 뻔했다. 의회주의에 구멍이 나고 파시즘이 다시 대두될 터였다. 시위자들은 바로 그런 일을 막으려고 했다. '독일사회주의학생연합'(SDS)은 비상사태법 저지에 동참할 것을 결의하고 '민주주의 군축 캠페인'(부활절 운동)과 노동조합(금속노조·인쇄노조·화학노조) 및 예술가와 지식인 속에서 연대세력을 발견했다. 5월 11일 수도 본에서 개최된 대규모 집회에서 작가 하인리히 뵐(Heinrich Böll)이 SDS 의장 카데 볼프, 노조간부 게오르크 벤츠(Georg Benz, 금속노조) 및 베르너 피트(Werner Vitt, 화학노조)와 함께 연단에 오른다.

학생들은 프랑스의 사례를 따라 서독에서도 총파업을 호소하도록 노동조합에 요청한다. 노동자 대표들은 별로 탐탁치 않은 태도를 보인다. 독일 노동조합운동 투쟁사는 1920년 3월 '카프 쿠데타'[7]에 맞선 저항을 빼고는 총파업 깃발이 휘날린 기록이 없었다. 노동조합 대오 내에서도 '비상사태법' 거부를 놓고 의견이 갈린다. 1966년 설립되어 비상사태법에 대한 의회 밖 반대 목소리를 대변하고 조정하던 '민주주의 비상사태 관리국'에는 소수 개별 노조만 참여했다. 대다수 노조는 의회 안에서 반대를 통해 그 법률의 독소조항을 제거한다는 '독일노동조합연합'(DGB)의 방침을 따른다. DGB의 5월 11일 노선은 독자시위였다. 따라서

7) 카프 쿠데타(Kapp-Putsch)는 바이마르 정부에 맞서 카프를 수반으로 앉힌 극우세력의 군사 쿠데타로, 노동자 총파업에 직면해 4일천하로 막을 내렸다.

노동조합 상부조직인 DGB는 모든 개별 노조에 본으로의 '집결행진' 대신 도르트문트 집회로 모이자고 호소한다. 1만명이 호소를 따른다. 비상사태법 반대파의 분열이 선명하게 드러난다.

수도 본에서 대규모 집회 말미에 학생 시위대는 바트 고데스베르크에 있는 프랑스 대사관으로 가서 빠리의 시위 탄압에 항의하자는 제안에 호응한다. 이날 본으로의 '집결행진'에 참가한 시위자 가운데 연극 연출가 클라우스 파이만(Claus Peymann)이 있었다. 파이만 역시 프랑스 경찰에 대한 분노와 빠리 학생들과의 연대를 기꺼이 표명하고 싶었지만 동참할 수 없었다. 당일 저녁에 두번째 '집결행진'이 있는 프랑크푸르트로 돌아와야 했다. 이번에는 연극 평론가들의 '집결행진'이었다.

클라우스 파이만이 연출자로 일하는 극장 '테아터 암 투름'(TAT)에서는 페터 한트케의 새 연극 「카스파르」(Kaspar) 초연을 준비해왔다. 연극에 대한 기대는 폭발적이었다. 한트케가 1966년 6월 연극 「관객모독」을 처음 무대에 올리면서 시작한 극작가의 길을 이어갈 수 있을지가 관심사였다. 한트케는 「카스파르」 초연 소동을 피해 빠리에 머물렀다. 「카스파르」는 한트케의 가장 야심찬 기획이었다. 「카스파르」에서는 인물(캐릭터)이 아니라 언어 자체를 묘사한다. 또한 언어가 어떻게 실재를 주조해내고 사람을 언어 논리의 희생물로 만드는지 드러낸다. 한트케에 따르면 그 연극의 제목을 '언어고문'이라 할 수도 있다. 언어가 개인의 생각과 상상력을 개념과 판에 박힌 틀로 옥죈다는 점에서 인간의 진정성을 크게 훼손하는 '언어폭력'을 또렷이 보여주기 때문이다.

무대에서는 카스파르 하우저(Kaspar Hauser)[8]라는 19세기 인물에서 따온, "말을 통해 말을 얻게 되는" 말없는 남자 카스파르의 이야기가 그려진다. 연극이 시작될 때 카스파르가 할 수 있는 유일한 말은 "나는 한때 이미 존재했던 그런 사람처럼 되고 싶다"뿐이다. 스피커를 통해 카스파르에게 들리는 익명의 목소리인 '언어 주입자들'은 그 말을 박탈한다. 말을 빼앗긴 카스파르는 이제 새로운 삶을 부여받는다. 이를 위해 '언어 주입자들'은 카스파르에게 언어 소품들을 넣어준다. 카스파르는 그들이 밀어넣는 말에 무방비로 내맡겨진다. 컴퓨터에 저장되듯 말이 카스파르 속으로 '입력된다.' 카스파르는 이런 말 속에서 실현되는 질서를 부여받는다. 말을 배우면서 카스파르는 이를 데 없이 진부하게 굳어버린 문법과 단어를 소유한 문명에 의해 조직된 메커니즘과 하나로 녹아드는 것이다(Schings, 4면).

언어를 자기 뜻대로 다룬다고 믿으면 믿을수록 카스파르는 거꾸로 점점 더 언어에 좌지우지된다(Malkin, 22면 이하). 언어는 사고의 대립물이라는 게 한트케의 생각이다. 한트케가 『내부세계의 외부세계의 내부세계』에서 쓰듯, 언어 앞에서 개인은 "복종하든지 뒈지든지" 둘 중 하나를 선택할 수밖에 없다(Handke 1969, 96~97면). 프랑크푸르트 TAT 극장의 관객, 즉 한트케가 '카스파르의 연대세력'이라고 명명한 사람들은 이런 관점을 받아들이지 않는다. 카스파르를 연기하는 배우 볼프 레들(Wolf Redl)이 '언어

---

8) 1828년 독일 뉘른베르크 거리에 갑자기 등장한 카스파르 하우저는 발견 당시 10대 후반의 청소년으로 추정되었지만 정신 연령은 6세 정도로 '몰라요' '군인이 되고 싶어요'라는 말밖에 하지 못했다. 카스파르 하우저는 출생과 정체뿐 아니라 몇년 후의 돌연한 죽음을 둘러싸고도 세간의 이목을 집중시킨 인물이다.

주입자들'의 지시를 따르며 언어적·육체적 표현 형태를 찾으려고 힘겹게 분투할 때, 관객들은 "복종하지 마! 떠나버려!"라고 외친다. 프랑크푸르트의 반권위주의 좌파들은 강요된 질서가 승리하는 광경을 두손 놓고 방관하려 들지 않는다. 서정시인 한스 임호프(Hans Imhoff)가 무대로 기어올라가, 한트케 작품을 출판한 지그프리트 운젤트(Siegfried Unseld)에 반대하는 기자회견을 열려고 시도한다. 하지만 실패한다. 관객은 공연이 계속되기를 원했기 때문이다(Koberg, 93면).

연극이 끝나자 연출자 클라우스 파이만에게 야유 세례가 쏟아진다. 엄밀히 말해 야유는 일부러 현장에 나타나지 않은 한트케를 향한 것이었다. 공연장의 비판자들은 연극의 무당파성을 두고 한트케를 질책한다. 반면, 뒤이은 연극 비평은 칭찬 일색을 이룬다. 프랑크푸르트와 오버하우젠에서 동시 초연한 한트케의 「카스파르」는 '연극사건'으로 지칭되고 1968년 '올해의 연극'으로 뽑힌다. 페터 이덴(Peter Iden)이 『테아터 호이테』(*Theater heute*)지에 쓴 바에 따르면, 초연 날짜가 비상사태법 반대자들의 '집결행진'과 겹친 것은 우연이라 해도 한트케의 연극은 "이 사회에서 지금 무엇이 관건인지"를 보여준다(Iden, 28면).

한트케에게 문학은 언어비판이다. 언어는 그 자체로 실재하는 어떤 것이다. 이 실재는 언어가 묘사하는 것이 아니라 언어가 야기하는 것을 통해서만 검증 가능한 그런 실재이다(Handke 1972, 34면). 언어비판을 통해 한트케는 스스로 진정한 인식의 세계로 들어가려 한다. 진정한 인식이란 판에 박힌 언어 틀의 파괴, 즉 개인의 언어적 소외를 지양하는 것을 전제로 한다. 따라서 사회비판으로 생각할 수도 있는 언어비판은 개인의 생각과 인식을 규정하는 언어의 힘을 폭로한다.

한트케는 이른바 두번째 소외 혹은 '문화적' 소외를 강조해서 극적으로 보여준다. 언어를 통해 야기되는 그 소외는 경제적 소외보다 더 깊이, 더 불가역적으로 인간의 삶에 파고든다. 한트케는 언어의 폭압에 휘둘리는 사람들의 언어를 보여준다. 프랑크푸르트 관객이 한트케에게 제기한 '무당파성'이라는 비난은 타당하지 않다. 한트케는 언어체계에 종속되어 말의 억압에 희생된 한 인간의 위상에 대해 기술하는 한편, 규범화하고 구조화하고 재생산하는 언어의 힘을 비판하고 통제된 언어사용을 요구하는 것이다.

한트케가 존경하는 오스발트 비너(Oswald Wiener)가 볼 때 "언어에 맞선 봉기는 사회에 맞선 봉기이다"(Wiener 1969, CXLIV). 한트케는 문장의 무비판적인 차용과 그 결과 나타나는 언어를 통한 개인의 자율성 침해를 경고하고, 노예를 생산하는 '언어화'에 경종을 울린다. 한트케는 경각심을 불러일으키고 언어에 대한 '혐오'를 조장함으로써, 언어에 내재한 "폭력성이 인식되기를" 원한다(Malkin, 12면).

연극 「카스파르」에서 카스파르가 언어를 통해 사물의 질서를 더 많이 들여다볼수록 저항수위도 덩달아 높아진다. 카스파르는 무대 위에서 "문장은 모두 아무짝에 쓸모 없다"는 불평을 되풀이한다. 하지만 문장의 질서를 깨뜨리고 문법을 파괴하려는 카스파르의 시도는 넌쎈스로, 무의미한 언어 파편화로 끝난다. 연극 「카스파르」의 핵심 주장인 "공식적으로 규정된 언어를 통한 개인의 조종 가능성"(Strauß, 64~65면)은 극복될 수 없는 것인가? 언어비판은 단지 언어에 대한 회의로 바뀔 수 있을 뿐인가?

프랑스 아방가르드의 생각은 더 급진적이다. 다다이스트와 초현실주의자, 문자주의자의 전통을 물려받은 국제 아방가르드인 '상황주의자'는 이미 50년대 말부터 의사소통 언어의 상실을 비판한다. 상황주의자의 전제에 따르면, 사회비판에는 새로운 언어를 사용해야 한다. 새로운 언어는 내용과 형식의 변증법 및 부정의 문체가 특징인 '저항의 언어'일 수밖에 없다. 빠리에서 기 드보르(Guy Debord)를 중심으로 조직된 상황주의자 그룹에서는 개념들간에 존재하는 기존 관계의 전도라는 예를 통해 그런 '새로운' 언어를 창출하려고 노력했다. 의미 내용을 낯설게 만들고 새로운 아이디어를 전복적으로 담아내는 그 구상을 상황주의자는 개념의 '탈취'라고 이름붙인다(Debord 1996, 1973~74면). 상황주의자의 그런 작업은 '탈취된' 말을 '만들어내는' 것이기에, 전통적인 의미의 틀을 부수는 것이라 불러야 한다. 상황주의자는 개념의 '탈취'를 통한 이런 '언어 작업'이 기존질서를 모두 교란하는 '폭력행위'라고 이해한다. 따라서 기 드보르는 그 '폭력행위'를 사회비판 형태로 본다(Debord 1996, 176면).

상황주의자가 언어의 틀과 그로부터 나오는 강제에 반기를 들며 채택한 '폭력행위'는 폭력개념의 재규정 및 '탈취'에 입각한다. '폭력행위'는 통상적 의미론과 일상적 상황, 즉 언어규칙과 경기규칙을 창의적이고 비타협적으로 돌파하는 행위라고 바꾸어 말할 수 있다. 이 행위의 목표는 '규칙위반'을 통해 개인의 진정한 표현력을 고양하면서, 상실되거나 단절된 의사소통을 원상복

구하고 분류 및 인식의 기본 틀을 바꾸는 것이다. 오히려 상징적
이라고 할 이러한 '폭력'은 지향하는 바가 동일한 '전복' 개념과
결부된다. 상황주의자가 시작하기를 바라는 전복은 국가권력의
장악도, 법률이나 규범 및 가치의 변화도 지향하지 않는다. 상황
주의자의 전복 행동은 '규칙의 규칙'을 바꾸는 것, 즉 세계에 대한
사고와 인식, 분류의 기본 틀을 바꾸는 것을 목표로 한다.

　학생들이 5월 13일 오전 재개방된 쏘르본느대학을 저녁에 다
시 '점거'할 때 상황주의자들도 함께한다. "내 꿈의 현실성을 믿
기에 나는 내 꿈이 실현 가능하다고 생각한다." 상황주의자가 고
색창연한 쏘르본느대학 건물 계단에 쓴 글이다. 쏘르본느대학에
서는 이제 건물의 권리가 더이상 로슈 총장에게 있지 않았고, '점
거 위원회'가 사물의 새로운 질서와 새 규칙의 준수를 감시하는
중이었다. '바리케이드의 밤' 직후 빠리로 파견되어 그 글귀를 읽
은 영국 '베트남연대캠페인'(VSC)의 클라이브 굿윈(Clive
Goodwin)이 전화로 타리크 알리에게 알린다. "여기서 혁명이 일
어나고 있어!"(Ali, 217면)

11

프랑스의 총파업과
'자주관리' 호소

빠리, 5월 13일: 5월 11일 밤 아프가니스탄에서 돌아온 조르주 뽕삐두 총리는 라땡 구역에 경찰이 폭력적으로 투입된 지 14시간 뒤에 가진 TV 담화에서 학생들의 세 가지 요구를 들어주겠다고 약속한다. 총리의 이런 결정은 바리케이드의 밤이라는 '결정적 사건'이 '결정적 순간'(Bourdieu)으로 바뀌는 데 크게 기여한다. "결정적 순간이란 과거의 단순한 지속 내지 과거에 기댄 미래의 단순한 지속이라는 통상적 시간 경험과 단절되어 모든 것이 가능하게 되는 (혹은 그렇게 보이는) 시점이자, 미래가 정말로 우연성의 지배를 받아 앞으로의 일이 진정으로 결정되어 있지 않으며, 순간이 정말로 순간 그 자체로 보여 예상되거나 예상할 수 있는 결과 없이 일시정지 상태에 있는 그런 시점이다"(Bourdieu, 287면).

뽕삐두 총리의 기대와 달리 노동조합은 파업 호소를 고수하고, 학생들에 대한 정부의 양보에 다시 요구 수준을 높이는 것으로 대응한다. 이제 노조는 교육의 민주적 개혁과 완전고용, 민중에 의한, 민중을 위한 경제제도로의 전환을 요구한다. 5월 13일 빠리 시위에 수십만명이 참가한다(경찰 추산으로 2, 3십만이고 시위대가 볼 때 백만명이었다). 학생운동과 노동운동이 연대한다. 빠리뿐 아니라 다른 도시에서도 시위가 벌어진다. 리옹과 뚤루즈에서 각각 3만 5천명과 4만명이, 마르쎄유에서는 5만명이 거리로 나선다. 5월 13일은 프랑스 장군들이 알제리에서 군사 쿠데타를 일으킨 지 10주년이 되는 날로, 이 사건을 통해 결국 제4공화국이 종언을 고하고 드골이 권력을 인수하는 길이 열렸었다. 따라서 이날의 총파업에는 갈등을 고조하는 상징적 의미가 부여될 수밖에 없다. "10년이면 족하다"는 플래카드의 글귀는 갈등의 이런 차원을 강조하고 있었다(Gilcher-Holtey 2001, 259~66면).

　동원과정의 역동성은 이튿날인 5월 14일에 분명히 드러난다. 낭뜨에 있는 '쒸드 아비아씨옹' 항공기 공장의 젊은 노동자들이 한시적인 24시간 총파업 후에도 작업을 재개하지 않고 작업장을 점거해 공장 출입을 차단하고 책임자를 구금한 것이다. 항공기 공장 노동자들의 행동은 빠리에서 대규모 시위가 벌어진 13일 저녁 쏘르본느를 점거한 빠리 학생들을 본받은 것이자, 낭뜨가 조직 거점인 무정부주의적 조합주의 성향 노조 '노동자의 힘'(FO)의 선동을 따른 것이기도 하다. '노동자의 힘'의 대표자들은 오랫동안 노동자 요구의 관철 수단으로 직접행동을 선전해왔으나 그간 별다른 효과를 보지 못했다. 5월 11일에서 13일 사이에 등장한 사회정치적 지형에서 비로소 '노동자의 힘'의 전략이 먹혀들었다. 빠리의 활동가들이 처음에는 거의 간파하지 못한 낭뜨의 공장점거는 곧이어 연쇄반응을 일으킨다. 자발적인 그 노동자 파업은 우선 르노 자동차 공장으로 번지고 순식간에 다른 공장으로 도 퍼져나간다. 노동조합 지도부가 호소하지도 않았는데 곧이어 750만에서 9백만명의 노동자가 참가한 거대한 파업의 물결이 일 어난다.

'5월 사건' 전야에 프랑스는 사실 경제위기 상황이 아니었기 에, 그런 자발적인 동원과정은 경제구조로 설명하기 어렵다. 물 론 (특히 임금수준이 낮은 분야에서) 분배 갈등에다 실업이 늘어 나긴 했어도, 서독에 비해 1966년 불경기의 영향을 훨씬 덜 받은 프랑스 경제는 경제적 손실과 동요가 덜한 상황이었다. 전문가들 은 1968년의 프랑스를 위기에 강하고 안정된 나라로 평가한다 (Gilcher-Holtey 2001, 270~84면).

하지만 1968년 5월, 비단 사회경제적 문제뿐 아니라 권위주의 적 공장구조에서도 비롯하는 잠재된 불만이 노동조합의 지도를 벗어나는 집단적 행동 의지와 명백한 저항 태도로 돌변한다. 학생 들이 정부에 요구를 관철한 것이 노동자의 기운을 북돋우고, 다른 집단에서도 기대의 지평이 넓어진다. 새로운 행동 형태가 행동 의 지를 다진다. 노동자가 한 다음과 같은 말은 당시 노동자들의 분 위기를 전달하는 전형으로 볼 만하다. "정부가 학생들에게 양보 한다면 우리도 안될 이유가 없지 않은가"(Gavi, 82~83면). 모든 것이 가능하거나 또는 적어도 그렇게 보이는 상황에 돌입한 것이다.

파업운동의 기폭제는 국영기업 노동자들이었다. 그중에서도 젊은 노동자들이 공장 노동자 전체를 동원하는 급진적인 핵심 세 력이었다. 그들이 직접행동을 통해 양보를 강제하려는 대상은 '고용주로서의 국가'였다. 그들은 노동운동 전통에 기댈 수 있었고, 구체적인 목표를 겨냥하지 않고도 집단적 행동 의지를 결집해낼 수 있었다. 따라서 공장점거는 국가와 기업가를 협상과 양보로 내모는 압력 수단이자, 구좌파 노조기구에 대한 공장 기층세력의 자립성을 표현하는 역할도 할 수 있었다. 나아가 공장점거는 신좌파의 구상에 포함된 무정부주의적 조합주의 전략에 부합하는, 공장과 기업 및 경제구조의 포괄적 변화를 위한 서막이 될 가능성도 있었다. 그것은 주체들의 의향에 달린 일이었다. 파업 노동자들은 학생과 마찬가지로 상호작용 과정의 역동성 속에서 목표를 펼쳐내는 중이었다.

물론 파업위원회에서 내놓은 최초의 요구를 근거로 노동조합이 5월 이전의 요구에서 근본적으로 이탈했다고 입증하기는 어렵다. 그러나 운동은 지면상의 요구를 넘어선다. 점거 공장들의 총회에서 '창의적인 소요'가 표출된다. 자발적 파업이 터지고 이틀이 지난 5월 16일, 신좌파 성향이 강한 비공산주의 노동조합 '프랑스민주노동동맹'(CFDT)은 파업에 새로운 차원을 열어주는 구호를 내놓으며 그런 기대를 개념화한다. 다름아닌 '자주관리' 구호이다. '자주관리' 요구를 내건 CFDT는 공장과 기업에서 관리구조와 결정구조의 변화를 위해 노력하고, 작업장에서 자결과 자치를 통한 지배와 위계의 제거 및 노동자의 창의력 분출을 위해 애쓴다. '자주관리'를 제도적 및 법적으로 어떻게 발전시키고 구체화해야 할지는 사실 불분명하고 아직 정해진 바가 없더라도, 자주관리에 담긴 반위계적이고 반권위주의적인 요소는 저항의 목표를 찾는 학생운동과 노동운동을 단결해내기에 모자람이 없었다. 공장의 민주화가 대학 민주화를 뒤따라야 했다. "산업과 행정의 군

주제는 '자주관리'를 토대로 민주적 구조로 대체해야 한다"(Detraz, 53면). 이는 노동운동과 학생운동을 하나로 묶는, "공동의 노력과 희망, 기대를 통해 구성되는 공동체"('열망의 공동체')였다.

'프랑스민주노동동맹'(CFDT) 전국 본부에서는 이때 처음으로 '자주관리'라는 개념을 공개 성명서에 사용한다. 물론 '자주관리' 구상에 대한 CFDT 내부 토론은 1963년까지 거슬러 올라간다. 하지만 이 구상을 놓고 적잖은 논란이 일었고 자주관리 개념을 공식적으로 사용하지는 않았다. 자주관리 요구는 '구좌파'의 고전적 변혁 구상과 구별된다. 공장이 출발점인 전사회적 변혁 전략의 핵심이 자주관리 요구에서는 더이상 소유관계 및 재산관계가 아니라 권력구조와 결정구조 속에 있었다. '자주관리'는 공장의 관리구조 및 결정구조를 민주화하고 기관에서의 권한 독점을 해체하기 위한 기획이었다. 그 기획은 지배와 위계의 해체를 추구하고 자결과 자치를 통한 노동자의 자기해방을 추구한다. 간단히 말해 '자주관리'는 타율성에서 자율성으로 전환하기 위한 기획이자, 민주적 자기결정에 발 디딘 새로운 사회를 건설하기 위한 기획이었던 것이다.

파업에 가담한 공장이 5월 16일 이후 모두 점거된 것은 아니다. 점거활동이 훨씬 빈번하게 이루어진 곳은 공산주의 성향 노조 '노동총동맹'(CGT)의 영향력이 지배한 작업장이 아니라, CFDT가 다수파를 점한 공장이라는 사실이 기업사회학 연구에서 드러난다. 또한 '자주관리' 요구는 주로 전통적 산업분야(광산업, 금속공업, 섬유산업)가 아니라 기계화된 기업이나 과학기술 분야 같은 기관에서 제기된다. 전통적 노동자계급이 아닌 '새로운 노동자계급'이 자주관리 요구에 목소리를 높인 것이다. 하지만 파업 운동은 산업분야에 따라 차이가 난다기보다 전노동자 계층에서 연령별로 갈리는데 무엇보다 20~24세의 젊은 노동자들이 자주관리 구상의 주체라고 볼 수 있다. 성장하는 산업과 정체된 산업을 놓고 보면 성장하는 산업분야만 '자주관리' 요구에 열려 있었다.

파업중이거나 점거한 공장의 자율의지가 공장단위를 초월해서 조직되지는 못한다. 평의회민주주의 모범을 따르되 공장단위를 넘어서는 형태의 지역단위나 전국단위 대표 기구는 구성되지 않았다. CGT는 이미 파업운동의 시작부터 그런 대표 기구를 창출하는 데 반대했고 CFDT도 얼마 뒤 CGT에 동조한다. 두 노동조합 조직은 상황분석과 전략 및 목표에서는 비록 서로 달랐지만 노조의 대표권 및 협상권 독점을 지키는 일에는 한목소리를 냈던 것이다(Gilcher-Holtey 2001, 308면 이하).

하지만 '자주관리'는 공장을 뛰어넘어 문화기관에서도 실험된다. 5월 16일부터 빠리 오데옹극장 벽에 구호가 휘갈겨진다. "미래를 장악해야 한다. 낡은 정부에 미래는 없기 때문이다." "창조는 미래의 권력을 움켜쥐는 것이다"(Bouyer, 7면). 매일 수천명의 인파가 새로운 미래 창출에 동참하려고 오데옹극장으로 향한다. 오데옹극장은 관객의 끊임없는 자기연출 광장이나 다름없었다.

오데옹극장 점거 계획은 5월 13일에 세워졌다. 낭떼르 학생들을 비롯해, 1967년부터 그들과 접촉해온 장자끄 르벨(Jean-Jacques Lebel)을 위시한 해프닝 예술가들, '리빙시어터'[9]의 공동 설립자 줄리언 벡(Julian Beck) 등이 오데옹극장 점거 계획을 함께 수립했다. 점거 계획 참가자들은 학생운동과 노동운동이 처음으로 서로 어깨를 건 13일의 대규모 시위 후, 노조와 정당기구에 의한 운동의 도구화를 우려하며 상징적 행동을 통해 운동에 새로운 목표를 제시하기로 뜻을 모은다. 그들은 정치적 항의가 아닌 문화적 항의가 시위자를 거리로 몰아간다고 생각한다. 따라서 낡은 정부를 새로운 정부로 대체하는 일이나, 별반 새로울 것도 없는 대학개혁이 목표가 될 수는 없다. 그 이상의 것, 즉 새로운 언어와 새로운 사고, 새로운 청중이 중요하다. 다시 말해, 새로운 형태로 의사소통과 삶을 영위하는 것이 관건이다. 낭떼르의 '문화와 의사소통' 그룹이 내놓은 기본원칙에 명시되듯, 문화를 상품으로 바꿔 창조적·비판적 잠재력을 약탈해온 사회를 분석하고 비판함으로써 개인 소외를 지양하는 일이 추구된다(Duteuil, 232면).

해프닝 예술가들도 동의한 원래 계획은 이틀에 걸쳐 오데옹극장 점거를 준비하는 것이었다. 하지만 점거를 준비하던 예술가들은 '쒸드 아비아씨옹' 항공기 공장 사태와 쏘르본느 및 다른 단과대학 점거에 자극받는다. 또 지난 이틀간의 사건을 통해 처음으로 다양하게 동원된 사람들이 집단적 열병에라도 걸린 듯 예술가들을 행동으로 몰아간다. 결국 예술가들은 채 몇분도 걸리지 않아 다음 결의안을 작성한다.

상상력이 권력을 인수한다!

거리에서 분출한 노동자와 학생의 혁명적 투쟁은 이제 작업장과 소

---

9) 리빙시어터(Living Theatre)는 1947년 뉴욕에서 설립된 실험극단이다. 특히 1968년부터는 베트남전쟁과 인종차별 및 폭력에 반대하고 여성해방을 주장하는 사회성 강한 연극을 통해 '격동의 시대'를 무대에 담아냈다.

비사회의 사이비 가치에 대한 투쟁으로 번지고 있다. 어제는 낭뜨의 '쒸드 아비아씨옹' 항공기 공장에서, 오늘은 이른바 오데옹의 '프랑스 극장'에서.

연극, 영화, 미술, 문학 등등은 (…) '엘리뜨'가 소외와 중상주의 그 자체의 목표로 타락시켜버린 산업이 되었다.

문화산업을 싸보따주하라!

문화산업 기관을 점거하고 파괴하라!

삶을 새로이 창조하라!

예술, 너희들이 그것이다! 혁명, 너희들이 그것이다!

오늘부터 '옛 프랑스극장' [10]으로 자유로이 입장하라.

(Lebel u.a., 183면)

---

10) '옛 프랑스극장'(Ex-Théâtre de France)은 물론 정식 명칭이 '프랑스극장'이었던 오데옹극장을 말한다. 더이상 '프랑스' 극장이 아닌 '혁명적' 극장이라는 뜻에서 쓰인 말이다.

12

베를린과 프랑크푸르트의
봉쇄, 보이콧, 점거

베를린, 5월 21일: 베를린 자유대학(FU)에서 탄생한 '비판대학' 총회에서 이날 다니엘 콘벤디트가 연설한다. 콘벤디트는 프랑스 상황을 보면 전체 노동자계급이 여전히 하나의 사안을 놓고 잘 동원될 수 있음이 드러난다고 결론짓는다. 마르쿠제의 테제를 반박하는 말이었다. 『일차원적 인간』에서 마르쿠제(H. Marcuse)는 후기자본주의사회 노동자의 완전한 체제 편입을 단언했다. 콘벤디트에 따르면 목하 프랑스에서는 임금인상과 최저임금, 공동결정 그 이상의 것이 관건으로 떠오르고 있었다(Lönnendonker u.a., 97면).

하지만 '그 이상의 것'이 어디에 존재하는가의 문제가 남는다. 신좌파 지식인의 선구자로 꼽히는 앙리 르페브르(Henri Lefebvre)는 1966년에 '자주관리'를 "가능성으로의 입구"이자, "사회를 짓누르는 거대한 억압을 저지할 수 있게 하는 힘이고 방법이며 열쇠"라고 특징지었다. 나아가 "자주관리는 혁명의 구호와 목표 및 의미로부터 오늘날까지 아직 남아 있는 그 어떤 것으로 우리의 삶이 바뀔 수 있는" 길을 제시한다(Gorgi, 258면).

콘벤디트가 연설하는 베를린 자유대학의 '비판대학'에서도 학생들은 다른 사회로 가는 도정에 있는 실험의 장을 꿈꾼다. 비판대학 프로젝트 주체들이 공유하는 대목은 민주사회의 대학민주화 요구이다. 하지만 구체적인 대학민주화 방안을 놓고 두 가지 구상이 어깨를 겨룬다. 한쪽은 공동결정을 통한 민주화와 권력참여를 내세우고, 다른 한쪽은 자기결정을 통한 민주화와 대항권력을 주장한다. '독일사회주의학생연합'(SDS)은 「민주주의사회의 대학」(1965)이라는 보고서에서 대학 의결위원회에 3자(교수, 조교, 학생) 동등권을 도입하는 것이 사회 전체의 민주화로 가는 첫걸음이라고 규정했다(Nitsch u.a.). 루디 두취케가 내놓은 "제도를 가로지르는 대장정"이라는 공식은 대학과 정당 같은 제도기관에서의 참여권 및 발언권 확대 투쟁을 포괄하지만 단지 거기에만 머물지는 않는다(Dutschke-Klotz 1996, 102면). 두취케와 SDS 반권위주의 진영은 기존 제도 외부에서 대항권력을 형성하자고 호소하고 '비판대학'에서 '소수의 동원'을 위한 투쟁 수단을 찾는다.

두취케와 SDS 반권위주의 진영의 전제에 따르면 '급진적 소수'가 '계몽적 대항신호'를 통해 사회변혁의 계기를 제공한다. 따라서 "제도를 가로지르는 대장정"은 긴 과정 속에서 사회 및 국가 기구 전체를 타파하기 위해 그 기구 안팎에서 모순과 가능성을 전복적으로 사용하는 것을 뜻한다(Dutschke 1980, 22~23면). 『권력과 폭력』에서 한나 아렌트는 68운동이 문제제기한 것은 국가개념이라고 쓴다. 아렌트가 볼 때, 18세기부터 거대한 변혁은 모두

하나의 국가형태를 맹아적으로 발전시켰다. 어떤 이론과도 무관하고 공동행동 및 공동의지의 경험에서 직접 도출된 그 국가형태는 바로 평의회제도이다. 아렌트는 1968년 절정에 이른 국제적 저항운동을 통해 이런 진단이 입증된다고 생각한다.

SDS의 반권위주의 진영도 평의회민주주의 형태를 추구한다. 두취케는 1967년 TV 인터뷰에서 밝힌다. "우리가 의회 '외부적인' 것을 말하는 경우 우리의 목표는 직접민주주의제도, 더 정확히 말해 평의회민주주의라고 이해해야 합니다." 아렌트에게 평의회제도의 핵심은 공동결정 의지이고, 이 의지가 주목받도록 하기 위한 전제가 '공적인 공간'이다(Arendt, 132면). 새롭고 상투성을 벗어난 항의 형태에 힘입어 그런 '공적인 공간'을 점거하고 평의회민주주의 형태를 실험할 가능성이 열린다. 미국에서 시험되고 넘어온 '연좌농성'과 '농성토론회' '자유로운 대학', 대학점거 등이 바로 그런 항의 형태에 속한다. 가능한 모든 항의 형태가 5월 말 서독에서 총동원된다.

프랑크푸르트, 5월 22일: 이날 반권위주의 진영의 (베를린에 이은) 두번째 아성 프랑크푸르트에서 학생들이 연좌시위로 대학 정문을 봉쇄한다. 그 '유연한 봉쇄'가 뜻하는 바는, 굳이 대학 안으로 들어가기를 원하는 사람은 정문 앞에 포진한 비상사태 반대자들의 머리를 뛰어넘어야 한다는 것이었다. 정문 위에는 "이 출입구는 나치 찬성자와 '자기 전문분야만 아는 바보'에게 열려 있다"고 쓰여 있다. "자본주의는 파시즘으로 통한다"는 글귀의 현수막도 옆에 걸려 있었다. 대학 건물 앞의 메르톤 거리에서 열린 '연속 농성토론회'에서는 오전에 다니엘 콘벤디트가 프랑스 학생운동에 대해 연설한다. 콘벤디트는 드골 정권의 퇴진을 이끌어낼 때까지 프랑스의 총파업은 계속되어야 한다고 주장한다. 몇시간 전부터 콘벤디트에게 프랑스 귀환이 금지된 상태였다. 콘벤디트는 프랑스 내무장관이 입국금지를 내린 이유가 '프랑스 삼색기를 찢어 적기로 사용해야 한다'는 자신의 무례한 암스테르담 발언 때문이라고 추측한다.

하지만 프랑스 내무부가 경계태세로 돌아선 다른 이유도 있었다. 내무부가 입수한 두 가지 정보 때문이었다. 하나는 학생운동 측의 공공건물 공격이 임박했다는 내용이었고, 다른 하나는 서독 및 네덜란드 여행에서 돌아오는 콘벤디트를 노린 즉각적인 암살 기도가 있을 것이라는 정보였다. 빠리 경찰청장 그리모는 첫번째 정보의 출처가 다름아닌 공산당 서기장 발데끄 로셰(Waldeck Rochet)라는 점 때문에 내무장관이 그 경고성 정보를 진지하게 받아들인다는 인상을 받았다(Grimaud, 223~25면). 한편 쟌쟈꼬모 펠뜨리넬리도 프랑스에서 불청객 리스트에 올라 있었다. '의회 외부' 성향에 가까운 빠리 좌파세력에 돈을 댄다고 보았기 때문이다(Feltrinelli, 358면). 여하튼, 내무장관과 같은 정보를 접했지만 경찰청장 그리모는 콘벤디트 입국금지 결정이 근시안적이라고 비판했다. 저지해야 마땅한 학생 항의 및 연대 행동이 입국금지 결정으로 오히려 부추겨질 여지가 있었기 때문이다(Grimaud, 230면). 그 판단이 옳았다. 콘벤디트의 입국금지 소식이 알려진 직후 빠리에서 4천명의 학생이 내무장관의 결정에 항의해 즉흥 시위를 벌인다. 학생들은 라땡 구역을 활보하며 "우리는 모두 독일 유대인이다!"라고 외친다. "우리는 급진적인 소수다!"라는 구호가 뒤를 잇는다. 지난 2월 베를린 '국제베트남회의' 시위에서 만든 구호였다.

서독에서도 콘벤디트를 위한 연대행동을 조직한다. SDS 의장 카데 볼프와 가스똥 쌀바또레, 씽어쏭라이터 데겐하르트(F. J. Degenhardt)를 비롯한 학생 수천명이 콘벤디트와 함께 자르브뤼켄에 있는 프랑스 국경까지 행진한다. 영국 BBC 통신원이 벤츠를 타고 뒤따른다. 런던으로 현장상황을 보도하기 위해 파견된 통신원은 학생지도자 콘벤디트와 사랑에 빠진 상태였다. 국제적으로 구성된 시위대는 프랑스 국경까지 가서 베트콩 깃발을 휘날리고 인터내셔널가를 부른다. 시위대는 콘벤디트의 자유로운 입국을 요구하며, 철조망과 기마경찰대 및 경찰견으로 재빨리 강화된 국경 앞에서 연좌시위를 벌인다. 국경 차단기는 열리지 않는다. 하지만 들고온 플래카드에 쓰인 대로 '국제연대'의 장면은 세계로 전송된다. 콘벤디트는 프랑스로 돌아갈 다른 경로를 찾을 것이라고 밝힌다.

뉴욕, 5월 21~22일: 약 1천 5백명의 학생이 마크 러드를 위한 연대시위를 벌인다. 러드는 컬럼비아대학 학장 앞에 출두할 것을 요구받고도, 계류중인 재판절차와 학생으로서의 권리 정지를 이유로 출두를 거부한 참이었다. 러드와의 연대에 힘을 싣고 경찰의 컬럼비아대학 감시에 항의하려고 일부 학생이 해밀턴 홀로 이어지는 길 양편에 바리케이드를 치기 시작한다. 캠퍼스의 다른 입구에도 차단목을 세운다. 빠리 학생이 하는 일이라면 뉴욕에서도 가능해야 했다. 하지만 통행로도 거치지 않은 경찰의 돌연한 출현으로 해밀턴 홀 학생들은 깜짝 놀란다. 경찰은 지하터널을 이용해 바리케이드를 우회했던 것이다. 학생들은 "경찰은 물러 가라!"라고 외치며 맞선다(Kunen, 50~51면).

빠리, 5월 28일: 콘벤디트는 앞선 공언대로 빠리로 돌아온다. 5월 28일, 며칠을 BBC 여성 통신원과 보낸 콘벤디트가 점거된 쏘르본느의 거대한 원형극장에 나타난다(Fraser, 223면). 붉은 빛이 도는 금발은 검은색으로 물들이고 푸른 눈은 검은 썬글라스로 감춘 상태였다. 썬글라스를 벗고 나서야 청중이 알아보고 5분간 우레와 같은 기립박수를 보낸다. 콘벤디트는 "우리에게 국경은 없다!"고 연호한다. 훗날 밝히기를 이때 눈물이 났다고 한다. 극장홀 전체를 휩쓴 감동의 물결 속에서 개선장군 같은 귀환을 잇는 연설에 대한 기대가 고조된다. 달변에다 선동으로 단련된 대학생 콘벤디트도 이런 기대에 부담을 느낀다. 나중에 고백하듯 실제로 할 말이 없었다. 프랑스로 돌아오는 일이 관건이었고, 돌아오고 나서는 침묵할 수밖에 없었다고 한다. 하지만 당시 상황이 낮은 기대에 부응한 콘벤디트는 "폭력에 폭력으로 맞서고 정부를 무릎 꿇리기" 위해 전 프랑스에서 행동위원회를 건설하자고 호소한다(Gilcher-Holtey 2001, 377~78면).

프랑스 방송은 정규 프로그램을 중단하고 콘벤디트가 점거된 쏘르본느로 돌아왔음을 알린다(Joffrin, 265면; Cohn-Bendit 1975, 56면). 기자들이 콘벤디트를 둘러싼다. 하지만 '3월 22일 운동'이 개입한다. 다음날 오전 기자회견에 콘벤디트 대신 나타난 3월 22일 운동의 동료들은 "우리가 콘벤디트다!"라고 천명한다. '어떤 스타'도 원치 않는 동료들의 반감 속에 콘벤디트는 프랑크푸르트로 돌아간다. 20년 뒤에 스스로 말하듯 그것은 도피였다(Hamon/Rotman

I, 557면). 이후 몇주간 콘벤디트는 호텔에서 형 가브리엘과 함께 『좌익급진주의: 공산주의의 노인병에 대한 폭력치료』를 쓰기 시작한다. '5월 사건'을 설명하는 책이었다. 독일의 로볼트 출판사는 그 책을 출판하지만 이딸리아에서는 펠뜨리넬리에게 퇴짜맞는다. 콘벤디트는 왜 자기 책을 내지 않는지 묻기 위해 펠뜨리넬리 출판사에 다섯번이나 전화를 건다. 펠뜨리넬리의 대답은 냉담했다. "아나키스트의 책은 내지 않습니다"(Feltrinelli, 359면).

프랑크푸르트에서도 5월 마지막 주에 대학이 점거된다. 5월 27일 요제프('요쉬카') 피셔를 포함하여 학생 2천명이 대학 측의 시험 및 강의 취소와 본관건물 폐쇄에 맞서 총장 집무실로 밀고들어가 이내 그곳에 행동본부를 차린다. 학생들은 컬럼비아대학 점거자나 낭떼르대학 행정건물 점거자처럼 총장의 예복을 걸치고 총장 씨가를 피우며 백포도주를 들이키고 총장 전화기로 전화를 건다. 점거자들 중 일부는 1만 5천명이 집결한 시청 앞의 대규모 '비상사태법' 반대집회에 참가하고, 또다른 일부는 대학점거에 대한 노동자의 지지를 구하기 위해 공장으로 향한다(Fraser, 264면). 한편 학생들은 프랑크푸르트대학의 이름을 '칼 맑스 대학'으로 바꾸었다. 그 '정치적인 대학'에서는 '의회외부저항운동'(APO)의 테마와 문제제기를 받아들인다. 새로운 테마는 '역사와 폭력' '서독 분석: APO의 정치이론에 대하여' '학문의 정치화' '권위적인 학교와 저항' '심리분석과 정치' 등이었다(Kraushaar 1998, I 334면).

비단 프랑크푸르트뿐만 아니라 베를린과 보홈, 함부르크, 하노버, 쾰른, 만하임, 뮌헨, 바인하임 같은 곳에서도 학생들은 노동자와 대화를 꾀하고 '비상사태법'에 맞선 공동시위를 촉구하며 노

동자들이 5월 29일 하루 총파업에 들어가기를 원한다. 금속노조
와 인쇄 및 제지 노조의 지방조직이 포함된 뮌헨의 여러 노조위
원회가 총파업에 찬성을 표명한다(*Frankfurter Rundschau*, 5월 27일자).
프랑크푸르트에서는 인쇄 및 제지 노조의 지구총회가 5월 27일
오후 1시에 파업돌입을 결의하고, 오후 3시로 잡힌 대규모 집회
에 노동자들이 참여하도록 호소한다. 시립극장 대표단이 "1933
년 법의 희생자"로 밝혀진 병사의 해골을 들고 그 집회장에 등장
한다(같은 신문 5월 25일자). 테아터 암 투름(TAT) 극단은 스트린드
베리(Strindberg)의 비극 「율리에 아가씨」 공연을 중단하고 '비상
사태법' 반대 선언서를 낭독한다.

　다른 독일 극장들에서도 '비상사태법'에 항의하고 토론을 벌인
다(같은 신문 5월 27일자) 일간지 『프랑크푸르터 룬트샤우』
(*Frankfurter Rundschau*) 기자들은 항의 차원에서 10~15분간 일
손을 멈춘다. 하이델베르크대학에서는 많은 학생이 단식투쟁에
돌입한다(같은 신문 5월 27일자). 뮌헨 학생들은 나치 친위대 유니폼
을 입고 나치의 '펠트헤렌할레 진격'[11]을 흉내낸다. 독일노동조합
연합(DGB) 헤쎈 지부는 터질지도 모르는 거친 파업의 흐름을 끊
고 항의 배출구를 마련하기 위해 한시적으로 5월 27일 경고파업
이라도 호소하자고 DGB 수뇌부에 주장한다(Schneider 1986, 255면).

　수도 본의 연방의회에서 '비상사태법'을 표결에 부치고 APO
세력이 전국의 거리와 광장, 공장과 대학에서 그 법안 통과를 막
으려고 떨쳐일어나는 5월 30일을 하루 앞두고, 독일 바덴바덴의

---

11) 펠트헤렌할레(Feldherrenhalle)는 독일 뮌헨의 군 기념관으로, 1923년 히틀러와
　추종자들이 일으킨 '뮌헨 봉기' 때 이곳으로 진격이 감행되었다.

프랑스 5군 사령관 마쒸(Massu) 장군 관저 앞에 헬기 한 대가 내려앉는다. 오후 2시 50분 프랑스 공화국 대통령 샤를 드골이 헬기에서 내린다. 독일과 프랑스 국경의 레이더 장치를 피해 저공비행으로 날아온 터였다. 마쒸 장군은 완전히 풀이 죽은 정치가를 맞이한다. 아직 헬기 날개 소리가 윙윙거리는 잔디밭에서 그 정치가는 왕년의 전우이자 오랜 친구에게 자신의 무능을 말하며 정계은퇴 결심을 털어놓는다. "이제 모든 게 끝나버렸어"(Massu, 79~80면).

13

드골 대통령이
바덴바덴으로 도주하다

빠리, 5월 29일: 마쒸 장군과의 대화에서 드골은 프랑스를 완전히 마비시킨 책임을 공산주의자에게 돌린다. 하지만 공산주의자는 정부와 드골 체제에 맞선 투쟁의 원동력이 아니었다. 공산주의 성향의 '노동총동맹'(CGT)에서는 '자주관리' 요구를 전사회적 변혁과정의 목표로 받아들이지 않고 "알맹이 없는 공식"이라며 거부했다. 또한 가능하다면 어디서나 학생과 노동자의 직접적인 공장 접촉을 가로막고 학생운동의 상징인물 다니엘 콘벤디트와도 철저히 담을 쌓았다. 오히려 CGT는 혁명적 상황을 야기할 수도 있는 동원잠재력이 있는 그 사회운동을 중립적 이해조정이라는 정상궤도로 돌려놓으려고 전조직력을 가동했다. CGT는 임금인상이 예상되는 임금협약을 조속히 중재해 정부 및 기업 대표와 '그르넬 협정'(5월 27일)을 맺는 구심점 역할을 하며, 사회위기가 극적으로 치닫는 것을 막으려 했다. 하지만 CGT의 전략과 목표는 드골이 바덴바덴으로 날아가는 5월 29일까지도 파업운동 기층에 먹혀들지 않는다.

드골이 독일의 바덴바덴에 착륙할 때 프랑스의 공장 노동자 총회에서는 '그르넬 협정'에 반기를 든다. 노동자들은 총파업을 밀고나가는 데 찬성한다. 하지만 그르넬 협정이 좌초한 뒤에도 파업 통제권은 노동조합 수중에 있었다. 노동조합은 노동관계 재구성 및 임금등급 재조정을 둘러싼 협상을 공장영역과 산업영역으로 들여온다. 파업운동은 이제 본연의 노사갈등이 된다. 기업구조나 경제질서의 급진적 변화는 더이상 의사일정에 오르지 못한다. 물론 파업 압력 없이는 자본가와 노동조합의 그런 대화도 절대 없었을 것이다. 또 그르넬 협정에 와서야 프랑스 기업가는 처음으로 공장 노동자 조직을 전적으로 인정하고 노동조합 활동의 주요 권리를 보장할 용의가 있다고 밝혔다(Jansen 외, 36면). 제도적으로 보장된 지위가 이런 점에서 사실 라인 강 저편 독일 동료에 비해 여전히 미약함에도 불구하고, 프랑스 노동자들은 활동여지가 제한된다는 생각 때문에 독일 노동조합 전통의 산물인 '공동결정'을 결코 요구하지 않았다.

한편 '자주관리' 슬로건이 어떤 분위기를 표현한 것은 분명하지만 구체적인 제도적 형태를 낳지 못한 것도 사실이다. 공장의 자치가 실험된 경우는 소수에 불과했다. 대다수 파업 참가자들은 위기의 해결책을 정치영역에서 찾으려 했다. 그래서 '기업가의 권력'이 아닌 드골주의 속에서 적을 찾았다. 나아가 사회구조적 개혁의 전제로 정권교체를 요구했다. 이로 인해 갈등 해결을 위한 목표와 수단이 뒤바뀌었다. 행위 주체인 노동조합은 '그르넬 협정' 실패 후 정당 뒤로 물러났다. 이제 사회운동은 새로운 경쟁

무대에 놓인다. 자발적이고 반정당적인 사회운동의 특성상 그 중심 그룹이 사상적으로 준비되지 않은 무대였다. 이런 상황에서 프랑스의 정치위기가 손에 땀을 쥘 정도로 급격히 첨예화되는 데 중차대한 역할을 한 것은 뽕삐두 총리와 드골 대통령의 전략 경쟁이었다.

정치가가 저항에 대응하는 전략에는 기본적으로 두 가지가 있다. 용인 아니면 탄압이다. '용인 전략'은 운동의 요구사항을 인정하고 대화와 협상을 위한 준비태세를 갖춘다는 뜻이다. 적어도 운동의 합당한 대표자는 그렇게 상대한다. '탄압 전략'은 사회운동에 대한 거부를 의미한다. 즉 운동의 요구를 통상 비현실적이거나 불법적인 것으로 비난하고, 활동금지와 조직금지 및 국가적인 강제수단을 동원해 현상태를 최대한 방어한다. 두 전략은 적용과정에서 서로 연결되거나 자리바꿈이 가능해 혼합 형태도 등장한다. 1968년 5월 프랑스 정부에서 취한 행동이 좋은 사례다. 경쟁하는 두 행동 전략이 서로 교체되고 병존하는 가운데 운동역동성을 강화하는 긴장이 어떻게 고조되는지 잘 드러난다. 1968년 5월, 서로 상반된 전략을 관철하려는 투쟁이 드골과 뽕삐두의 개인적 경쟁과 겹쳐진다. 전자는 프랑스의 상황을 더욱 박진감 넘치게 하고, 후자는 쌍두마차인 대통령과 총리의 협력에 의존하는 프랑스 정치체제를 계속 교란한다.

뽕삐두의 전략은 화해와 탈정치 및 제도화를 겨냥했다. 반면 드골의 전략은 동원과 정치화를 지향하고, 국민투표에 바탕을 둔 통치안정을 꾀했다. 색깔이 다른 두 전략은 서로 걸림돌로 작용했다. 카불에서 돌아온 직후 뽕삐두는 '바리케이드의 밤' 사건에

유화적인 수용정책으로 맞서며 "국가는 물러서지 않는다"는 드골의 입장과 결별했을 뿐 아니라, 레몽 아롱이 말하듯 드골의 입장을 "웃음거리로 만들었다"(Aron, 335면). 뽕삐두와 드골의 권력투쟁은 파업기간에 절정으로 치달았다. 총리가 임금협상 카드에 모든 것을 걸었다면, 대통령은 자신의 신임을 묻는 국민투표를 예고하며 권력투쟁을 극적으로 만들었다. 하지만 드골의 국민투표 예고로 갈등은 더욱 정치문제로 굳어지고, 따라서 위기의 사회경제적 해결은 더 어렵게 되었다. 이제 드골 체제의 비판자들은 "10년이면 족하다"라는 모토를 정치적으로 판가름할 기회를 잡았다. '그르넬 협정'이 실패로 돌아가고 국민투표에서 드골의 패배가 예상되자 야권은 정권교체 계획을 세운다.

한 남자가 거기서 주도권을 쥐었다. 위기상황에서 이미 정부 수반 직을 넘겨받은 경험이 있는 그 인물은 폭넓은 계층에서 큰 인기를 누리고 있었다. 바로 삐에르 멘데스 프랑스(Pierre Mendès-France)였다. 아직 급진당 당원 시절이던 1954년 멘데스 프랑스는 초당파 정부의 수장으로 인도차이나전쟁을 끝내고 프랑스 군대의 베트남 퇴각에 물꼬를 튼 적이 있었다. 1968년 5월 19일, 그 사이 독립사회당(PSU) 대표가 된 멘데스 프랑스는 공개적으로 정부퇴진을 요구했다. 겨우 2% 남짓 득표한 소수정당 독립사회당과 멘데스 프랑스가 염두에 둔 구상은 정권교체를 이루고 드골 체제를 끝낼 '과도정부' 구성이었다. 다른 공화국이 무엇보다 주요 관심사였다.

그러자 '민주주의사회주의좌파연합'(FGDS)으로 결집한 비공산주의 좌파와 공산당 측은 기존 연정에 대한 분명한 대안도 없이 뽕삐두 정부에 대한 불신임 투표를 요구했다. 의회에서 불신임 투표가 실패하고 드골이 국민투표를 예고하자 이들 정당도 비로소 권력문제를 제기했다. 5월 28일 FGDS의 대통령 후보 1순위 프랑쑤아 미떼랑(François Mitterrand)은 '임시정부'를 책임질 용의가 있다고 선언했다. 미떼랑 역시 권력 공백을 지적하며 멘데스 프랑스의 현실 분석에 동의했지만 다른 전략을 내걸었다.

미떼랑의 계획은 멘데스 프랑스를 총리로 하는 정부를 고려하되, 드골 퇴진 후의 대통령 자리를 권리로 주장하는 것이었다. 멘데스 프랑스는 미떼랑이 밑그림을 그린 노선으로 방향을 틀었다. 그러자 공산당은 좌파의 통일을 호소하며 '인민정권' 요구로 대응했다. 공산당은 공산주의자 없는 어떤 정부도 있을 수 없다고 선언하며, 저항운동의 일부세력을 자기 '임시정부'로 끌어들이려는 멘데스 프랑스와 단호히 선을 그었다. 멘데스 프랑스가 이끄는 연정 동참을 바라지 않았던 공산당은 '인민정권' 창출이라는 슬로건을 내걸고 5월 29일 대규모 시위를 벌이자고 호소했다. 이 시위를 통해 다른 정당들의 전략을 봉쇄하려 했던 것이다. 공산당의 요구에서 사용된 급진주의적 수사는 공산당이 파업운동과 대중시위를 등에 업고 단독으로 체제변혁을 계획하고 있다는 상상을 드골주의 진영에 불러일으켰다.

한편, 바덴바덴에서 드골은 "사람들이 더이상 나를 원하지 않아"라고 마쒸 장군에게 말한다. 드골 부인은 물론이고 아들 필립과 며느리 및 손자 넷이 함께 바덴바덴으로 왔다(Massu, 79~81면). 마쒸 장군은 드골의 퇴진 의사를 되돌리려고 전력투구한다. 그리고 드골에게 충고한다. "나의 장군님, 당신은 지금 곤경에 빠져 있습니다. 하지만 그 곤경 속에 더 머물러 있어야 합니다."(Massu, 90면).
마쉬가 볼 때 드골이 프랑스로 돌아가는 것밖에는 그럴싸한 다른
해법이 없었다. 두시간 동안 대화를 나누고 드골은 프랑스로 돌
아간다.

빠리의 좌파 야당들은 드골이 사라지고 뽕삐두 총리도 대통령
이 어디에 있는지 모르는 시점에서 정권교체를 위한 일사불란한
움직임을 보여주지 못한다. 구좌파 내의 의견 불일치가 드골 정
권에 맞서는 통일된 좌익 반대파의 결성을 가로막았다. 비공산주
의 신좌파는 정치적 행동구상을 전혀 발전시키지 못한다. 신좌파
는 두 파로 갈린다. 한쪽은 평의회민주주의 모범에 입각해 전국
적인 공조를 추구하는 집단들의 기초민주주의적 동원을 옹호하
고, 다른 한쪽은 새로운 좌파정당 건설을 주장한다. 신좌파는 분
열의 벽에 가로막히고 정권교체 기회는 물거품이 되고 만다
(Gilcher-Holtey 2001, 348면 이하).

드골은 빠리로 돌아온 바로 그날 저녁에 이튿날 5월 30일의 라
디오 담화를 예고한다. 이 담화에서 드골은 국민투표를 포기하는
대신 새 의회구성을 위한 선거를 결정했다고 발표한다. 빠리에서
대규모 친드골 시위가 벌어진다. 드골 지지자 3, 4십만명이 운집
해 샹젤리제 거리를 지나 에뚜왈 광장으로 움직이며 "쏘르본느
일소(一掃)!" "프랑스인을 위한 프랑스!" "콘벤디트를 독일로!"
"콘벤디트를 다하우[12]로!" 같은 구호를 외친다. 새로운 의회선거
결정으로 갈등은 이제 정당제의 제도화된 궤도로 이동한다. 프랑

12) 다하우(Dachau)는 남독일 바이에른 주에 있던 유명한 나치 수용소다.

스 사회를 뒤흔들고 드골 정권을 휘청이게 한 학생운동과 노동운
동이 동시에 펼쳐낸 '위대한 행동'은 막을 내린다. 정치·사회적
위기는 급속히 해소된다. 하지만 혁명적 불꽃은 한발 앞서 이딸
리아로 옮겨간다.

14
삶의 영역에서
정치적인 것의 발견

　'말의 장악': 1960년대 이딸리아도 프랑스와 다름없이 고등교육기관의 유례없는 팽창을 겪으며 대학은 구조적 위기에 빠졌다. 전국의 대학들은 밀려드는 학생을 감당하지 못함이 드러났다. 프랑스 대학생 수가 20만명(1960)에서 58만 7천명(1968~69)으로 늘어나는 동안 이딸리아도 26만 8천명(1961)에서 50만명(1968) 이상으로 증가했다. 부득이하게 이딸리아 정부에서도 대학구조의 두드러진 결함에 대응하는 개혁 방안을 내놓았다. 학생조직은 정부개혁에 맞섰다. 하지만 뜨렌또, 삐사, 밀라노 같은 도시에서 도발적 행동과 점거를 앞세워 지배구조와 권위구조의 재생산 수단으로 전락한 학문을 폭로하며 이딸리아 학생운동의 신호탄을 쏘아올린 것은 다름아닌 소수 학생들이었다.

　점거한 대학이나 연구소에서 벌인 토론 주제는 주로 '작업장'과 '제도'의 문제점이었다. 그런 가운데 다음과 같은 사실이 이내 또렷해졌다. 즉 대학정책 문제나 이데올로기적 테마를 다룬 토론보다는 오히려 "개인적 문제와 집단적 문제"의 관계를 비롯해 내면화된 강제와 권위구조 및 억압구조를 폭로하는 토론이 학생들을 더 많이 동원할 수 있었다는 것이다. 1960년대 또리노와 프랑크푸르트에서 공부하고 현재 로마에서 사회학을 가르치는 까를로 도놀로(Carlo Donolo) 교수는 엔첸스베르거가 발행한 잡지 『쿠어스부흐』(*Kursbuch*)에서 이미 1968년 6월에 이딸리아 상황의 가장 중요한 특징을 다음과 같이 언급했다.

A. 점거를 통해 우선 대학에서 권위가 제거되고, 명문화하거나 불문율로 정한 억압적 행동규범이 더불어 효력을 잃었다. 투쟁 상황에서 자기 영향권의 확장을 처음으로 경험한 학생들은 이제 상대적으로 해방된 이런 공간에서 어느정도 무소불위의 감정을 느꼈다.

B. 그렇지만 상황은 불확실했다. 점거를 끝없이 수행하기는 어려움을 알았기 때문이다. 예상 가능한 사회적 처벌을 환기시키는 경찰이 밖에 대기중이었다. 학생들은 제도적으로 보장되지 않은 공간에서 극도의 불안 상태로 행동했다. 그럼에도 불구하고 잠재의식적 불안을 더 많이 자아낸 것은 임박한 외부 폭력보다, 이제 막 작동하기 시작한 성찰과정이 어떻게 보면 단기적 현상이 되리라는 달갑지 않은 생각이었다.

C. 학생 대부분이 아직까지 경험하지 못한 것, 즉 개인적·정치적으로 중요한 문제의식을 표명하는 일이 집단 토론을 통해 가능해졌다. 또한 정치적 참여가 불가피하다는 의식과 결부되는 집단적 해방과정이 있었다. 최선의 경우 해방과정은 그간 가족과 학교에서 요구하고 내면화한 '성찰능력 억압'에 맞서, 복잡한 관계를 말로 표현해내는 새

로 획득한 능력 속에서 모습을 드러냈다. 간단히 말해 문화혁명을 경험한 것이다.(Donolo, 66면)

이런 문화혁명의 본질은 정치에 대한 인식 변화에 있었다. 문화혁명의 전제는 한편으로 비판적 사고이고, 다른 한편으로는 대학 변화를 내부로부터 가능하게 하는 공간의 창출이었다. 이런 공간은 '경기규칙' 위반을 통해 생겨났다. 점거와 강의 보이콧, 강의 방해와 대항대학 건설 등이 규칙위반의 수단이었다. 따라서 그런 공간은 장소나 영역이라기보다, 오히려 규칙을 위반하는 사람들이 서로 관련되어 있는 역동적인 구성체로 보였다. 거기서 대학의 권위적 구조가 주요 과녁으로 떠올랐다. 1968년 또리노대학 인문학부 본부 '팔라쪼 깜빠냐'를 점거한 학생들이 사건 20년 후 인터뷰에서 밝힌 바에 따르면, 고통당하고 억압당하는 개별자에서 전체의 일부가 되었다는 느낌과 권위의 탈신비화, 점거를 통한 새 공간의 확보 등이 시공간적으로 특히 깊은 인상을 남겼다고 한다(Passerini 1988, 47~48면).

학생들은 점거를 통해 대의제 형태의 학생 대표제에 문제를 제기하며 직접민주주의 절차로 맞대응했다. 다른 정치모델과 새로운 정치화 전략이 학생운동에서 실험되었다. 학생들은 새 정치화 전략을 앞세워 정치의 경계를 기존의 제도화된 의지형성 및 결정 과정 무대를 넘어 다양한 의사소통 공간으로 확장해나갔다. 그리고 이 공간에서 공동생활의 규칙과 종속관계, 결정 메커니즘 등을 실천과 담론 형태로 문제시하고 재규정했다. 정치는 더이상 주기적인 투표권 행사나 매개 조직(정당이나 이해단체 및 각종

협회)의 참가에 국한되지 않았다. 정치란 이제 공적 공간을 점령해 의사소통 과정에서 그 공간을 자기 결정이 이루어지는 행동의 장으로 만들어가는 것을 뜻하게 되었다(Kurz, 319면).

1969년 독일 연방의회 선거 때 사민당 청년조직 '청년사회주의자'(Jusos)에서 치켜든 슬로건도 "정치를 정치가에게 맡기지 말자"였다(Strasser, 129~30면). 사민당 내부 반대파인 '청년사회주의자' 그룹이 재빨리 '의회외부저항운동'(APO)으로부터 배운 결과였다. 1970년대 신사회운동과 신여성운동에서도 이런 새로운 정치모델과 정치화 전략은 많은 동조자를 낳을 터였다.

하지만 이딸리아 학생운동은 프랑스 사태를 통해 "말로 표명하는 정치화"(Donolo)를 넘어 전투적인 다른 행동 형태로 이끌려갔다. "우리는 프랑스 5월 사건의 교훈을 도시게릴라로 보았다"고 안드레아 발까렝이(Andrea Valcarenghi)는 밝혔다. 그는 독일 "슈프링어 신문의 아우" 격인 『꼬리에레 델라 쎄라』에 맞선 비판자로, 6월 7일 로마의 비아 쏠페리노에서 그 신문의 배포 저지를 위한 자동차 바리케이드가 세워질 때 거기에 있었다. 그리고 곤봉으로 무장한 경찰에 시위대가 보도블록 조각을 던지는 것을 본다. 언론에서 "비아 쏠페리노 전투"라고 부르는 사건이 시작된다. 학생 3천명이 경찰 5천명에 맞선 싸움이었다. 하지만 이딸리아에서는 '프랑스의 5월'이 발생하지 않는다. 이딸리아 대학생의 폭력행동은 국가 탄압은 불러오지만 주민들의 연대를 끌어내지 못한다. 학생총회에서도 다수파는 폭력 사용을 선전하는 급진 소수파에 등을 돌리거나 폭력 논의와 완전히 담을 쌓는다(Kurz, 278~79면). 그때까지 세간의 주목을 끌고 동원과정에 가속페달을 밟아온 소규모 그룹의 본보기 행동은 급진 소수파의 폭력 실험과 더불어 영향력을 잃는다.

이딸리아 학생운동 일부가 프랑스 사태에서 끄집어낸 두번째 교훈은 저항을 공장으로 옮겨가는 것이었다. 1968년 6월 '학생·노동자 연합'이 결성되어 학생과 노동자의 연결고리가 만들어진다. 노동자 100명과 학생 50명, 소규모 사무직 노동자 그룹으로 구성된 그 조직은 공장 앞에서 선전 유인물을 나누어주고 공장 종업원과 토론을 시도하며 노동조건에 대한 정보를 모은다. 또한 학생들의 자극으로 닻을 올린 '공장위원회'가 앞서 1968년 2월부터 산발적으로 존재하고 있었다. 반권위주의 진영이 유달리 강한 뜨렌또에서는 '학생권력' 그룹의 대표들이 공장에서도 반권위주의를 널리 알리려고 노력하고 대항권력 구축을 통한 자기결정을 선전했다. 그러면서 반권위주의적 사고 틀에 충실한 상황분석을 내놓지만 공장의 구체적 문제를 해결할 방안은 제시하지 못했다. 이들이 선전 리플릿을 배포한 목적은 노동자가 거기에 글을 쓰게 하고 그 과정에서 자발성과 자기성찰 및 정치활동 참여를 고무하기 위함이었다. 전기 공장 노동자들이 만든 리플릿의 다음과 같은 주장은 제도화된 노동조합에 대한 거부를 반영하고 있다. "누구도 우리 문제의 해결책을 제시하지 못한다. 우리 스스로 찾아야 한다."

노동자로의 방향전환으로 이딸리아 학생운동에서 '노동자주의' 그룹과 맑스·레닌주의 그룹에 힘이 실린다. 반면 대학을 동원의 출발점으로, 학생을 혁명적인 주체로 간주하는 '학생권력' 그룹 중심의 반권위주의 진영은 영향력을 잃는다. 노동자주의 그룹의 관점에서 볼 때 학생은 '교육중인 노동력'이고 그 자체로는 어떤 자립적이고 독립적인 세력도 이루지 못한다. 물론 노동자주의자도 대학 민주화를 위해 노력하지만 본연의 활동 무대는 공장이라고 생각한다. 노동자계급의 후기자본주의체제 편입 테제를 계속 반박한 '노동자주의'는 학생운동과 노동운동의 연결점으로 올라서는 동시에 맑스·레닌주의 그룹과 반권위주의 진영을 매개하는 요소로도 기능한다.

노동자주의자는 노동자를 '외부에서' 계몽한다는 레닌주의 간부정당 모델에 맞서, 노동자의 생각과 요구를 인식하고 노동자의 정치의식을 표현하는 '내부 대중전위' 구상을 내세운다. 또한 반권위주의 진영에서와 마찬가지로 지도부와 기층의 관계를 행동 속에서 변화시키고 위계적 구조를 토대민주주의 구조로 대체하려고 노력한다. 자치, 곧 '자주관리'가 이딸리아에서도 슬로건이 된다. 하지만 학생 저항과 노동자 저항의 동시화(同時化)는 애초부터 일어나지 않는다. 노동자 쪽으로 활동 방향을 틀자 학생운동은 대학에서 지지를 잃는다. 운동에 활발히 참여하는 학생도 줄어든다. 아울러 '공장 활동'에 집중하는 활동가 그룹과 나머지 운동 그룹 간에 틈이 벌어진다. 뒤이어 여름방학으로 두 그룹은 활동을 중단한다.

프랑스에서도 혁명이 작별을 고하려는 듯이 보인다. 6월 16일 오데옹극장 점거가 일소되고 이틀 뒤 경찰이 쏘르본느 점거를 종결지으며, 그간 '연설 마라톤'의 중심 광장으로 기능하던 두 곳이 문을 닫는다. 미셸 드 쎄르또(Michel de Certeau)가 당시 사건을 직접 관찰하며 쓰듯, 두 광장에서 벌어진 '말의 장악'은 프랑스 '5

월 운동'이 물꼬를 튼 혁명적 전복의 상징이었다. 장 루이 바로
(Jean-Louis Barrault)의 지적처럼 사람들은 오데옹극장에서 일주
일 내내 24시간 동안 논스톱으로 토론했고 극장에서는 점거 이후
단 한건의 공연도 무대에 오르지 않았다. 대신 모든 집단과 계층
의 대변인이 발언 기회를 잡았다. 대학생과 노동자, 주부, 경찰,
종교인은 말할 나위도 없고 이따금씩 편집중 환자도 발언자 대열
에 끼어 있었다.

비판이 제기되었다. 혁명은 가장 흔히 사용되면서도 가장 드물
게 설명된 말이었다. 새로운 건설을 위해 모든 것을 파괴하는 것
이 혁명이라고 말했다. '자주관리'와 '공동관리'가 구상으로 제시
되지만 이 역시 구체적 설명을 담아내지 못했다. 열광이 미래에
대한 그림을 가려버렸다. 강제에서 해방되어 행동에 나선 대중의
창의력에 대한 믿음이 열광을 배가시켰고, 어떤 이들은 그 열광
이 운동의 지도를 넘겨받아 이끌 수 있다고 믿었다. "이것은 토대
운동이다. 이 운동에는 어떤 수뇌부도 어떤 지도부도 없다. 무엇
을 해야 할지 결정하는 주체는 우리가 가담해야 하는 행동위원회
안의 우리 모두이다." 미래의 질서를 묻는 물음에 언제나 되풀이
되는 답변이었다.

하지만 얼마 지나지 않아 대중은 즉흥적인 표현력을 뽐내며,
자유로운 의견표명권을 보장하기 위한 구조 도입을 요구했다. 오
데옹 점거자 내부의 핵심 조직인 '혁명행동위원회'에서는 극장
홀을 두 영역으로 나눌 수밖에 없다고 생각했다. 극장의 전통적
공간배분 규칙으로, 무대와 객석을 구분하는 방식이었다. 위원회
의 제안대로 무대 위에는 관객의 물음에 대답할 용의가 있고 또

할 수 있는 최고의 연사들이 테이블에 자리잡고 앉았다. 문제제기를 하는 사람이나 발언자는 개별적으로 차례차례 무대에 오르게 했다. 위계적 양분법을 담은 그 규정은 나흘 뒤에 폐지되지만, 오히려 위계가 더 강화되는 방식으로 대체되었다. 극장 홀을 더 잘 '통제하고' 개별 연사의 무대 독점을 막기 위해 누구나 자기 자리에서 발언하는 대신, 무대는 '혁명행동위원회'의 몫으로 남겨져야 한다고 결정된 것이다. 혁명행동위원회는 18개의 하부위원회로 나뉘었다. 혁명행동위원회 꼭대기에는 첫날부터 '4인 그룹'이 버티고 있었고, 점거한 오데옹극장의 기획을 대표하는 권한이 이 그룹 손아귀에 있었다.

게다가 '4인 그룹'이 4일 만에 '혁명행동위원회'의 내부 지도권을 장악했다. 4인 그룹은 경찰이 오데옹을 공격할 때 대응할 조치와 관련된 절대적 결정권이 그들 넷 중 하나에게 넘어가도록 관철했다. 이로 인해 그 '혁명적 지도부'는 또다른 지배질서를 구축한다는 비난을 샀다. 하지만 '4인 그룹' 수중으로 대표권이 넘어오고 결정권이 집중된 데에는 그럴 만한 이유가 있었다. 말하자면 '3월 22일 운동' 그룹의 기본원칙에 맞춰 모든 조직을 엄격히 거부한 '문화와 창조' 위원회 대표자들뿐 아니라 해프닝 예술가인 장자끄 르벨과 '리빙시어터'의 줄리언 벡을 비롯해 5월 13일부터 오데옹 점거를 계획했던 인물들 거의 전부가 이 내부 조직논쟁에서 퇴각해버린 탓이 특히 컸다. 성공적인 점거 이틀 뒤에 그들은 이미 오데옹극장을 떠나버렸던 것이다.

프랑크푸르트의 오스카르 네그트(Oskar Negt)에 따르면, 신좌파의 목표는 "'어떤' 정치 지배 체제를 '또다른' 체제로 대체하는 것"일 수 없고, "정치 지배 그 자체를 철폐하는 것이자 이를 통해 사회적 삶과 분리된 영역으로서의 정치도 동시에 철폐하는 것"이다(Negt 1971, 174면; Gilcher-Holtey 2001, 432면 이하). 서독에서도 자기 결정과 자발성, 자기조직화, 자치 등의 슬로건은 국가적 심급의 전권과 전능에 대한 저항을 조직원칙으로 삼은 새 정치문화에서 핵심 구호로 올라선다. 신좌파는 민주주의가 대리적이고 대의적인 조직형태로 환원되는 것을 비판한다. 그래서 새로운 형태의 정치적 정체성 형성이 실험되는데, 이는 삶의 정체성을 형성하는 구조에 자기 삶의 영역에서 직접 정치적으로 관여하는 실험이다. "추상적인 유권자 집합체가 아닌 사회적 삶의 집합체, 즉 성원들이 그 집합체에 속한다는 점에서 서로를 규정하고 인정하는 그런 사회적 삶의 집합체가 정치활동의 적합한 매체로 선언된다." 「SDS 대학보고서」의 공동 저자이자 현재 베를린의 사회학 교수인 클라우스 오페(Claus Offe)가 1970년대를 바라보며 내린 결론이었다. 오페의 글이 실린 『의회주의적 관행과 정치적 대안』(1980)이라는 책은 루디 두취케에게 헌정되었다. 이 책은 대안운동과 시민주도운동에서 생태운동에 이르기까지, 68운동의 실험과 결부되는 새로운 집단정체성 및 정치의식의 결정화(結晶化) 지점을 보여준다(Offe, 35면).

15

'더 적은 것'에서 '더 많은 것'으로 이끄는 위대한 여행의 시대

6월 초부터 이딸리아 학생저항이 고조될 때 동참하지 못한 사람이 있었다. 쟌쟈꼬모 펠뜨리넬리였다. 5월 20일, 피델 까스뜨로가 이유도 말하지 않고 긴급 초청장을 보냈던 탓이다. 펠뜨리넬리는 즉시 아바나로 떠난다. 그리고 까스뜨로가 자신과 프랑쑤아 마스뻬로에게 체 게바라의 일기장 사본을 전해주려 한다는 사실을 알게 되었다. 일기장은 볼리비아 내무장관 안또니오 아르게다스(Antonio Arguedas)가 라빠스에서 밀반출한 것이었다. 주저없이 까스뜨로의 제안을 받아들인 펠뜨리넬리는 오래된 별장에 틀어박혀 스페인어 원고를 며칠밤 만에 이딸리아어로 옮겼다. 출판인 펠뜨리넬리의 '야간작업'으로 게바라의 『볼리비아 일기』는 프랑스판보다 앞서 1968년 7월 이딸리아에서 햇빛을 보게 되었다. 책을 선전하려고 펠뜨리넬리는 게바라의 1961년 사진 한 장을 골랐다. 어떤 장례식에서 결연한 눈빛의 게바라가 베레모를 쓰고 있는 사진이었다. 사진작가 알베르또 꼬르다(Alberto Korda)의 작품으로 펠뜨리넬리가 1967년에 선물로 받은 것이었다. 이 시점에는 게바라의 사진이나 그림, 영상물 등이 별로 세간에 나와 있지 않았다. 꾸바혁명 선전은 까스뜨로에게 초점을 맞추고 있었다. 게바라의 얼굴은 죽고 나서야 세계적으로 알려진다. 펠뜨리넬리가 꼬르다의 사진을 『볼리비아 일기』 표지뿐 아니라 포스터로 제작한 것이 결정적으로 기여한다. '재킷을 입은 하늘의 체'라는 사진은 1968년에 항의 집회가 열리는 서방세계의 모든 거리와 광장에 곧장 나붙는다. 그리고 20세기에 가장 많이 인쇄된 사진의 하나로 이름을 올린다(Feltrinelli, 332~31면). 꾸바가 국제저작권협약을 승인했다면 꼬르다를 백만장자로 만들었을 포스터와 『볼리비아 일기』 판매 수익은 펠뜨리넬리가 제3세계 해방운동에 기부한다.

시위대가 세계 각국의 메트로폴리스를 가로질러 들고다닌 게바라 사진이 전하는 메씨지는 무엇일까. 레지스 드브레는 1967년 8월 까미리 감옥 죄수로 룩셈부르크 라디오와 가진 인터뷰에서 게바라를 '성자'로 지칭하며 12세기 '아씨시의 성(聖) 프란체스꼬' 같은 인물에 비견했다. 드브레는 게바라의 신성함이 초인적 의지와 깊은 정신적 확신을 통해 얻어졌다고 본다(Debray 1967b, 6면). 또한 깊은 정신적 확신에서 나오는 모범적 활동이 게바라가 보여준 '전투성'의 특징이었다(Debray 1975b, 16~17면).

드브레도 그런 모범적 활동과 진정성을 추구했다. 하지만 곁에 남을지 게릴라 주둔지를 떠날지를 택하라는 게바라의 제안을 받고 후자의 길을 선택했다. 드브레는 주둔지 밖에서의 활동, 즉 게바라의 '볼리비아 기획'을 국제여론에 알리는 것이 무장투쟁보다 중요하다고 생각했다. 나중에 법정에서 드브레는 주어진 "모든 혐의에 결백하다"고 밝히면서도, "최종적이고 즉각적인 체의 승리를 믿은 것"은 잘못이라고 인정한다. 나아가 "체가 살고 생각하고 투쟁한 것을 목도한 모두를 묶어세우려는 불변의 의무를 수행하려 한 것, 그리고 능력이 허락하는 한 끝까지 체에게 충성하고 체의 모범을 추종하는 의무를 다하려고 한 것도 잘못"이라고 시인한다(Debray 1968b, 77면).

페터 바이스(Peter Weiss)도 추도문에서 게바라의 삶이 보여준 모범을 강조했다. 1968년 『쿠어스부흐』 1월호에서 페터 바이스는 이렇게 쓴다. "그는 다른 누구보다 없어서는 안될 존재로, 유일하게 올바르다고 생각한 것을 우리에게 보여주었다. '당신들이 하지 않으면 내가 한다'는 것을 그는 몸소 보여주었다. (…) 또한 유일하게 올바른 일은 무기를 들고 싸우는 것임을 보여주었다." 하지만 드브레와 마찬가지로 페터 바이스도 무장에는 단호히 반대했다. 유럽에서 무엇을 할 것인가에 대한 페터 바이스의 답변은 "모든 계급투쟁의 중차대한 존재인 노동자를 우리 편으로 끌어들여야 한다"였다. 나아가 페터 바이스가 유려한 문체를 동원해 반기를 든 대상은 세계를 제1세계, 제2세계, 제3세계로 나누는 머릿속의 경계짓기이고 "지구 저편에서 벌어지는" 부당한 일을 용인하는 것이며, "저개발 국가들"을 말할 때 사용되는 "압제자의 언어"이고 미디어의 왜곡이었다. 페터 바이스가 학수고대한 것은 아시아·아프리카·라틴아메리카 해방운동 투쟁과의 관련성을 깨달아 "수백만 노동자가 공장과 작업장을 떠나는" 날, 그래서 제국주의 "종언의 시작"으로 기록되는 그 날이었다(Weiss

페터 바이스와 달리 펠뜨리넬리는 기다리지 않는다. 행동하고 자기 삶을 바꾼다. 마르께스(G. G. Márquez)의 『백년 동안의 고독』으로 1968년에 베스트셀러를 기록한 자기 출판사에 더이상 관심이 없어진 펠뜨리넬리는 원고 뭉치를 싸들고 연인 씨빌라의 집으로 자꾸 침거해 들어간다. 펠뜨리넬리는 이딸리아에서 벌일 게릴라 활동을 계획한다. 게릴라 전략이 라틴아메리카·아시아·아프리카만이 아니라 여러 선진 자본주의 나라에도 들어맞는다고 생각하고, 권위주의 정권 성립이 임박한 경우에는 더더욱 그러하다는 것이다. 펠뜨리넬리는 이딸리아의 싸르데냐와 시칠리아를 제3세계의 일부로 보고, 1968년 4월 그리스 쿠데타 후에는 이딸리아도 정변을 겪을 것으로 내다본다. 이딸리아 민주주의가 퇴행하는 순간, 즉 혁명이 의사일정에 올라 무장이 불가피한 순간이 도래한 듯이 보인다. 펠뜨리넬리는 1944년 고등학생 신분으로 몇주간 같이 투쟁한 옛 빨치산 그룹과 접촉을 시도한다. 도시와 교외, 학교와 주거지역의 게릴라 거점도 구상하기 시작한다. 아직은 물론 모두 이론에 불과했다. 펠뜨리넬리 출판사 소속 작가 내에서 불평이 쏟아지고 친구들은 그가 '변했다'고 생각한다. 어린 아들도 아빠가 맘에 들지 않는다고 쓴다. 하지만 이 모든 것에도 펠뜨리넬리는 흔들리지 않는다. 무조건 장악해야 할 순간, 투신을 요구하는 순간이 도래했다고 믿는다(Feltrinelli, 339, 344, 361, 430면).

펠뜨리넬리가 혁명을 일으킬 '의무'를 당면과제로 보는 동안 드브레는 까미리 감옥 독방에서 스스로 '의무 해제'라고 부르는 과정에 들어선다. 드브레는 유럽에서 게릴라 거점을 선전하는 일은 결코 생각해보지도 않았고, 자신의 책 『혁명 속의 혁명?』은 오로지 라틴아메리카에만 적합하다고 본다. 회고록에서 드브레는 게바라와의 만남과 차츰 더 거리를 두며 게바라에 대한 비판적 그림을 그려나간다. 3억명이 사는 대륙을 해방하기 위한 도정에 올랐지만 종국에는 해방하려던 나라 볼리비아의 이방인으로 남은 고작 22명의 동지만을 인솔한, 나라도 국민도 없는 '비극적인 영웅'의 모습을 담은 그림이었다(Debray 1974, 169~68면).

드브레의 회고에서 게바라는 늘 생각에 잠긴 내성적 지도자로 비친다. 천식 발작에 시달리며 하루 대부분을 동지들과 떨어져 지내고, 다음 행보를 원칙상 측근에게도 알리지 않았다. 또한 장기적 목표에 매달리며 당면한 일은 별로 걱정하지 않는 모습이었다. 드브레의 회고에 따르면, 그런 태도의 증거가 게바라의 슬로건 "둘, 셋, 그리고 수많은 베트남을 창출하자"인데, 결국 볼리비아 상황에서 그 슬로건을 어떻게 실현할지는 전혀 제대로 설명되지 않았다는 것이다. 체는 정치 전문가가 아니면서 모든 것을 정치화했다. 하지만 바로 이 점이 게바라의 카리스마를 만들어냈다. 게바라는 명성이 아니라 구원을 위한 투쟁을 이끌었고, 볼리비아 전투에 걸맞은 전략을 찾지 못했다. 따라서 아시아의 게릴라 전략가들(마오, 보 응우옌 지압, 호찌민)과 구별된다. 게바라의 게릴라는 종교적 게릴라였고, 게바라의 의지는 믿음이었다(Debray 1996, 218~21면).

하지만 의문이 남는다. 무엇 때문에 드브레가 게바라의 믿음을 공유하고 끝까지 따르겠다는 의지를 표명하게 되었을까? 가톨릭 혈통이라는 점이 그런 결정에 영향을 미쳤느냐고 묻자 드브레는 2002년 다음과 같이 대답한다. "아닙니다…… 아니에요…… 하지만 물론 속죄에 대한 관념과 집단적 책임에 대한 믿음, 우리가 얻는 구원에 대한 이미지 등이 모두 급진적 사회참여 활동에 지렛대로 작용했습니다"(Debray 2002, 58면). 1968년 까미리 감옥의 수인으로서 쓴 일기장에서 드브레는 삶의 형태가 굳어져 손댈 수 없게 되기 전에 삶에 의미를 부여하고 그것을 형상화하려고 시도하는 의미추구가 삶의 특성이라고 강조한다. 드브레는 법정 '피고연설'에서 어떤 일이건 무조건 "극적인 방식으로" 결정하려는, 자기 스스로 짊어진 강제를 "실존주의라는 병에 걸린" 젊은이들의 행동성향에 담긴 특징으로 꼽는다(Debray 1970, 1746면).

드브레도 그런 젊은이에 속할까? 드브레의 '피고연설'은 실존주의 철학자 싸르트르가 발행하는 『현대』지에 실린다. 드브레가 감옥에 갇혀 있던 내내 싸르트르는 그를 위해 갖은 노력을 다한다. 하지만 2002년 필자와 택시로 짧은 구간을 동행할 때, 드브레는 싸르트르에게서 영향을 받았을 것이라는 가정을 단호히 부정한다. 싸르트르를 통독했을 뿐 영향은 받지 않았다는 것이다. 드브레가 어떤 '주의(이즘)'에 이끌린 적은 없었지만 특히 인상깊은 작품은 있었다. 꾸바 작가 알레호 까르뻰띠에르(Alejo Carpentier)의 소설 씨리즈 『대성당의 폭발』과 「누구를 위하여 좋은 울리나」 「마드리드의 최후」 같은 영화가 꼽혔다(Debray/Ziesler, 78, 86면). 1945년 칠레에서 태어났으며 한때 드브레의 동지였던 까르멘 까스띨로(Carmen Castillo)는 2002년에 조심스레 쓴다. "우리는 아마 사회참여가 필수적이라고 생각한 같은 세대에 속할 것이다."

드브레가 자서전 1권 거의 절반을 까스띨로에게 바치는 데 반해 까스띨로는 회고록에서 몇줄 안되는 분량으로 드브레와의 유대를 강조한다. 까스띨로는 모든 패배에도 불구하고 사회참여가 삶과 육체적으로 통합되었다고 밝힌다. 즉 "우리의 희망을 표출하기를 포기하지 않는 저항의 몸짓, 투쟁의 몸짓은 이사람과 저사람을 여기에서 또 저기에서 서로 연결해준다"는 것이다(Castillo/Echevérría, 153면).

1960년대 신좌파의 일반적 특징인 이런 사회참여 각오는 특수한 시대인식 및 그에 수반된 기대 지평과 맥이 닿는다. 드브레는 자서전 2권에서 이렇게 말한다.

내가 스무살 때 시대는 이정표이자 동원명령이었다. 시대는 앞을 비추었고 우리를 함께 앞으로 불러냈다. 우리는 정치문제에 엄청난 열정을 쏟았다. 시대가 가교처럼 걸려 있었기 때문이다. 우리는 10월 혁명이라는 거대한 변화의 물줄기와 프랑스혁명의 긴장 속에 살고 있었고, 끝나지 않았고 또 끝날 수 없으며 내일이면 더 잘 끝마칠 수 있는 여행길 위에서 살고 있었다. 시대는 과거에서 굽어져나와 미래로 향하는 연결기둥이었다(즉 그것은 비록 미리 확정할 수는 없으나 내다볼 수 있고, 빛을 발하지는 않기에 우리가 이미 아는 존재와 달리 아직 뚜껑이 열리지 않은 어떤 것이었다). 당대는 '더 적은 것'에서 '더 많은 것'으로 우리를 이끈 위대한 여행의 시대였다. 우리는 다른 세계를 목표로 삼았다. 그 세계는 아직 어디에도 없었지만 약속된 것이었다.(Debray 1996, 604면)

드브레, 펠뜨리넬리, 페터 바이스와 다른 여러 신좌파 대변자를 하나로 묶고 행동을 조직하는 여행으로서 시대를 인식하는 것은 특수한 역사 이해와 관련된다. 그런 시대인식에는 세 가지 관점이 돋보인다. 첫째, 미래는 구조적으로 과거와 다르다고 생각한다. 둘째, 미래를 '형성 가능한' 것으로 이해한다. 또한 역사는 목표 지향적 발전에 맡겨지고, '시대 속에서' 사회를 만들어내는 과제가 매번 그런 발전에서 도출될 수 있다. 셋째, 따라서 역사 발전은 가속화하거나 늦출 수 있다고 본다. 역사 발전은 혁명적 주체의 의식화 과정 및 활동 과정과 결부된다. 이런 전제에 따르면 역사는 집단적 주체가 만들어간다. 노동자계급이나 제3세계 해방운동 세력 및 주변부집단과 나란히 지식인, 비판적 인젤리겐찌야가 60년대에 혁명적 주체 역할을 맡아 사회변혁 과정의 아방가르드로 올라선다. 나아가 이 아방가르드가 사회 속에서 계몽과 행동을 통해 의식화 및 동원 과정을 작동시킬 수 있다는 확신이 지배한다.

　　"아주 작은 정치적 행동이 (…) 우리와 관련된 상황에서 새로운 인식으로 이어질 수 있다"는 생각은 신좌파라면 누구나 일정하게 공유한 중심사고였다. 1968년 1월 엔첸스베르거는 이런 생각을 "베를린 활동가의 상투어"라고 지칭하지만(Enzensberger 1968a, 159면), 그러한 '행동 우위'는 베를린의 루디 두취케와 프랑크푸르트의 한스 위르겐 크랄(Hans-Jürgen Krahl)이 이끈 SDS 반권위주의 진영에서 특히 두드러진다. 두취케와 크랄은 게바라의 게릴라 프로젝트를 지지하며 1967년에 "제3세계에서의 총구의 선전(체 게바라)"을 메트로폴리스에서의 "행동의 선전"으로 완성하자고 호소했다. 두 사람은 아방가르드를 자처하는 이른바 '혁명적 의식그룹'의 이름으로 '계몽적 대항신호'를 사회로 보내자고 촉구했다(Dutschke/Krahl, 94면). 게릴라와의 이런 관련성은 반권위주의 진영이 SDS 내부의 전통주의자와 선을 긋는 데 일조했다. 전통주의자는 조직을 행동의 전제조건으로 보며, 행동을 통한 동원이 아니라 (새로운) 정당 건설을 지향하는 경향이 있었다.

두취케는 1968년 7월 말~8월 초 전통주의자에 반대하는 입장을 거듭 강화하는 중이었다. 두취케는 4월의 총격 사건 후 머물던 요양소를 떠나 이딸리아로 갔다. 작곡가 한스 베르너 헨체가 싼마리노에 있는 별장을 숙소로 제공했던 것이다. 두취케는 곧장 1968년 9월 SDS 대의원대회에서 낭독할 원고를 쓰기 시작했다. 머릿속 생각을 정리하는 일이 어려웠다. 암살기도로 입은 부상 후유증이 남아 있었다. 기자들 때문에 작업이 중단되었다. 새 거처를 찾아낸 기자들은 두취케가 사치스럽게 산다고 독일에 알렸다. 8월 며칠간 울리케 마인호프까지 여름 손님으로 머물던 헨체의 별장이 이딸리아 기자들에게 둘러싸인다. 펠뜨리넬리가 두취케의 싼마리노 탈출을 위해 도움의 손길을 내민다. 두취케 가족을 우선 델라 로베레 백작부인의 별장에 묵게 한 펠뜨리넬리는 그곳이 다시 기자들에게 발각되자 밀라노에 있는 자기 집을 내준다. 거기서 두취케는 원고작업을 계속한다. 하지만 원고는 절대 공개되지 못할 운명이었다. 기자들을 완전히 배제할 경우에만 두취케가 SDS 대의원대회에서 원고를 낭독하겠다고 말했기 때문이다. 두취케의 원고에는 "거점들" 즉 "4개에서 최대 6개의 비밀 그룹"을 조직하자는 제안이 들어 있다. 비밀 그룹은 매년 4개월을 주요 기관(대공장, 사무실, 백화점, 지방기업, 경찰부대 등)에서 작업해야 한다. 또한 임금노동자를 "더이상 외부에서 관찰하지 않고, 같이 일하고 배우면서 그들에게 다른 것을 가르쳐야" 한다 (Dutschke-Klotz 1996, 210면). 그럼, 두취케도 펠뜨리넬리가 몰두하고 있던 게릴라 전략이나 거점에 대해 썼을까? 두취케의 "비밀 거점" 숙고는 프라하에서 라디오 방송을 타고 날아온 소식 때문에 더이상 진행되지 못한다.

16

'프라하의 봄'의 종언과 까스뜨로의 평가

프라하, 8월 21일: 8월 20일에서 21일로 넘어가는 밤 바르샤바조약국 군대가 무력으로 개혁을 저지하기 위해 체코슬로바키아로 행군해 들어간다. 체코의 개혁은 체코슬로바키아공산당(KPČ) 제1서기 안토닌 노보트니(Antonín Novotnýs)가 실각하고 1968년 1월 알렉산더 두브체크(Alexander Dubček)로 대체되면서 탄력을 받았다. 처음에 두브체크는 서기장 선출 수락을 미적거리며 자신은 "가장 노련한 인물도 가장 지적인 인물도" 아닌 후보라고 변명했다. 하지만 두브체크가 사회개혁운동 진영에 독자적 활동공간을 마련해주고 개혁사상을 곧 자신의 사상으로 여기는 인물일 뿐 아니라, 두드러진 체제변화의 길로 국가정책을 조종하는 법을 터득한 사람으로 판명되는 데는 그리 긴 시간이 필요하지 않았다 (Horský, 56, 85면).

1968년 체코슬로바키아공화국을 휩쓴 실험과 도취의 시기를 일컫는 '프라하의 봄'에서는 바르샤바조약국 탱크가 진입할 때까지 세 가지 과정이 함께 진행되었다. 첫째는 개혁공산주의자와 전통주의자가 권력지형의 변화를 둘러싸고 각축전을 벌이는 체코슬로바키아공산당 내부의 권력투쟁 과정이고, 둘째는 사회민주화와 근대화를 추구하는 시민운동의 동원과정이며, 셋째는 슬로바키아 민족해방운동의 전개과정이었다(Havel, XV면; Pauer, 32면).

당 수뇌부의 진용 변화와 더불어 당과 국가 및 사회의 민주화라는 목표가 닻을 올렸다. 1968년 4월 5일 체코슬로바키아공산당 「행동강령」이 채택되어 개혁운동의 이론적 토대를 놓았다. 당 고위 간부로 구성된 소그룹의 오랜 권력독점 철폐와 모든 사회조직의 일괄적 민주화가 「행동강령」에서 천명된 목표였다. 사회민주화 과정의 추동력이 다름아닌 지식인, 작가, 사회과학자, 저널리스트를 비롯한 체코 및 슬로바키아의 지식인층이었기에 프라하의 봄도 '지식인 혁명'으로 불렸다. 체코슬로바키아 국민의 시민적 용기와 자발성 및 자기조직화를 촉구한 「2천 단어 선언」에 대한 지식인의 활발한 참여도 그런 성격을 잘 반영했다. 나아가 국가와 사회의 관계전환이 추구되었다. 작가 블라도 미나치(Vlado Minač)는 정부에 비해 시민사회가 재평가받고 활성화되어 정치무대를 누비는 점을 설명하며 "국가권력은 쥐구멍으로 쫓겨났다"고 썼다(Horský, 72~73면).

작가연합이 단호하게 요구하고 새로운 당 의장단이 수행한 1968년 3월 4일의 검열 폐지안이 정치와 정치화에 대한 새로운 이해의 길을 여는 계기로 작용했다. 검열 폐지로 기능을 쇄신한 미디어와 여론은 국가정책 도구에서 의사소통과 여론형성 광장으로 거듭났다. 자유를 얻은 대중매체, 특히 신문과 방송은 50년대의 정치탄압 폭로와 희생자 복권이라는 과거청산 과정의 핵심 역할을 넘겨받았다. 나아가 '클럽 231'이나 '비정당인 사회참여 클럽'(KAN) 같은 조직이 만들어져 시민사회에 중요한 정치 활력소가 되었다. KAN은 체코슬로바키아의 중립국화와 '공산주의 없는 사회주의'를 요구했다. 얼마 지나지 않아 KAN 회원은 수만명을 헤아렸고 공산당에 맞서 대안을 내놓는 시민운동 그룹으로 자처했다. 이들은 체코슬로바키아공산당이 사민주의자와 비당원을 탄압했기 때문에 정치적으로 KAN이 필요했다(Skála, 24면). KAN에서 토론한 주제는 새로운 사회주의 구상, 현실사회주의 및 개혁 공산주의에 대한 대안, 인간적이고 민주적인 사회주의 등이었다. 사민주의 정당 설립도 검토하지만 소련의 압력으로 곧장 다시 포기했다. '클럽 231'은 10만명의 회원을 거느렸고 정치범 출신도 대거 포진해 있었다. 정치범 출신 회원은 철저한 복권뿐 아니라 국가의 권력남용에 대비한 지속적 권리보장도 요구했다. 슬로바키아에서 주로 활동하며 인권의 헌법 명문화를 주장한 '인권협회'라는 단체에서도 같은 목표를 내걸었다.

'프라하의 봄'에 고민과 토론을 거쳐 요구된 개혁목표의 스펙트럼은 넓었다. 개혁목표는 우선 인권제한 철폐를 법적으로 보장할 것(거주와 이전의 자유, 직업선택의 자유, 사상의 자유, 언론의 자유)과 사법권 독립을 통한 권력분립, 의회의 정부 통제, 정당에 대한 정부 강화, 억압적 국가기관 통제를 비롯해, 공산당 개혁과 독점지위 폐지 및 당내 민주화를 통한 '민주집중제' 극복, 그리고 1968년까지 공산당의 단순한 '전동벨트'로 기능한 사회단체들(노동조합, 청년단체 등)의 개혁 등에 이르기까지 광범한 영역을 아울렀다. 개혁은 공장 앞에서도 멈추지 않았다. 소유영역과 관리 및 결정 영역에서 사회주의 경제구조의 재조직화가 숙고되었다. 화가이자 경제학자인 오타 시크(Ota Šik)가 이끄는 팀이 이미 1963년부터 국가 계획경제를 시장경제 요소가 포함된 새로운 사회주의 경제 형태로 전환하는 구상을 준비하고 있었다. 두브체크가 4월에 "제3의 길을 걷는 그 경제학자"를 체코슬로바키아 경제개혁의 조정자로 임명함으로써 오타 시크의 계획은 날개를 달았다. 관료주의적·중앙집중적 계획경제에 맞서는 오타 시크의 개혁정책은 공장의 자치권 정착을 통해 지원사격을 받으며 힘을 얻었다.

1968년 5월 프랑스 대학과 공장의 파업운동이 '자주관리'를 주장할 때 오타 시크는 공장의 '자치구상'을 내놓았다. 일반적인 공장의 경우에는 10~30명, 대공장은 종업원의 30%까지 포괄하는 규모로 공장평의회 설립을 촉진한다는 구상이었다. 공장 지도부는 이제 투자계획과 합병, 경영합리화를 담은 제안을 공장평의회에 제출할 의무가 있었다. 공장평의회는 공장 지도부의 제안에 대한 거부권을 인정받았다. 6, 7월에 노동조합과 열띤 토론을 거쳐 최초의 공장평의회가 설립되었다. 비판적 지식인 대표들은 공장의 자치를 모든 사회기관으로 점차 확대하자고 요구했다(Skála, 18면 이하).

한편 슬로바키아인은 국가기관 내에서 민족자결권 강화를 주장했다. 또한 체코슬로바키아를 연방 형태로 만들고 체코인의 연방 지배를 막을 헌법상의 보장을 요구했다(Pauer, 30면). 체코슬로바키아공산당 기관지 『붉은 권리』(Rudé právo) 편집부에서는 공산당 의장단과 중앙위원회 서기에만 책임을 다하는 게 아닌 전체

당의 대변자가 되기를 원한다며 정책 형성의 독자적인 몫을 요구했다.

서방세계에서는 체코슬로바키아의 개혁 활력에 주목하고 공감 어린 눈길을 보냈다. 신좌파도 마찬가지였다. 3월 말 루디 두취케는 '기독교평화회의' 측의 프라하 초청을 받아들였다. 거기서 일어나는 일을 탐색하려는 목적에서였다. 부인과 아들 호세아 체가 동행했다. SDS의 목표와 전망, 전략을 알린다는 계획은 처음에는 물론 실현될 수 없었다. 서유럽 학생들을 단지 '난동꾼'으로만 보는 소련 특사가 가로막았던 탓이다. 두취케는 두브체크를 에워싸고 열광하는 장면을 우연히 목격하게 되었다. 4월 1일 벤체슬라스 광장에서 두브체크가 방금 끝난 대통령 선거 결과 루드비크 스보보다(Ludvík Svobodas)가 당선되었다고 선언했을 때였다. 대통령 선거는 노보트니 대통령이 내부 압력으로 당 의장에 이어 결국 대통령직도 물러났기 때문에 성사되었다. 어쨌든 두취케는 오후에 예상 밖의 발언 기회를 얻었다. '기독교평화회의' 성원들이 갑작스레 두취케의 연설을 듣기로 결정하고 공식 회의장을 떠나 음식점에 자리를 마련한 것이다. 두취케는 영어로 말했다. 온갖 형태의 권위주의 구조에 맞서 투쟁하는 국제 저항세력의 필요성을 호소하며 두취케는 이렇게 밝혔다.

"저는 실질적인 개인의 자유와 민주주의를 사회주의와 이어주는 새로운 길을 찾아야 하는 위대한 과제가 체코슬로바키아인의 두 어깨 위에 있다고 생각합니다. 부르주아적 의미가 아니라 진실로 사회혁명적인 의미에서 말입니다. 우리는 부르주아 민주주의의 폐지를 바라는 게 아니라 부르주아 민주주의를 새로운 내용으로 채우기를 진심으로 원합니다."(Dutschke-Klotz 1996, 192면)

　동구와 서구의 학생 저항세력은 한 가지 다른 점이 있었다. 양쪽 학생 저항세력이 현실사회주의에서 정치와 경제, 문화의 중앙집중화나 관료화 및 위계화 구조를 필히 극복해야 한다는 비판을 공유한다손 치더라도 마찬가지였다. 두취케는 프라하 카를대학 철학과 학생들의 요청으로 대강당에서 연설하며 이를 알게 되었다. 거기서 두취케는 주장했다. "서구식 대의제 민주주의는 공산당의 무소불위에 대한 대안이 아닙니다. 진정한 대안은 삶의 전분야를 포괄하는 '생산자 민주주의'일 따름입니다"(Dutschke-Klotz 1996, 193면). 하지만 맑스를 근거로 내세운 두취케는 전혀 호응을 얻지 못했다. 프라하 대학생들에게 맑스주의는 억압의 동의어일 뿐이었다. 그 학생들은 사회주의의 민주적 쇄신을 위한 접근법을 보헤미아 종교개혁가 얀 후스(Jan Hus)가 내놓은 테제와 씨름하며 찾고 있었다. 두취케의 맑스 해석을 학생들은 이해할 수 없었다.

　톰 헤이든도 1967년에 비슷한 경험을 했다. 그해 9월 헤이든은 미국의 베트남전 비판자와 북베트남 및 남베트남민족해방전선(NLF) 대표자가 모이는 회의에 참가하려고 체코의 브라티슬라바로 갔다. NLF를 인정하지 않는 미국 정부가 포로로 잡힌 미군 석방을 놓고 NLF와 협상을 벌일 수는 없었다. 헤이든은 이미 성공리에 중재자로 활동한 경험도 있었다. 헤이든은 전쟁포로 문제가 재차 다루어질 이번 브라티슬라바 회의에 참가하며 로버트 케네디의 지지까지 얻어냈다. 도착하자마자 브라티슬라바 여대생 안나 세브치코바(Anna Ševčíková)와 사랑에 빠진 헤이든은 그녀와 함께 브라티슬라바 및 프라하의 대학가와 청년문화에 빠져들었다. 물론 헤이든은 거기서 미국인으로서 자신이 왜 미국에 항의하는지 이해받지 못했다. 베트남전이 잘못된 일이고 미국에 인종문제가 있음을 설명하려 했지만 여자친구 안나는 믿을 수 없다는 반응을 보였다. 안나는 체코슬로바키아 신문에서 벌이는 미국 비판의 정반대가 진실이라고 생각했다. 신문에서 베트남전쟁이 미국의 제국주의가 드러난 것이라고 하면, 러시아인이 싸이공을 삼키려 한다는 뜻이라고 안나는 웃으면서 말했다. 헤이든은 안나 및 그 친구들과 일주일을 보내고 하노이로 떠났다. 하지만 상반된 현실인식을 모두 뛰어넘어 그들과 하나의 공통된 인식으로 묶여 있다는 헤이든의 생각은 20년이 지난 뒤에도 변하지 않았다. '유토피아적인 순간'이 손에 잡힐 듯 가까이 있다는 바로 그런 느낌이었다(Hayden 1988, 210면).

헤이든은 1968년 8월 21일 프라하의 봄이 진압될 때까지 안나와 편지로 긴밀한 연락을 주고받는다. 그후에도 헤이든은 안나에게 계속 연애편지를 쓴다. 헤이든은 안나와 산책하던 프라하 거리와 광장으로 러시아 탱크가 굴러다니는 광경을 TV로 목격한다. 체코슬로바키아공산당(KPČ)의 임시당대회가 8월 22일에 한 공장에서 열린다는 소식도 듣는다. 그것은 일국의 정부를 구성하고 있지만 불법으로 당원을 소집해야만 하는 공산당의 제1차 당대회였다. 당 수뇌부는 겨우 당대회 소집 깃발만 올리고는 체포, 호송되었다. 하지만 임시당대회 대의원들은 당내 민주화를 분명히한다. 당의 모든 조직에 비밀선거를 도입하고, 이견을 가질 권리를 단호히 확인한다. 소수파에게도 자기 입장을 고수할 권리와 의사록 기록 요구권이 주어진다. 당대회 대의원들은 1월부터 시작된 변화의 요체가 '반혁명'이 아니라 사회주의 강화를 위한 조치라고 역설한다. 그리고 체포된 당원의 석방과 시민권 회복, 점령군 철수를 요구한다. 대의원들이 호소한 1시간 총파업이 그 요구에 힘을 실어줄 것으로 기대된다. 총파업 호소는 전국에서 호응을 얻는다(Horský, 217면 이하).

소련의 군사 개입은 체코의 분열을 낳거나 공산당 개혁에 대한 민심 이반을 야기하기는커녕 1월 이후 얻은 자유를 지키려는 노력으로 이어진다. 간섭 세력의 전략, 즉 당과 체코 국가 내 지도급 인사들의 도움 요청을 따를 뿐이라고 주장하며 협력자들을 앞세워 새 정부를 구성하려는 전략은 먹혀들지 않는다. 전국에서 점령군에 맞선 저항이 일어난다. 다름아닌 비무장 저항이었다. 남녀노소 할 것 없이 탱크에 맞서고 점령군의 물리력 우위에 무릎 꿇지 않는다. 저항 능력을 보여준 것이다. 점령 첫날 아침 7시 35분 체코슬로바키아 방송에서는 "토론이 우리의 유일한 무기"라고 호소한다. 바르샤바조약국 군대의 프라하 진입을 목도한 독일 작가 하인리히 뵐은 무엇에 가장 깊은 인상을 받았느냐는 질문에 이렇게 대답한다. "젊은이들이 러시아 군인과 쉬지 않고 토론하는 모습입니다. 탱크 한 대가 서 있거나 초병 하나라도 있으면 젊은이들은 어디서든 적대감이나 분노 없이 정열적으로 열렬히 대화를 반복하고 설득을 시도했습니다."(Horský, 238면)

전국 방방곡곡의 거리와 담벼락에, 기차와 자동차 및 화물차에 그림이나 슬로건, 풍자화나 성명서 등이 나붙는다. 프라하는 "세상에서 가장 거대한 플래카드"로 탈바꿈한다. 프라하 벤체슬라스 광장은 뻬이징 문화혁명의 모습을 떠올리게 한다. 체코슬로바키아 저항세력은 몇몇 특정 장소에서는 점령군에 맞선 비폭력 저항 형태를 내던진다. 그중 한 곳이 방송사 건물이다. 바리케이드가 세워지고 불길이 치솟으며 전투가 펼쳐진다. 시민 사망자가 나온다. 점령군도, 그에 맞서는 체코 저항세력도 방송국을 핵심 장소로 본다. 점령자들은 방송에 재갈을 물리려고 갖은 노력을 다한다. 저항세력은 언론인들의 지지 속에 모든 수단을 동원해 방송 장악을 지속하려고 애쓴다. 정당과 정부, 시민 사이의 소통 유지를 위해서도, 대내외적인 저항세력의 연결과 협력을 위해서도 방송은 핵심 고리였기 때문이다. 저항세력은 방송사 건물을 둘러싼 투쟁에서 결국 패배하지만 송신소를 잃지는 않는다. 방송사 건물 외부의 스튜디오를 통해 방송은 계속 진행할 수 있었다. "슬로바키아 방송은 계속된다." 8월 24일 새벽 6시에 하르트무트 츠바(Hartmut Zwahr)라는 역사가가 일기장에 기록한 내용이다. 역사가는 8월 21일부터 체코슬로바키아 사건을 독일 라이프치히에서 라디오로 추적하며 방송내용을 기록하고, 방송장애 사실과 방송교란 시도까지 기록으로 남긴다. 나아가 탱크의 프라하 진입에 맞서는 이딸리아 및 프랑스 공산당 측의 항의와 영국에서의 대중 시위도 기록한다(Zwahr, 126~27면).

한편 체코슬로바키아의 저항에 동의하지 않는 목소리가 있었다. 세계를 놀라게 한 피델 까스뜨로의 목소리였다. 까스뜨로는 8월 23일에 처음으로 입장을 표명한다. 아바나대학 지리학부에서

가르친(1962~68) 모리스 핼퍼린(Maurice Halperin)은 아바나 주재 소련 대사관이 까스뜨로에게 압력을 넣었다고 추측한다. 그 결과 까스뜨로가 체코슬로바키아는 "반혁명으로, 자본주의로, 제국주의의 품으로 가고 있기에 무슨 일이 있어도 긴급히 저지되어야 한다"고 말했다는 것이다. 까스뜨로의 입장표명 후에 다시금 소련 석유가 꾸바로 흘러들어간 것은 사실이다. 석유는 1969년 1월 꾸바혁명 10주년 기념일까지 더 나은 혁명의 결산표를 제출하기 위해 투입되었다(Halperin, 316~17면).

까스뜨로의 입장표명 연설이 있던 날 라이프치히의 역사가 츠바는 "프라하의 수정주의가 (…) 실은 사회주의의 미래"이고 "단일한 세계 사회주의운동"은 이런 토대 위에서 다시금 가능해 보인다고 썼다(Zwahr, 126면). 톰 헤이든도 프라하의 봄이 낳은 가능성 확장의 희망을 놓지 않는다. 여자친구 안나를 줄곧 생각하기 때문만은 아니었다. 프라하와 시카고는 헤이든의 머릿속에서 서로 이어져 있었다. 시카고도 당대회라는 것을 앞두고 있었고 저항세력이 시민저항을 준비하고 있었다. 프라하처럼 시카고도 도처에 벽보와 플래카드가 나붙었다. 이런 내용의 플래카드도 있었다. "체카고[13]에 오신 것을 환영합니다!"(Hayden 1988, 311면).

13) 체카고(Czechago)는 체코와 시카고의 합성어로, 시카고가 체코(프라하) 같은 '탄압의 도시'임을 조롱하는 말이다.

17

시카고 저항의 폭발과 내파

시카고, 1968년 8월 말: 미시건 호수를 끼고 있는 시카고로 8천
~1만명 정도의 시위자가 몰려왔다. 하지만 주최측의 기대에 훨씬
못 미치는 수였다. 시위자들을 맞이한 것은 민주당 전당대회 기
간 동안 12시간을 휴식 없이 투입된 경찰 1만 1천명과 주방위군 6
천명, 육군 750명, FBI 및 CIA 요원 1천명이었다. 리처드 데일리
(Richard Daley) 시카고 시장이 이끄는 시정부는 민주당 전당대
회장 주변의 집회 신청을 모조리 거부하고, 시위자들이 콘써트
또는 연극상연을 위해 시카고 공원에 모이거나 야영할 권리조차
허용하지 않았다. 저항운동 조직자들의 기대와 달리 시정부는 시
위자들이 도착하고 8월 26일 전당대회가 시작될 때까지 결정을
바꾸지 않는다. 데일리 시장은 워싱턴 정부에서 자기 노선을 지
지할 것을 알고 비타협 정책을 밀고나간다. 데일리는 수도의 정
치가들과 자신의 방책에 대해 벌써 협의를 마친 터였다. 이미 8월
22일에 경찰이 인디언계 17세 소년을 링컨 공원에서 사살하는 일

이 벌어졌다. 소년이 경찰을 죽이겠다고 위협했다는 게 공식 해명이었다. 시카고에 들어온 톰 헤이든의 일거수일투족을 감시하던 경찰이 말한다. "여기서 당장 너를 죽여야 해." 경찰은 헤이든에게 이렇게 덧붙인다. "너는 연방 법정에 기소되고 장시간 콩밥을 먹게 될 거야."

시카고 반베트남전 시위의 공동 조직자인 헤이든은 그런 협박에 굴하지 않고 "경찰국가의 실체가 시카고 거리에서 또렷이 드러나게 할" 작정이었다. 헤이든은 경찰과 시위대가 충돌할 경우 피를 볼 수도 있다고 내다보지만 비폭력 시민저항을 고수하기를 바란다. 시위 인솔자들은 경찰을 공격하지 않고 저지선을 돌파하려고 일본 학생조직 '전학련'(全學連, 젠가꾸렌)의 모범을 좇아 시위대와 '뱀춤'[14]을 연습한다. 경찰 공격에 맞서 시위대를 보호하기 위한 카라테 연습도 동원된다. 헤이든은 경찰이 공격할 것이라는 예상이 시위대의 결속을 다진다고 생각한다(Hayden 1988, 299, 302면).

경찰 공격을 예측했기 때문에 저항운동 측이 비폭력행동에서 폭력행동으로 옮겨갈 준비태세를 강화했을까? 사회학자이자 미국 SDS의 옛 회원으로서 젊은 후배들의 시위에 '고참부대' 대표로 참가하려고 시카고에 온 토드 기틀린(Todd Gitlin)은 운동 진영의 생각과 행동에서 폭력 수위가 고조된 증거가 있다고 본다. 평화운동 쪽의 데이브 델린저(Dave Dellinger)와 레니 데이비스(Rennie Davis)가 '시카고 지침'으로 선전한 '전투적인 비폭력' 공식이 그 증거이고, 학생들이 죽을지도 모른다는 헤이든의 예측도

14) 일명 '지그재그 데모'로도 불리는데, 뱀처럼 줄지어 어깨나 허리를 잡고 경찰 저지선을 돌파하는 시위 방식을 말한다.

마찬가지라는 것이다. 그렇다면 헤이든은 시카고에서 진짜로 폭력을 호소했을까? 헤이든은 '항의에서 저항으로'의 이행이라는 미국 SDS 공식을 경찰과의 가두투쟁이라는 뜻으로 해석했을까?

헤이든이 회고하듯 당시 많은 사람들에게 "저항이란 체포될 때까지 경찰과 가두투쟁하는 것"을 의미했다(Hayden 1988, 204면). 토드 기틀린의 눈에는 헤이든 자신도 갈팡질팡하는 듯 보였다. 그해 봄 헤이든은 "월, 수, 금요일에는 남베트남민족해방전선의 게릴라 대원"처럼 행동하고 "화, 목, 토요일에는" 암살당하기 직전까지 로버트 케네디와 통화했다(Gitlin, 322면). 하지만 헤이든은 2007년 10월 기틀린의 말이 틀렸다고 밝힌다. 캘리포니아 컬버씨티에 위치한 자기 사무실의 로버트 케네디 대형 선거 포스터 아래에 놓인 알록달록한 쏘파에서였다. 당시 자신은 결코 심적 갈등을 겪지 않았다는 것이다. 1968년 6월 6일 로버트 케네디가 암살되고 나서도 그랬을까? 그때도 비폭력 저항에서 폭력 저항으로의 이행을 생각지 않았다는 말일까? 헤이든은 머리를 가로저으며 "그런 생각을 하지 않았다"고 말한다.

그러나 시카고 사건 얼마 뒤인 1969년 3월에 검찰은 저항을 조직한 혐의로 헤이든을 기소하고, "3인 이상이 폭력행사나 폭력위협에 가담하는 공공소요를 고무할 목적으로" 헤이든이 음모를 꾸몄다고 주장했다(Hayden 1988, 343면). 검사는 FBI 요원이 세 차례에 걸친 헤이든의 연설에서 받아쓴 발췌문을 증거로 제시했다. 헤이든은 우선 "시위자들이 민주당 전당대회를 카오스로 밀어넣어야 한다"고 말하고 '시카고 폭동을 희망한다'고 발언한 책임을 져야 했다. 또한 "피를 보고" "규칙을 깰 것"을 호소한 죄가 있었다.

(실제로 헤이든은 시위자들이 피를 흘릴 각오를 해야 하고, "날조되고" 조작된 정치의 경기규칙을 깨뜨려야 한다고 말했다.) 헤이든의 마지막 죄목은 시카고 힐튼호텔 앞의 폭력대결 선동이었다 (Hayden 1988, 345면).

　한편 이피(Yippie)들은 '폭력적인 것'이 아닌 '삶의 축제'를 위해 추종자를 시카고로 초대했다. '이피'는 "에너지−홍분−재미−야생성−느낌표"를 대변한다. 이피는 히피와 결부되지만 히피를 죽은 것으로 선언한다. '청년국제당'(Youth International Party), 즉 Y.I.P. 혹은 YIP 속에서 히피를 지양하는 동시에 히피의 토대를 새로 확립하기 위해서였다. 이피의 상징은 'Y'이다. 이피는 청년국제당의 '당'(Party)이라는 단어가 '정당'을 말하는지 아니면 '파티(축제)'를 말하는지 명시하지 않고 열어놓는다. 강령도 없었다. 이피가 볼 때 강령은 운동을 메마르게 한다. 그럼 무엇을 할 것인가? "전혀 다른 삶을 사는 것"이다. 주변 사람들에게 그런 삶을 환기시키고, 그들을 자극하고 간섭하며 영향을 미치고 함께 하기 위해서였다(Hoffman, 51~52면). 1967년 말 '청년국제당'을 세운 애비 호프먼(Abbie Hoffman)과 제리 루빈(Jerry Rubin)은 쌘프란씨스코 '마임 트룹'(SFMT)의 모범에 따라 활동한다. '마임 트룹'은 베르톨트 브레히트(Bertolt Brecht)와 앙또냉 아르또(Antonin Artaud)의 연극을 발판으로 삼는 극단이다(Faber, 8면). 호프먼과 루빈은 삶과 연극은 같은 것이라고 본다. 두 사람은 예술과 삶의 대립을 극복하는 '삶의 예술가'로 자처하며, 의상과 소품 및 즉흥연기 같은 연극 재료를 품고 무대가 아닌 "진짜 삶이 있는 곳"으로 간다(Faber, 8면).

1936년생 애비 호프먼은 캘리포니아 버클리대학에서 심리학을 공부했다. 또한 1963년부터, 백인 회원이 모두 제명되는 1966년까지 '비폭력학생협력위원회'(SNCC)의 활동가였다. 호프먼은 새로운 형태의 사회참여와 공동체를 추구하며 동부 해안에서 뉴욕 로우어 이스트싸이드의 히피운동에 가담했다. 호프먼은 '거리 연극'의 경기규칙을 행동으로 옮겨오는 능력을 기반으로 '이탈자'와 '약물 사용자' '약물을 통해 환상과 현실을 오가는 사람들'의 세계에서 재빨리 이름을 알렸다. 1967년 마지막 날 호프먼의 뉴욕 아파트에서 세상에 불려나온 '청년국제당'(이피)은 68년 1월 16일부터 '시카고 축제'를 공개적으로 선전했다. 이피는 5십만 젊은이가 웃고 노래하고 춤추며 시카고 거리를 가로지르고 '자유로운 미국'을 찬양하기를 꿈꾸었다. 이피는 많은 연극집단과 음악그룹이 서명한 최초의 선언문에 이렇게 썼다. "우리는 우리 자신의 현실을 창출할 것이다. 우리는 자유로운 미국이다." (Faber, 17면).

제리 루빈도 '삶의 축제'라는 계획을 처음부터 지지했다. 1938년생으로 호프먼보다 두살 아래인 루빈은 호프먼처럼 직업혁명가를 자처했다. 1964년 학생반란이 시작된 바로 그 시점에 루빈은 버클리로 왔다. 루빈은 거의 모든 반베트남전 시위에 참가했고, 1967년 10월 '펜타곤 행진'을 계기로 파란을 일으키는 행동에 가담한다. 그 행위는 미 국방성을 흔들어놓으려는 시도였다. 루빈은 호프먼이 포함된 총천연색 의상의 '소음 유발자와 마녀'들과 힘을 모아 사악한 망령을 모두 펜타곤에서 몰아내려고 했다. 이를 위해서는 장난 같은 연출로 마귀 쫓는 노래를 반복함으로써 펜타곤을 1백 미터 높이로 끌어올려 뒤흔들어야 했다(Faber, 13면).
익살로 군사기관에 맞서는 전선을 구축하려는 시도였다. 말로는
사람들에게 더이상 어필할 수 없다고 확신한 호프먼과 루빈은 연
극적 요소를 동반한 행동에 기대를 걸었다. 두 사람은 '거리 연
극'이라는 수단을 동원한 사회비판을 게릴라 활동으로 보았다.
루빈은 호프먼과 계획한 것이 "성직자를 비롯해 신성한 달러에서
부터 양당체제까지 포괄하는 권위의 성역을 공격하는 일"이라고
생각했다(Faber, 21면).

호프먼은 '게릴라 연극'이 '삶의 예술가'라는 존재로 가는 도정
이라고 보았다(Hoffman, 81면). 호프먼과 루빈은 게릴라 연극을 위
해 대본을 필요로 하지 않았고, 오히려 행동에서 등장하는 장면
을 통해 원하는 바를 표현했다. 하지만 이런 장면이 완전히 즉흥
적으로 나오지는 않았다. 나름의 연출법이 있었다. 성공한 연출
법 사례로 호프먼과 루빈은 '그랜드 쎈트럴 터미널 행동'을 꼽았
다. 그 행동으로 둘은 미디어의 스포트라이트를 받고 히피에서
이피로의 전환도 잘 보여주었다.

1968년 3월 22일 자정 직전 히피 6천명이 봄의 시작을 축하하
기 위해 호프먼의 호소를 따라 뉴욕 그랜드 쎈트럴 터미널 건물
로 갔다. 몇몇이 노래를 부르고 풍선을 날리는 동안 다른 이들은
"롱 핫 써머" 또는 "번, 베이비, 번"을 외쳐대며 터미널 안내소
지붕 위로 올라갔다. 색깔 봉지 두 개가 공중으로 날았다. "꼼짝
마, 이 새끼야!"라는 글귀가 쓰인 깃발이 펼쳐졌다. 누군가 터미
널 홀의 시계바늘을 부러뜨렸다. 히피들은 구정공세 동안 잠시
싸이공을 차지한 베트콩처럼 한 공간을 점령했고, 최소한 자기인

식 속에서는 '시간의 지배권'을 접수했다. 히피들은 빠리 꼬뮌의 노동자가 '시계에 발포하는 모습'을 비폭력적으로 재구성하고 행동을 통해 경찰 투입을 야기했다. 뉴욕 경찰은 터미널 홀에서 벌어진 봄의 축제에 대한 사전경고나 해산요구도 없이 그 야행성 젊은이들에게 달려들어 손에 잡히는 족족 곤봉으로 두들겨댔다. 얻어맞는 쪽에선 나치 경례식으로 "지크 하일! 지크 하일!"을 외치며 경찰에 맞섰다. 히피 청년 하나가 두 경찰에게 유리창으로 머리를 찍히고 호프먼은 의식을 잃도록 얻어맞았다. '뉴욕시민자유연합'의 변호사는 뉴욕에서 이례적인 경찰의 야만성이 폭로되었다고 밝히고 신문은 그 사건을 '경찰 폭동'으로 기록했다(Gitlin, 238~39면). 이피가 평화적 수단과 사물에 대한 장난스런 폭력을 동원해 국가의 폭력기구를 폭로하는 데 성공한 것이다.

시카고에서도 장난 같은 현실대응이 흥분과 억압을 야기한다. 시카고 수도관에 LSD 마약을 투입하려고 한다는 초현실주의적 예고로 애비 호프먼이 신문의 헤드라인을 장식하고, 데일리 시장이 상수도를 24시간 감시하도록 지시하는 일이 벌어진다. 얼마 뒤 호프먼이 10만 달러면 LSD 투입 생각을 접고 시카고를 떠날 준비가 되어 있다고 밝히자 "이피들이 시카고에 현금을 요구한다"는 머리기사가 뜬다. 호프먼은 이런 반응을 즐긴다. 그리고 헤이든의 '베트남전 종식을 위한 전국 동원위원회'(MOBE)보다 자기 방식이 미디어 효과가 훨씬 크다고 생각한다. 장난과 조롱으로 '권위'에 도전하는 행위는 계속된다. 호프먼은 히피들에게 시카고 공원에서 사랑을 나누거나 발가벗고 미시건 호수에서 요트를 타고 민주당 전당대회 동안 대의원의 아내나 딸을 유혹할 기회를 찾으라고 호소한다. 호프먼은 이마에다 '퍽'(fuck)이라고 쓰고 레스또랑에 나타났다가 경찰에 체포되어 13시간 유치장 신세를 진다(Hoffman, 67면).

이피는 시카고 시위자들에게 자기만의 방식으로 영향을 미치기를 원하고 '기쁨의 정치' '희망의 정치' '황홀의 정치'로 기성 정치에 맞서려 한다. 이피는 이미 확실해 보이는 민주당 전당대회 결정에 영향을 미치는 게 아니라 "매카시[15]의 아이들"에게 어떤 것을 보여주기를 원한다. 이피가 선보이고 싶은 것은 바로 "경찰국가에서 사는 경험과 우리 대안사회의 아름다움"이다(Hoffman, 65면). 이런 '다른 사회'는 협력과 평등 위에 건설된다. 그 사회에서는 모든 인간, 특히 젊은이의 창조력 발산을 가능케 하고 장려한다.

민주당 전당대회가 시작되는 8월 25일 이피들은 2백 파운드짜리 돼지를 '불멸의 피가수스'[16]라 이름붙여 시카고 거리로 몰고 나온다. 이피는 부패한 정치인이 연극에서 돼지로 그려지는 것에서 영감을 받아, '피가수스'를 연극하듯 시카고 거리로 몰고다니며 대통령으로 뽑으려 한다. 이는 미국 정당제를 연극적으로 비판한 것이었다. 그 행동으로 이피는 신문사 사진기자와 방송 카메라맨을 불러모은다. 제리 루빈이 돼지를 대통령으로 선출하려고 연설을 시작하자 경찰이 개입한다. 루빈과 아내 및 친구들,

---

15) 미국의 1950년대 전반기를 반공주의 마녀사냥의 공포로 몰아넣은 주역인 상원의원 조셉 매카시(Joseph McCarthy)를 말한다.
16) 피가수스(Pigasus)는 그리스 신화에 나오는 페가수스(Pegasus)와 돼지(Pig)의 합성어이다.

'불멸의 피가수스'도 체포된다. 루빈 그룹은 시위자들의 압력으로 곧장 풀려나지만 돼지는 유치장을 떠나지 못한다. 무엇보다 이 일로 돼지는 "미디어 히트"를 기록하고, 시위대가 '피가수스'를 석방하라고 촉구하는 일이 벌어진다.

한나 아렌트의 『폭력론』에 따르면 권위는 웃음으로 가장 쉽게 무너진다. 애비 호프먼은 이를 알고 있었고 법정에서까지 전력을 다해 권위에 맞섰다. 호프먼은 이데올로그나 전략가가 아니라 '상징의 디자이너'로 자처했다. "주먹을 보여주고 웃기를" 바란 호프먼은 상징적 대결을 불러일으키려고 노력했다(Hoffman, 71면). 그래서 이피를 베트콩에 빗대어 '플라워 콩'이라 불렀다(Hoffman, 83면). 톰 헤이든도 호프먼에 못지않았다. 1968년 12월 헤이든은 시카고 소요 건으로 '반미행동조사위원회'에 출석해 해명에 응했다. "헤이든 씨, 지금 당신의 목표는 현행 미국 민주제를 파괴하는 것입니까?" 헤이든은 "농담을 하시는군요"라고 받아친 뒤 "다시 한번 묻겠습니다"라는 집요한 질문에 이렇게 답한다. "음, 저는 그 현행의 미국 민주제라는 것이 대체 존재하기나 하는지 의문입니다. 저는 여러분이 이런 종류의 위원회를 가지고 미국 민주제를 파괴하고 있다고 봅니다"(Hayden 1988, 306면).

SDS의 상징인물 헤이든과 이피의 대변자 호프먼이 공유한 믿음은 억압적 구조와 대결하는 가운데 학습과정이 촉발되어 인식과 생각, 관점이 변할 수 있다는 것이었다. 마르쿠제는 체제를 부정함으로써 체제의 도덕과 문화에서 벗어나는 동시에 거부를 유발하는 것을 '새로운 감수성'이라 불렀다. 1969년 마르쿠제는 확인한다. "작금의 반란자들은 새로운 것을 새로운 방식으로 보고

들고 느끼기를 원한다. 이들은 해방을 통상적 인식방식의 해체와 결부시킨다"(Marcuse, 61면). 호프먼만큼 마르쿠제의 진단을 입증한 사람은 거의 없었다. 호프먼은 이렇게 썼다. "나의 현실 구상은 내가 보고 만지고 느끼는 것에서 나온다." 그렇게 경험하지 않은 "그밖의 일은 내게는 존재하지 않는 것이다."

호프먼과 헤이든은 이른바 '시카고 8인' 소송에서 시카고 저항의 조직자로 기소되었다. 두 사람은 법정 안에서는 하나로 맞섰지만 법정 바깥에서는 사고방식이 달랐다. 둘을 묶어준 것은 '참여민주주의' 요구였는데, 헤이든이 SDS 「포트 휴런 선언」에서 이론적으로 발전시켰고 호프먼도 공유한 것이었다. 하지만 두 사람이 '참여민주주의'로 가는 방식은 같지 않았다.

호프먼은 내적·외적 강제를 해방함으로써 자기실현을 밀고나갔다. 호프먼에게 '참여민주주의'란 모두가 자기 자신의 주인이 되는 것을 뜻했다. 따라서 '참여민주주의'는 본질상 자기결정이었다(Faber, 13면). 호프먼은 약물의 힘을 빌린 의식 확장을 자아발견의 길로 보았다(Hoffman, 39면). 심리학도로서 개인의 내면세계에 흥미를 가졌던 것이다. 그에 반해 헤이든은 사회학도였기에 일차적으로 '내부세계의 외부세계'에 관심이 있었다. 헤이든에게 '참여민주주의'는 공동결정과 자치, 그리고 사회집단 내에서 사회집단과 함께하는 현장 활동이었다. 헤이든의 목표는 "인종을 초월하는 빈민운동"이었다. '비폭력학생협력위원회'(SNCC)의 흑백 분리정책으로 이런 목표가 수포로 돌아가지만 헤이든은 인종을 초월하는 빈민운동이라는 유토피아를 고집했다. 헤이든은 시카고 시위를 위해 SNCC의 지지를 얻으려고 노력했고 결국 얻어냈다. 하지만 베트남전 종결을 목표로 설치된 MOBE가 성공하기를 바란다면 되도록이면 폭넓은 스펙트럼의 그룹과 부문운동을 동원해야 할 게 틀림없다고 보았다. 그러므로 SDS의 급진적 회원뿐 아니라 온건한 평화운동 활동가도 끌어안는 전쟁 반대자 연합을 창출할 필요가 있었다. 상황이 그렇다보니 시카고 민주당 전당대회를 계기로 준비된 반전 캠페인에서 결코 폭력적인 직접행동을 밀고나갈 수는 없었다. 비록 계획적으로 신중하게 사용한다 해도 폭력은 반전연합의 허약한 토대를 깨뜨릴 여지가 있었다. 헤이든이 볼 때 다양한 집단의 출현을 담보하려면 전국에 산재한 '풀뿌리 조직'이 필요했다. 이들 조직이 전쟁과 제국주의, 기아와 인종주의의 연관성을 설명하고 현장에서 회원들과 토론하며 현장그룹을 시카고로 이끌어야 했다(Faber, 90면). 시카고는 그 해의 거대한 저항사건이 되어야 했다.

바로 이런 일을 시카고 시장 데일리가 막으려 했다. 민주당원 데일리는 자기 당의 전당대회를 1956년 이후 처음으로 다시 시카고에 유치하기 위해 백방으로 뛰어다니고 있었다. 전당대회가 차질 없이 진행되기를 원하던 데일리는 반격으로 나갔다. 우선 시카고로 오려는 히피의 기를 죽이기로 작정했다. 시카고는 히피에게 어떤 무대도 제공하지 않을 것이었다. 데일리는 전당대회 방해 목적으로 시카고에 오는 선동가는 시정부의 협조를 기대할 수 없을 것이라며, 스스로 지시한 히피의 공연허가 거부를 정당화했다. 하지만 데일리는 시카고의 평화 그룹들에도 도심에서 시위할 권리를 내주지 않았다. 그런 전략은 효과가 있었다. 당초 '삶의 축제'에 참가하겠다고 밝힌 음악그룹과 연극집단이 공연허가를 받지 못했다는 이유로 거의 모두 시카고행을 취소했다(Faber, 54면). 기대하던 수십만명 대신 겨우 2천명의 히피만 '삶의 축제' 개막식에 왔다. 나중에 수천명이 추가로 밀어닥친 것도 사실이나, 대부분 인근 히피로, 호프만과 루빈의 계획에 든 전국의 '대안 그룹들'이 아니었다. 평화운동 진영의 온건한 전쟁 반대자도 시위허가 없이 나오느니 집에 머무는 편을 택했다(Faber, 171면).

폭력행동에 연루될지 모른다는 두려움 때문에 많은 사람이 발을 빼고 물러났다. 톰 헤이든은 폭력행동 연루 가능성을 항상 지적해왔다. 토드 기틀린은 헤이든의 그런 발언을 "쌘프란씨스코에 가려면"이라는 팝송 가사를 패러디해 다음과 같이 비꼬았다. "시카고에 가려면 머리 보호대(영어로는 철갑)를 잊지 마세요"(Gitlin, 324면). 하지만 기틀린은 데일리 시장에게 원인이 있는 시카고의 폭력행동을 헤이든이 예측한 것은 고려하지 못했다. 데일리는 시위대와의 대결에서 최소한의 폭력만 사용한다는 시카고 경찰청장의 전략을 전당대회 전야에 신랄히 비판했다. 그러면서 "방화자나 화염병 소지자는 모두 잠재적인 살인자니까 사살하거나 죽이라"는 명령을 시카고 경찰 전체에 발동하라고 경찰청장에게 요구했다(Faber 145면).

데일리는 나중에 이런 요구에서 한발 물러나지만, 최소한의 폭력 사용을 옹호하는 경찰 전술에 대한 비판을 무르지는 않았다. 시카고 시의회도 경찰 치안부대가 소요를 가능한 한 조기에 진압하도록 부추기려 애쓰며 경찰 전술에 개입하고 나섰다. 시카고에서 저항 그룹의 형성을 감시하고 거기에 침투하기 위해 비밀 정보기관 요원이 투입되었다. 1978년 CBS 방송의 추측에 따르면 당시 시위자 6명 가운데 하나는 비밀요원이었다(Miller, 297면). 가령 제리 루빈이 '불멸의 피가수스'에 대한 연설을 시작하기 직전 비밀요원이 어떤 여성 시위자를 통해 루빈에게 가방을 전달하려고 시도했다. 가방에는 마리화나가 들어 있어, 선동을 시작하기 전에 루빈을 범죄자로 몰아버릴 심산이었다. 하지만 해당 여성이 내용물을 힐끗 들여다보는 바람에 가방은 루빈에게 전달되지 않았다.

우려하던 폭력 대결은 8월 23일에 일어난다. 이날은 대통령 후보를 정하는 투표가 시작되기 전에 민주당 전쟁 반대자가 마지막으로 주장을 펼 수 있는 때였다. 그랜트 파크에 집결한 시위대는 경찰이 해산 작전을 시작하자 경찰 저지선을 돌파한다. 시위자들이 성조기를 깃대에서 끌어내려 불태우자 경찰이 행동을 개시한다(Fraser, 287면). 경찰 대오를 뚫고나온 시위자들은 개별로 또는 그룹을 이루어 힐튼호텔로 움직인다. 호텔에는 민주당 대통령 후보를 놓고 경합중인 유진 매카시와 허버트 험프리(Hubert Humphrey)를 비롯한 전당대회 대의원들이 숙박하고 있었다. 매카시는 호텔 앞 거리 상황이 첨예하게 치달을 때 호텔 방 창가에 서 있었다. 경악한 매카시는 눈앞에 펼쳐진 광경을 화가 브뤼겔(Brueghel)의 그림에 비견한다(Faber, 201면). 도주하는 시위자를 구타 경찰로부터 보호하려고 매카시는 자기 캠프 수행원이 묵고 있는 15층을 개방하도록 한다. 하지만 얼마 지나지 않아 경찰이 추격해온다. 경찰은 호텔에서 물건이 거리로 내던져진 위치를 파악해 15층으로 밀고들어간다. 경찰은 여기서도 시위자와 저널리스트, 매카시 선거운동원을 불문하고 무작위로 두들겨팬다. 매카시 추종자는 경찰의 '게슈타포 방식'을 신랄히 비난한다.

힐튼호텔 앞에서 경찰 공격에 직면한 시위대는 "전세계가 보고 있다!"고 외친다. 항의행동을 벌이는 도중 경찰 진압에 내맡겨진 시위자들은 지금 일어나는 일이 뉴스로 세계에 타전될 장면이라고 생각한다. TV 방송이 돕는다. 전당대회의 토론 및 표결 장면과 힐튼호텔 앞 시위대 모습이 뒤섞여 편집된 채로 방송을 탄다. 그 결과, 꼭 그렇지는 않음에도 불구하고 전당대회장 '안과 밖'의 사건이 시간상 겹치고 서로 밀접히 관련된 듯이 비친다. 시카고 시장과 시의회 입장에서 이런 식의 TV 보도는 '실재'에 부합하지 않는 '씨뮬레이션의 세계'를 뜻한다. 카메라맨과 기자가 시위자를 감싸고 시카고에서 '실제로' 일어난 일을 과장한다는 것이다 (Faber, 252면).

시위대와 TV 기자가 공히 원한 것은 영상 형태로의 정보 전달이다. 애비 호프먼은 맑스보다 커뮤니케이션 이론가 마샬 맥루한 (Marshall McLuhan)을 더 많이 읽은 것을 자랑으로 여긴다. 카메라에 찍히기 위해 시위자들은 장소를 점거하고 행동으로 저항을 연출해 미디어의 관심을 끈다. 시카고 저항운동의 탄압 장면을 담은 영상과 저항운동의 외침은 실제로 전세계로 전해진다. 하지만 토드 기틀린이 강조하듯 미디어 보도의 영향력은 과대평가되지 말아야 했다(Gitlin, 279면). 미국인은 여론조사 내용처럼 대부분 데일리 시장의 시위 대응방법을 인정한다. 데일리는 13만 5천 통의 격려 편지와 겨우 5천 통의 비난 편지를 받았다고 주장한다 (Faber, 205면). 시위대가 기대한 여론의 급변은 일어나지 않는다. 베트남전 반대자 유진 매카시는 대통령 후보 선거에서 허버트 험프리에게 무릎을 꿇는다. 이제 어떻게 해야 할 것인가? 잭 뉴필드

(Jack Newfield)가 쓰듯 시위자들은 언덕 꼭대기에서 돌을 굴렸고 이제 혼자였다(Hayden 1988, 326면).

'폭력문제'와 '조직문제'가 운동을 분열시킨다. 버나딘 돈과 '웨더멘 그룹'에서는 폭력의 고조를 통한 의식혁명을 요청한다. 급진 분파인 웨더멘 그룹은 몇년간 폭탄투척을 수행하고 1970년에는 '약물 교황' 티모시 리어리를 감옥에서 빼낸다. 그에 반해 마오주의자는 행동이 아니라 조직을 수단으로 한 의식창출을 내세운다. 중국에서 홍위병의 영향력이 내리막길을 걷는 시기에 미국에서는 마오주의자의 별이 떠오른다.

18
마오가 중국 홍위병을
거두어들이다

중국과 서구 신좌파: 7월 말 마오는 중국 학생지도자들을 뻬이징으로 불러 접견했다. 눈물을 머금고 마오는 학생들이 역사의 무대에서 퇴장할 시간이 도래했다고 밝힌다. 군대가 주도한 '마오쩌둥 사상 선전 그룹'이 이후 각 대학으로 파견된다. 투쟁 종결을 준비하고 학생들의 기강을 잡기 위해서였다. 학생 홍위병이 자체 해산하지 않는 곳에서는 늘 군대가 개입하여 진압했다. 그 결과 피를 보는 경우도 드물지 않았다. 문화혁명의 전투는 2년 전 문화혁명이 시작된 뻬이징대학 캠퍼스에서 종지부를 찍었다. 학생들은 캠퍼스를 무장진영으로 전환시켜 지난해의 당파 투쟁을 계속하고 위로부터의 권위적 명령에 맞서 반란을 일으키기로 결의했다. 하지만 허사였다.

홍위병은 군대에 무릎을 꿇는다. 중국 문화혁명의 승자가 군대라는 점은 의심할 나위가 없다. 가장 위계적이고 관료적인 군대라는 국가기구가 관료적 엘리뜨주의에 맞선 혁명적 운동에 결국 승리를 거둔 것이다. 1967년 1월에 마오와 린 뺘오(林彪, 공산당 부주석이자 국방장관)의 지시로 처음 군대가 투입되었다. 군대는 '혁명적 좌파'를 지원하는 동시에 나라의 질서를 유지해야 했다. 마오는 분산된 도시대중보다 농민으로 이루어진 군대를 더 신뢰했다. 그래서 마오는 자기 이론으로 린 뺘오가 훈련한 군대기구를 이용해 당내 권력투쟁을 종결짓는 동시에, 자기 입으로 선언한 문화혁명 내부의 급진 '무정부주의' 조류와 그룹으로부터 벗어나려 한다. 군대 투입으로 희생자 수는 가파르게 늘어난다. 홍위병의 몫으로 돌려진 많은 폭력행위가 실제로는 군대의 책임이었다(Meissner, 333면 이하; Chang/Halliday, 547면).

1967년 초에 이미 홍위병은 학교와 대학으로, 즉 '정상'으로 복귀하라는 호소를 받았다. 총리이자 정치국 상임위원회 소속인 저우 언라이(周恩來)는 당 간부를 겨눈 부단한 공격을 저지하려고 헤라클레스처럼 투쟁했다. 하지만 1967년 4월 말까지 상하이와 뻬이징을 제외하고 27개 지역 가운데 네 곳에서만 '혁명위원회'가 설치되었다. 홍위병 반란자와 당 간부, 군인으로 구성된 '혁명위원회'는 이해 갈등을 조정해야 했다. 1968년 9월까지 유지될 '혁명위원회'의 전국적 건설에 맞서 학생 극좌파 그룹이 반기를 들었다. 이 그룹은 1967년 가을 후난성에서 '성무련'(省無聯, 후난성회 무산계급 혁명파 대연합위원회)이라는 이름으로 결성되었다. 성무련 측은 "모든 소용돌이가 끝나고 모든 것이 늙은이들 수중에 들어갔다"고 비판의 목소리를 높였다. 성무련 그룹 입장에서 새로운 "'혁명위원회'는 '붉은' 자본가계급이" 다시금 자기 권력을 공고하게 만든 온상이었는데, 이는 한편으로는 퇴치된 늙은 간부들이 도시와 지방에서 '혁명위원회'라는 새로운 권력기구로 몰려가 잠시 '혁명적 열정'을 표명한 뒤 대개 다시 그 속으로 진입했기 때문이고, 다른 한편으로는 문화혁명을 겪지 않은 기관의 대변자인 군 대표들이 권력 있는 자리로 이동했기 때문이다. 따라서 후난성 극좌파 성무련 진영에서는 "아래로부터 위로 군대의 문화혁명을" 수행하는 게 무엇보다 필요하다고 보았다.

'혁명위원회' 비판자들은 거기서 그치지 않았다. 성무련 측은 '혁명위원회' 자체의 정당성을 의심했다. 민주적 선거로 창출되지 않았기 때문이다. 따라서 비판자의 눈에 '혁명위원회'는 인민의 기관이 아니라 "혁명적 인민을 억압하는 데" 복무했다. 성무련에서는 '혁명위원회'를 1871년 빠리 꼬뮌의 모범을 따르는 꼬뮌으로 대체하자고 요구했다. 성무련 그룹이 요구하고 호소한 것은 상상된, 다른 종류의 질서였다. 또한 이상적인 경우, 대중을 억압하는 어떤 새로운 관료제도 만들지 않는 선출직 지도자들의 손을 빌려 인민 스스로가 통치하는 사회에 대한 비전이었다. 한데 이 지도자는 언제나 재투표로 해임될 수 있고 자기를 뽑은 사람들보다 높은 임금을 받을 수 없었다. 그러한 새로운 질서는 결국 인민의 무장이라는 전제에서 가능했다. "'꼬뮌'의 맹아적 형태이자 진정으로 새로운 붉은 정치세력"을 자처한 성무련 그룹의 가정에 따르면 무장한 인민만이 "무장한 붉은 자본가계급"을 이겨낼 수 있었다. 이 그룹의 생각이 담긴 선언서는 1968년 1월 「중국, 어디로 가는가?」라는 제목으로 발표되었다(Mehnert, 81~96면).

'성무련'의 관점에서 새로운 중국을 위한 토대는 1966년 5월 7일자 마오의 지시였다. 마오는 거기서 처음으로 문화혁명을 선포하고 유토피아의 윤곽을 그렸다. 성무련에서는 마오의 지침을 노동분야의 모든 전문성과 배타성에 대한 거부로 해석했다. 군인은 전투만 하는 것이 아니라 정치에 참여하고 공장을 돌리고 농사짓는 일도 배워야 했다. 노동자도 마찬가지로 활동영역을 넓혀야 했다. 노동자는 계속 노동하고 농부는 농사를 짓고 학생은 공부해야 하는 것이 각각의 주요 과제임은 사실이지만, 그들 모두는 직접적인 자기 분야 밖의 활동도 같이 떠맡아야 했다. 그래야 도시와 농촌의 대립이나 지식인과 노동자의 대립이 지양되고 모든 사람이 완전한 발전을 이루어 새로운 공산주의적 인간으로 성숙할 터였다. 하지만 성무련 그룹이 마오 쩌뚱 사상에 입각했다는 점은 인정받지 못했다. 오히려 레닌 인용을 왜곡한다고 비난받고 반혁명을 영위한다고 고발당했다. 특히 중요한 질책이 남아 있었다. 중국의 특권 부르주아 계급의 존재를 계속 공고하게 만들고 이를 통해 사회주의혁명의 명예를 훼손했다는 것이다(Gittings, 73면 이하).

인민해방군 투입으로 문화혁명은 종언을 고했다. 마오가 1966년 국가주석 류 샤오치(劉少奇)를 공격하고 문화혁명을 개시하도록 발탁한 콰이 따푸(蒯大富)도 결국 이를 깨달아야 했다. 콰이 따푸는 중국에서 가장 유명한 '좌파'이자 뻬이징 칭화대 학생이었다. 1968년 7월 27일 마오는 콰이 따푸의 홍위병을 무장해제하려고 비무장 노동자 4만명을 보냈다. 마오의 지시로 노동자들이 왔음을 알지 못한 콰이 따푸의 홍위병은 저항했다. 노동자 5명이 죽고 7백명 이상이 부상당했다. 다음날 거대한 인민 강당에서 콰이 따푸는 울면서 마오의 품에 안겼다. 최고위 당 지도자들에게 둘러싸인 마오도 울었다고 측근 수행원은 말한다(Chang/Halliday, 543면). 계속 반기를 내리지 않는 학생들은 재교육하기 위해 농촌으로 보냈다. 꽝시(廣西) 지방에는 문화혁명을 종결하려고 군대를 투입했다. 1968년 7월 26일에서 8월 6일까지 겨우 11일 동안 3,681명이 그곳에서 사망했다. 문화혁명은 이제 첫번째 국면이 종언을 고하고, 1976년 마오의 죽음으로 끝나는 두번째 단계로 나아간다. 문화혁명 기간에 목숨을 잃은 사람은 총 3백만명으로 추정한다(Chang/ Halliday, 547면).

'마오 숭배' 열기는 1968년 중국 문화혁명의 기운이 쇠퇴하는 것과 반대로 한껏 고조되었다. 위대한 주석의 저작은 날로 발행 부수를 더해가고 갖가지 초상화와 동상이 제작되어 전국으로 퍼져나갔다. 마오 숭배는 종교 의식 형태를 띠었다. 전뻬이징에서 군부대는 이전 적대세력이 함께 모이는 회합을 정기적으로 개최한다. 마오 쩌뚱을 수놓은 초상화 앞에서 경의를 표하기 위해서였다. 아이들은 학교에서 아침 인사가 아니라 「마오 주석 만세」라는 노래로 하루를 시작한다. 마오 주석의 삶과 업적을 기리는 상징물을 비치한 전시장이 건립된다. 마오에 대한 충성을 판단하는 잣대는 이제 혁명적 활동이 아니라 마오의 저작을 인용하는 재능이나 마오 초상화를 들고 거리를 가로지르는 능력과 결부된다(Meissner, 347면). 그럼 서구에서는 어떠했을까?

19
서구에서 마오주의가 유행하다

'학생—노동자 동맹': 서구에서도 마오를 인용하고 구호로 외칠 뿐 아니라 초상화 포스터를 만들어 대학 건물을 장식하고 마오 패션이 유행으로 꼽힌다. 2001년, 한때 독일의 마오주의자였던 쾨넨은 "마오의 영향으로 학생들에게 퍼진 키치에 흠뻑 젖은 말들"을 조롱하지만 권위적인 마오 주석이 '반권위주의 운동'과 짝을 이루는 이유는 설명하지 못한다(Koenen, 147면). 그런 현상의 원인을 이해하는 데는 국가간 비교나 연관짓기 관찰방식이 더 용이하다. 68운동의 비교분석이 보여주듯, 세계 도처에 존재한 마오주의자는 '반권위주의 운동'의 몰락이 낳은 승자이다. 마오주의자는 운동이 동원한 사람들을 받아 모으고 반권위주의의 최고 대변자들까지 마침내 자기 대오로 끌어들인다.

가령 '민주사회학생연합'(SDS)이 총회원 수를 단기간에 3만명 이상으로 끌어올리며 전대학에 들불처럼 번져가고 이미 중등학교까지 진입한 미국의 경우, 마오주의자가 1968년 여름과 가을 무렵 SDS 전국 수뇌부의 결의를 모조리 가로막는 힘을 거머쥔다. 전체 SDS 회원의 겨우 1/4 가량을 보유한 마오주의자는 침묵하는 다수를 SDS 전국대회 및 지역 그룹에서 자기 쪽으로 끌어오는 데 성공한다. 계속된 베트남전의 영향으로 정치화되며 SDS로 이끌린 새내기들은 SDS의 활동력에 매료되어 바로 동참을 결정한다. 하지만 SDS의 「포트 휴런 선언」이 뭔지는 모른다. 1968년 이전까지 SDS의 행동지침이던 미국의 사회학적 분석과 정치철학 이론(존 듀이에서 라이트 밀즈까지)은 이 새내기들에게 낯선 이야기였다. 이들은 정치적 행동주의로 가는 급행열차에 몸을 싣는다. 또 설령 원한다손 쳐도 맑스와 마오를 단기 코스로 마치려고 한다. SDS 전국 서기 그레고리 캘버트(Gregory Calvert)는 말한다. "별안간 모두가 '나는 맑스주의자다' 내지 '나는 맑스·레닌주의자다'라고 선언했다. 그들은 맑스를 읽었다는 사실을 결코 의심받지 않고 단 하룻밤 새에 맑스주의자가 되었다." 물론, 마오주의자들이 SDS 내에서 맑스주의 확산에 기여했을 뿐 아니라 맑스주의가 SDS 내부의 '비공식 언어'로 올라서며 '기생적' 이득을 보았다는 토드 기틀린의 말은 의심할 나위 없이 옳다(Gitlin, 383면). 하지만 그게 다는 아니다.

마오주의자는 맹목적 행동주의와 LSD 쾌락주의, 폭력의 고조 등에 맞서 '학생·노동자 동맹'이라는 대항 전략을 내놓는다. 또한 학생들의 에너지를 캠퍼스 바깥으로 돌린다. 마오주의자는 산업노동자를 연대세력으로 보자고 호소한다. 나아가 노동자 거주 지역과 작업장으로 노동자를 찾아가자고, 여름방학 때 공장으로 가자고 촉구한다. 마오주의자들은 혁명가의 의무는 혁명을 일으키는 것이 아니라 혁명조직을 창출하는 것이라고 본다. 따라서 '토대 건설', 즉 토대 그룹 또는 공장 그룹의 창출이 슬로건이다. 마오주의자 간부는 장발을 넘어 마리화나와 자유연애도 그런 활동의 장애물임을 학생들에게 설명하려고 애쓴다. 마오주의자는 이런 전략을 통해 SDS 내에서 이피와 선을 그을 뿐 아니라, 혁명적임을 자처하며 게바라의 충고를 따라 '무기를 들' 준비가 되었다고 선언하는 그룹과도 분명히 거리를 둔다. 버클리와 워싱턴, 델러웨어와 텍사스, 오클랜드와 쌘프란씨스코에서 징병 사무소와 기관 건물을 겨냥한 방화와 폭탄 공격이 일어난다. 워싱턴 학생들은 타오르는 불길 앞에서 춤추고 노래한다. "이게 첫번째야. 재밌는 일은 이제 시작됐어. 불질러버려! 불질러버려! 불질러버려!"(Sale, 503면). 지난봄에 비해 그런 공격은 4배나 늘어난다. '싸보따주'나 '전면 저항 전략'이 행동방식으로 불린다. 마오주의자는 이런 행동이 노동자계급을 당혹케 한다고 지적하며 '거리의 게릴라'들과 선을 긋는다(Sale, 505면).

5월에 프랑스 마오주의자도 학생들이 쏘르본느에 집중해서는 안되고 라땡 구역을 떠나 노동자가 사는 교외로 가야 한다고 밝혔다. 따라서 프랑스 마오주의자는 학생운동에 대한 노동자의 연대를 불붙인 '결정적 사건'인 라땡 구역의 '바리케이드의 밤'을 함께 추동하지 못하고, 본거지인 빠리고등사범학교(ENS) 강의실과 강당으로 돌아가 밤을 보냈다. 쏘르본느 주변의 저항과 거리를 둔다는 노선을 마오주의자 모두가 납득한 것은 아니었지만 아무튼 지도자 로베르 리나르의 지시를 따랐다. 단 한사람만 반기를 들었다. 리나르의 아내 니꼴(Nicole)이었다. 리나르는 니꼴의 발언권을 박탈하고 회의장에서 쫓아냈다. 마오주의 그룹 서열 2위이자 역시 빠리고등사범학교 학생이던 베니 레비(Benny Levy)는 프랑스 마오주의자가 교수처럼 학생운동에 대응했다고 회고한다. 레비는 프랑스에서 '마오운동'의 등장 시점을 1968년 가을로 본다(Sartre 외, 113~14면). 또한 실제로 마오주의 그룹의 지도자 리나르는 5월 10일부터 모습을 감춘 상태였다. 레비는 마오주의자들이 5월 10일 이후 자진 해산하고 '3월 22일 운동'과 결합했어야 한다는 평가를 내린다. 하지만 지도자 리나르는 노동자계층을 무가치한 일로 이끄는 대학생 과격분자에 대한 우려를 떨치지 못하고 반대방향으로 나갈 것을 결정했다. 이 결정은 '까노싸의 굴욕'으로 가는 길이었다. 프랑스공산당(PCF)에서 이탈한 그룹의 지도자인 리나르는 빠리 사건에 깜짝 놀라 뻴레띠에 거리에 있는 공산주의자 본거지를 방문한다. 공산당 당수 르네 발데끄 로셰와 대화를 나누고 학생운동에 맞선 투쟁에서 그를 지원하려던 것이다. 하지만 허사였다. 문앞에서부터 퇴짜를 맞았다. 리나르는 빠리고등사범학교로 돌아가 학생들에게 우호적이라고 생각하는 마오 쩌뚱에게 격한 고발 편지를 쓴다. 그리고는 안정제를 처방하고 수면요법을 받을 수 있게 병원을 지정해준 의사에게서 도피처를 찾는다(Hamon/Rotman, 481면).

루이 알뛰쎄르도 5월에 병원 신세를 졌기에 마오주의자는 이 결정적 시점에 사상적 지도자도 전략가도 없었다. 자발적 파업운동이 르노 비양꾸르 공장에 도달했을 때 상부 지침도 없이 행동한 마오주의자가 '5월 사건' 동안 보여준 역할은 미미한 수준이었다. 마오주의자의 역할은 중국인이 프랑스 사건에 보인 주목을 전혀 반영하지 못했다.

중국의 공식 발표에 따르면, 5월 21일 뻬이징에서 "프롤레타리아적·혁명적 열정으로 충만한" 5십만명의 노동자, 홍위병 투사, 혁명적 교사, 학생, 당 간부가 한데 모여 프랑스에서 진행중인 학생운동과 노동운동의 투쟁을 지지하는 대규모 시위를 벌였다. 혁명가를 부르고 구호도 울려퍼졌다. "미 제국주의 타도! 소련 수정주의 타도! 만국의 반혁명세력 타도!" 또한 시위대는 이렇게 외쳤다. "우리는 빠리 노동자와 학생의 정당한 투쟁을 단호히 지지한다! 위대한 빠리 꼬뮌 혁명전통 만세!" 빠리 꼬뮌이라는 외침이 뻬이징에서 실제로 울려퍼졌는지, 혹은 아시아 전문가 클라우스 메네르트(Klaus Mehnert)가 추측하듯 좌파 그룹이 뻬이징 시위 보도에 몰래 끼워넣었는지는 분명치 않다. 어쨌든 공식 발표로 7십만명 이상 운집한 이튿날 천안문 광장의 두번째 연대 시위에서 빠리 꼬뮌 슬로건은 벌써 종적을 감추었다. 비슷한 시위가 중국 전역에서 동시다발로 일어났다. 중국 측 발표에 따르면 상하이 5십만 이상, 톈진 5십만, 우한에서 2십만 이상이 시위에 참가했다.

1968년 5월 21일에서 26일까지 겨우 며칠 동안 중국인 총 2천만명이 프랑스 노동자의 요구를 지지하며 행진했다. 클라우스 메네르트가 보기에 그 중국인들은 프랑스 노동자의 요구를 전혀 알지도 못했다. 중국공산당이 동원한 대규모 시위는 나름의 역사적 배경이 있는 중소분쟁 속의 상징적 행동이었다. 중국 측은 연출된 시위를 통해 파업운동의 기폭제인 프랑스 신좌파를 지지하는 동시에 "프랑스 수정주의자 도당", 즉 파업운동 억제에 전력을 다하는 전통적으로 모스끄바 성향의 프랑스공산당에 비판을 가했다. 한편, 중국 '극좌파' 그룹들 쪽에서는 그런 대규모 시위를 계기로 문화혁명의 진행과정에 반대하는 개념과 사상을 펼쳐내는 동시에, 빠리 꼬뮌 호소로 서구 신좌파와의 결속을 강조할 기회도 얻었다. 서구 신좌파에 비견할 만한 중국의 대응물은 1966년 8월 반란을 지시받은 홍위병이 아니었다. 중국 신좌파는 오히려 문화혁명의 진행 속에서 비로소 등장했고 특히 '성무련' 같은 그룹에서 도드라졌다.

중국의 정책과 선전에 담긴 모든 '프랑스 열광'에도 불구하고 다른 대접을 받는 프랑스인이 있었다. 바로 레지스 드브레였다. 중국공산당은 드브레 문제에 직접 입장표명을 하는 대신 빠리 친마오주의 신문 『뤼마니떼 누벨』(*L'Humanité Nouvelle*) 기사의 발췌문을 재인쇄했다. 드브레의 책 『혁명 속의 혁명?』을 다룬 기사였다. 기사 논조에 따르면 드브레는 수정주의를 거부하는 신뢰할 만한 사람을 모두 잘못된 길로, "출구 없는 상황으로" 이끈다. 드브레가 게릴라전과 더불어 마오 사상도 선전하지만, 게릴라에 대한 당의 주도권 원칙을 부정함으로써 마오와 거리를 두기 때문이다. 『뤼마니떼 누벨』을 관할하는 중국 담당부서는 그 기사의 재인쇄를 언급하며, 드브레 책에 아주 중요한 대목이 있어 책 발간을 다룬 비판적 기사를 막지 않았다고 밝혔다. 이는 게릴라를 당 위에 놓았던 드브레의 게릴라 구상을 비판한 것이었다. 드브레의 게릴라 구상에는 새로운 정치적 아방가르드 형성으로 이어지는 동원과정이 군사적 구심점 건설을 통해 유발될 수 있다는 전제가 깔려 있었다. 비록 문화혁명으로 당내 경쟁세력에서 벗어나고 당 간부에 맞서는 반권위주의운동에 불을 지폈지만, 마오는 중앙집중적·위계적으로 구성된 지배기구인 당 자체에 의문을 품지 않았다. 마오가 볼 때 까스뜨로는 게릴라전을 반맑스주의적 시각으로 바라본 변함없는 소부르주아 낭만주의자였다. 마오에게는 '제3의 길'이란 없고 뻬이징의 길이라는 '하나의 올바른 길'만 있을 따름이었다. 결국 중국의 눈에 드브레는 '영원한 저주'였다 (Mehnert, 66면).

1968년 8월 마오가 중국 홍위병을 거둬들일 때 드브레의 감옥 형기는 아직도 무려 29년이나 남아 있었다. 드브레가 겨우 28세임을 감안하면 '영원한 것'이나 다름없는 시간이었다. 기대할 수도 있을 법한 중국에서의 도움은 올 수 없었다. 꾸바가 남아 있었다. 사실 드브레가 볼리비아의 게바라 진영으로 온 것도 따지고 보면 까스뜨로의 메씨지를 전하기 위해서였다. '3월 22일 운동'의 쎄르주 쥘리와 대학강사·조교 노동조합인 '전국고등교원조합'(SNEsup) 지도자 알랭 제스마르(Alain Geismar)가 아바나에서 드브레의 석방 가능성을 타진했다. 두 사람은 그 사이 마오주의자와 가까워지고 마오주의 성향 조직 '프롤레타리아 좌파'(GP)를 공동으로 설립했다. 그리고 1968년 8월 중순부터 정보수집 겸 휴가차 아바나에 머물고 있었다. 두 사람은 큰 기대를 안고 도착해 고관처럼 환영받지만 기대는 머잖아 실망으로 바뀐다. 두 가지 경험이 결정적이었다.

첫째, 쥘리와 제스마르는 꾸바인이 프랑스 '5월 운동'의 요구와 목표, 가능성과 효과를 깨닫거나 수용하지 못했음을 곧바로 알 수밖에 없었다. 또한 꾸바의 공식 대화 상대들이 1968년 5월 빠리 시위대의 중심은 레지스 드브레의 석방을 위해 시위한 사람이라고 생각한다는 것도 깨달아야 했다. 프랑스의 시위를 그렇게 판단하며 꾸바인들은 드브레 석방 문제에 개입해 드골의 외교정책을 난처하게 만들고 싶지 않다는 결론을 내렸다. 둘째, 아바나에서 쥘리와 제스마르는 까스뜨로가 바르샤바조약국 군대의 체코슬로바키아 개입을 승인하는 연설을 듣는다. 두 사람은 아연실색한다. 꾸바의 자율성과 꾸바혁명에 대한 믿음이 산산이 부서진다. 그동안 알던 세계가 근본적으로 달라진다. 꾸바에 도착할 때 가지고 있던 세계관도 뒤집힌다. 드브레의 삶과 '상징자본'이 투입된 프로젝트이자, 게바라의 거점이론에서 출발하는 라틴아메리카 해방이라는 기획은 파묻혀버렸다. 까스뜨로가 연설하는 내내 배경으로 삽입된 게바라의 모습을 통해서도 달라질 것은 전혀 없었다. 게바라의 사상은 이제 꾸바의 운명과 꾸바 외교정치의 운명에 더는 영향을 미치지 못한다. 늦어도 프라하의 봄이 종언을 고하는 시점과 더불어 게바라는 꾸바에서 단순한 우상이 되어버린 것이다.

20

"자매애는 강하다"
여성 반란

프랑크푸르트, 9월 13일: '독일사회주의학생연합'(SDS)의 23차 대의원대회 둘째날에 소동이 일어난다. 반권위주의 진영과 전통주의 진영의 대립을 힘겹게 해소하고 나자 새로운 갈등이 터져나온다. 남녀간의 성별 갈등이었다. 뒤쪽으로 연단에 오른 여성 연사가 SDS는 구조적으로 완전히 남성이 장악하고 있다고 밝힌다. 이는 사회구조의 반영으로 볼 수 있지만 SDS 스스로 내건 혁명적 요구에는 훨씬 뒤처진다는 것이다. 그 연사가 볼 때 SDS 대오 내에서는 사회적 삶과 개인적 삶의 분리를 재생산하고 여성의 이해, 특히 아이가 있는 어머니의 이해를 인정하지 않는다. 또한 여성이 시위 참여를 넘어서는 것, 즉 연설을 하거나 토론회에서 발표하는 것을 인정하지 않는다. 물론 SDS 토론에서도 여성의 발언은 전혀 고려대상이 아니라는 것이다.

연사는 베를린 '여성해방 행동위원회'의 대표 헬케 잔더(Helke Sander)로, 두 아이의 어머니이자 베를린 영화아카데미 학생이었다. 헬케 잔더의 연설이 끝난 뒤 SDS 대의원대회는 다음 일정인 프랑크푸르트 SDS 핵심 이론가 한스 위르겐 크랄의 연설로 넘어가려 했다. 헬케 잔더의 연설에 일언반구의 논평도 없었기에, 그 여성 연사가 설명하고 고발하고 비난한 일이 다시금 벌어지게 생겼을 바로 그때였다. 입추의 여지 없이 가득 찬 프랑크푸르트 학생회관의 여성 청중 하나가 못 참겠다는 듯 벌떡 일어나 "반혁명주의자들, 적대계급의 끄나풀"이라고 외치며 토마토 여섯 개를 연단으로 던진다. 토마토 한 개가 크랄의 어깨에 맞는다. 그 '날아간 토마토'는 사람들에게 깊은 인상을 남기고 역사책에도 이름을 올린다. SDS 여성 반란의 상징이 된 토마토 투척은 후에 서독 '신여성운동의 탄생 순간'으로 그려진다. 분노로 내던진 토마토는 여성에게 미리 제시된 사회적 역할과 기대와 행동양식에 대한 불만을 백일하에 드러낸다. 또한 사회 변혁과 개인 해방을 위해 나선 바로 그 대오 속에서 이루어지는 여성 배제와 억압적 의사소통 구조에 대한 분노도 명백히 보여준다.

언론보도를 장식한 토마토 투척 사건은 누차 토론되었을 뿐 아니라, 독자적인 여성 그룹 설립 구상에도 기폭제로 작용한다. 토마토 사건은 아이 없는 젊은 여성들까지 대거 SDS로 인도한다 (Schulz, 81~82면).

1968년 봄부터 베를린에서 정기적으로 모임을 가진 여성의 선봉에 있던 헬케 잔더는 여성 억압의 이론적 이해가 여성들 사이에서 토론을 추동하는 동인이라고 쓴다. 억압의 경험은 누구나 있었다. 헬케 잔더는 '남자에게 아직 맞아보지 않은 사람이 있느냐'는 질문을 던진 일을 기억한다. 1백~1백50명의 여성 가운데

고작 3명뿐이었다(Sander, 170면). 대학에서 미술을 공부하던 자라 하프너(Sarah Haffner)도 베를린 '공화주의 클럽'에서 열린 '여성 해방 행동위원회' 모임을 정기적으로 찾았다. 1967년 6월 2일 대학생 베노 오네조르크(Benno Ohnesorg)의 죽음[17] 이후 하프너는 점점 정치적이 되어 SDS와 관계를 맺었다. 영국에서 나고 자란 하프너는 1968년 2월 SDS로부터 베를린 '국제베트남회의' 준비를 위한 영국통신원 역할을 위임받았다. 하프너는 자기에게 영국통신원으로서 편지를 쓰라고 요구한 남자가 영어를 못한다는 사실을 곧장 눈치챘다. 물론 그 거만한 지시는 거부했다. 하지만 하프너는 당시를 돌아보며 "선전 유인물 내용을 치는 타자수" 또는 "누구누구의 여자친구"라는 여성상이 단순히 남성의 인식을 통해서만 주조되지는 않았다고 확신한다. 여성들조차 머릿속으로 이런 여성상의 지배를 받았고 거기서 벗어나기 위해서는 긴 의식화과정이 필요했다. 1968년 하프너는 베를린에서 혼자 아들을 키우며 살았다. 그럼에도 '국제베트남회의' 시위에 갈 수 있었던 유일한 이유는 이 행사에 맞춰 처음으로 아이 돌보기가 조직되었기 때문이다. 여성들이 그 일을 조직하지 않았다면 하프너가 시위에서 언론인 아버지 제바스티안 하프너 및 에리히 프리트와 팔에 팔을 걸고 거리에 나선 사진은 절대 나올 수 없었을 것이다. 하프너는 운동에 가담한 여성의 비율이 흔히 생각하던 것보다 높았다

17) 이란 국왕의 독일 국빈방문에 맞선 6월 2일 베를린 시위에서 베노 오네조르크라는 학생이 과잉진압을 벌이던 경찰의 총에 맞아 사망한 사건으로, 서독 68운동의 핵심적인 기폭제가 되며 일명 '6월 2일 사건'으로 역사에 기록된다. 이 사건을 거치며 서독 학생운동은 자유대학이 포진한 서베를린 울타리를 넘어 전서독 대학으로 들불처럼 번져가고 '68운동의 불꽃'이 본격적으로 점화된다.

고 본다. 그 논거가 인상적이고도 여성적이다. "저는 남자가 깃발을 매달려고 바느질하는 것을 결코 본 적이 없습니다"(Haffner, 151면). 하지만 깃발이 나부끼지 않는 시위는 없었던 것이다.

SDS 남성은 조직 내 여성들 덕에 다른 그룹 남성 동지의 부러움을 산다. 그로부터 벌써 30년이 지난 뒤에도 빠리의 '메종 쒸제르'[18]에서 독일 '사회민주주의대학연합'(SHB)의 옛 대표가 '가장 예쁜 여자들은 SDS에 있었다'고 힘주어 말할 정도다. 그에 반해 SDS의 '시샘받는' 남자들은 1968년 당시 여성 반란에 용이하게 대응하지 못한다. 한쪽에서는 여성문제 같은 게 있다는 사실 자체를 부정하고, 다른 한쪽에서는 문제의 해결을 혁명 뒤로 미루는 식이었다. SDS 연방지도부 출신으로, 토마토가 옆을 스치고 날아간 사회심리학자 라이무트 라이헤(Reimut Reiche)는 여성들에게 '리씨스트라타 보이콧'을 권한다. 요구에 스스로 힘을 실어주기 위해 여성들이 성관계를 잠시 거부해야 한다는 것이다. 울리케 마인호프는 격분한다. 라이헤의 제안은 토마토 투척을 통해 마침내 사적 영역에서 끄집어낸 갈등을 다시 그 영역으로 되돌려보내는 것이라고 보았기 때문이다. 마인호프는 '여성해방 행동위원회' 소속이 아니었다. 사립학교를 다니는, 마인호프의 6살 난 쌍둥이는 가정부가 돌보고 있었다. 마인호프는 한스 마그누스 엔첸스베르거가 '여성-가족-사회'라는 테마로 계획한 『쿠어스부흐』17호를 계기로 베를린에서 '여성해방 행동위원회' 대표 헬케 잔더와 마리안네 헤어초크(Marianne Herzog)를 만난다. 하지만

18) 메종 쒸제르(Maison Suger)는 빠리에 머무는 외국인 인문·사회과학 연구자를 위한 연구 및 주거 시설로 라땡 구역에 위치하고 있다.

만남을 지속하지는 못한다. 마인호프는 엔첸스베르거에게 책임을 돌린다. 엔첸스베르거가 자기를 우대하는 바람에 다른 여성들과 거리가 생겼다고 한다(Ditfurth, 235면).

다른 여성과 거리감을 느낀 사람은 울리케 마인호프 혼자가 아니었다. 이딸리아에서도 남녀 사이뿐 아니라 여성간의 견해차가 드러난다. 또리노대학 인문학부 본부 빨라쪼 깜빠냐 점거에 가담한 어떤 여성은 루이자 빠쎄리니(Luisa Passerini)와의 대화에서 다른 여성들, 특히 '손꼽히는' 여성과 도무지 친분을 나눌 수 없었다고 진술한다. 그런 여성들이 자기 자신만의 정치적 공간을 창출했기 때문이다.

라우라 데로씨(Laura Derossi)가 그런 여성이었다. 데로씨는 또리노대학 점거중에 5백명이 넘는 학생 앞에서 발언하며 주목과 경탄을 얻었지만 시샘도 같이 받았다. 학생들의 관심과 참견에 대응하기란 쉽지 않았다. 한발두발 극복해나가야 했다. 하지만 데로씨는 점거 동안 다르다는 느낌이나 남자보다 권리가 적다는 느낌은 전혀 받지 않았다. 로마와 밀라노의 학생운동 대표자들과 대면하고 나서야 비로소 어떤 것을 불현듯 깨달았고 그 깨달음은 이후에도 계속 되풀이되었다. 즉, 누가 어떤 텍스트를 다시 손볼지 결정할 때 데로씨는 논의 내용과 상관없이 결코 그 일을 받지 못했다. 또리노에서는 도드라진다고 몇몇 여성의 경멸을 받던 데로씨가 로마와 밀라노 학생운동의 지도적 동아리 속에서는 중요한 일에서 배제당한다는 느낌을 받은 것이다.

1968년 5월 8일 베를린 자유대학 총학생회의 첫 여성 의장으로 선출된 지그리트 프로니우스(Sigrid Fronius)는 여성이 사회와 좌파 속에서 차별받고 성적 대상으로 취급되거나 중요성이 떨어지는 과제만 할당받는다는 점을 오래도록 눈치채지 못한다. 자기 경우에는 모든 일이 다르게 흘러갔다고 회고한다. "주위에서 저를 북돋워주었고, 제 스스로의 평가보다 저를 더 능력있게 보아주었습니다. 따라서 헬케 잔더의 연설을 놓고 토론하기를 거부한 SDS 남성 동지에 대한 토마토 투척은 제 자신이 여성그룹에 가입하도록 자극하지 못했습니다." 프로니우스는 베를린 '아르구멘트 클럽' 연설과 서평작업, 학생총회 토론 참가를 통해 주목받았다. 대학을 중심으로 한 이런 정치 활동은 어떤 관계에서 위기를 겪으며 동기를 얻었다. 즉 밤마다 늦게까지 정치 토론을 하는 남자친구에게 종속되어 있다는 감정을 느끼며, 똑같이 열심히 활동함으로써 문제를 해결하려 했던 것이다(Fronius, 25~26면). SDS가 길을 열어주었다.

　　루이자 빠쎄리니에 따르면, 돋보이고 활동적인 소위 해방된 여성은 '여자답지 않은 여자' 또는 '남자 같은 여자'의 유형을 대변한다. 이런 여성은 짧은 머리에 역동적인 제스처를 취하고 일정한 공격적 태도를 보일 뿐 아니라 하루종일 입은 미니스커트와 바지를 일상패션화시키는 재능도 있었다. 또한 담배를 피울 때 바닥에 담뱃재를 털고 탁자 위에 걸터앉았다. 어머니와는 다르기를 원하는 '차별화 추구'도 그 젊은 여성들의 특징이었다. 이들은 발언과 의사소통을 통해 '주체성의 폭발' 과정에 기여했다(Passerini 1988, 70~71면).

　　미국에서 '민주사회학생연합'(SDS) 내의 성별 갈등은 이미 1967년에 터져나왔다. 케이씨 헤이든과 메어리 킹의 책『성과 카스트 제도』를 둘러싼 논쟁이 그 갈등을 세상에 알렸다. 여성이 SDS 내의 종속 계급인가? 제기된 문제는 이것이었다. SDS 여성 중에 그런 상황임을 의심하는 여성은 소수에 불과했다. 반대로 남성은 대부분 그 문제를 부인했다. 소수 남성만 SDS 내 카스트 제도의 존재를 인정했지만 책임은 없다고 밝혔다. 1967년 12월 일리노이 주에서 열린 SDS 회의에서는 여성해방 결의안의 의결을 거부했다. 뉴욕과 보스턴, 시카고에서 여성들이 따로 집회를 열고 '의식 확장 그룹'으로 집결하기 시작했다. 여성들은 토론하고 이론을 세우고 글을 발표했다. 그런 글을 묶어낸 최초의 책이 『첫해의 기록 모음』(1968)이다. 책에 실린 여성들의 입장표명을 담은 글 제목 「질 오르가즘의 신화」 「가사노동의 정치」 「개인적인 것이 정치적인 것이다」 등은 이내 모두의 입에 오르내리며 세계적인 이슈가 되었다(Gitlin, 371면).

SDS 여성의 '남녀 분리' 정책은 '비폭력학생협력위원회'(SNCC)의 아프리카계 미국인 대학생이 내건 '흑백 분리'의 길을 따른 것이었다. SDS에는 이미 SNCC 활동 경험이 있는 여성이 많았다. SDS 여성은 SNCC의 구호 '블랙파워'를 본따 '우먼파워'를 호소하고 "검은 것이 아름답다" 대신 "자매애는 강하다"고 외쳤다. 하지만 남녀 분리 정책이 이루어진 데는 개인적 이유도 있었다. SDS 초기 여성 조직가에 속하는 바바라 하버(Barbara Haber)의 표현을 빌리면, 남성의 강한 자의식이 여성에게 "전이되었다"(Gitlin, 372면).

그러한 남성의 자의식은 혁명의 화신이 된 열명 남짓한 SDS 대변자에 해당하는 일이라고 토드 기틀린은 말한다. 자신도 SDS

'고참 부대'에 속하는 토드 기틀린은 그 남성들의 이름을 대지는 않는다. 하지만 기틀린은 이른바 '거물 남성들'을 언급한다. 그리고 곧장 '시카고 8인'으로 불리는 인물을 그런 남성에 포함한다. 시카고 저항에 가담한 이유로 법정에 서야 하는 '시카고 8인'에는 톰 헤이든과 애비 호프먼, 제리 루빈도 들어간다. 기틀린에 따르면, SDS 여성들은 '시카고 8인' 재판이 진행되는 동안 "이 남성들은 잘못된 이유로 기소되었다"는 슬로건을 들고 법정으로 밀고들어갈 것을 고려했다고 한다. 여성들은 법원 측이 주장한 '시카고 8인'의 저항 음모가 아니라 남성 우월주의를 비난했다. SDS가 내건 슬로건 가운데 "전쟁을 집으로 가져오자!"[19]가 있었다. 기틀린은 이 슬로건이 1968년에 달성되었다고 본다. 거실과 침실, 부엌과 욕실을 비롯해 여성운동이 일어난 곳은 '전장'으로 변했기 때문이다. 기틀린의 눈에 사랑은 먼 미래로 밀려난 듯이 보였다. 사랑 대신 복수가 의사일정에 올랐던 것이다(Gitlin, 375면). 여성의 복수에 대응하기는 미국 SDS 남성으로서도 쉬운 일이 아니었다. SDS 남성들은 "우리가 사랑하는 대상이 바로 여성이다"라고 확인하며, 여성들이 이제 가장 오랜 협력자였던 바로 자신들을 가장 격렬히 비판하며 아주 단호한 결별의 길을 걷고 있음을 놀라면서 인정했다. 하지만 '거물 남성들'의 슬픔은 그리 오래가지 않았다. 기틀린이 볼 때, 새로 SDS에 합류하는 많은 젊은 여성들은 '유명 인물'과 잠자리를 갖는 것을 일종의 '정치적 성찬식'으로

---

19) 슬로건 "Bringing the war home"은 원래 "(베트남)전쟁을 국내로 가져오자"는 뜻인데, 이 대목에서는 'home'이 국내로서의 '미국'이 아니라 여성운동의 전장인 '가정'이라는 의미로 쓰였다.

생각했다(Gitlin, 372면).

　루디 두취케의 아내 그레첸 두취케 클로츠에 따르면 "여성연대는 고작 눈곱만큼만 존재했다." 많은 여성이 항상 "루디하고만" 말하려 했다고 그레첸은 기억한다. 그레첸은 울리케 마인호프도 같은 대열에 넣는다. 다른 여자들이 그러는 것을 보면 그레첸은 질투를 드러내지 않으려고 자리를 피했지만 그게 늘 쉽지만은 않았다고 한다. 그리고 SDS에서 여성의 상황과 여성에 대한 남성의 태도 문제에 두취케의 주의를 환기하려 했다. 그레첸은 대부분의 남성이 "그런 일에 완전히 무감각"하고, 자기가 무슨 말을 하면 "남자들은 웃기만 할 것이다"라고 두취케에게 설명했다. 그러나 두취케 역시 그런 일에 맞서 아무런 대응도 하지 않았는데, 나중에 그레첸이 추측한 바에 따르면 그렇게 할 충분한 용기가 없었기 때문이다. 그레첸은 여성들이 발을 뺀 것도 SDS의 최종 붕괴에 중요한 몫을 했다고 본다. 그레첸 자신도 두취케 암살기도 이후 자기 욕구와 목표를 완전히 뒤로 물렸다. 루디가 살아남은 것은 사실이지만 "온통 문제투성이"라는 것을 그레첸은 즉각 알았다. 그후 2년간 머릿속에는 루디가 다시 건강을 찾고 올바로 사고할 수 있어야 한다는 생각뿐이었다. "그것은 아마 이데올로기적으로 여성적 입장과 아무 상관도 없을 것이다"라고 그레첸은 말한다. 하지만 루디를 사랑했고 "누군가를 위해 몇년간 시간과 에너지"를 바치는 것이 잘못은 아니라고 생각했다(Dutschke-Klotz 2002, 289~91면).

　프랑스 여성들이 여성그룹의 분리를 옹호하며 내건 슬로건은 "혁명가의 스테이크도 부르주아지와 꼭 마찬가지로 오래 구워야 한다"이다. 프랑스 여성은 "저희들끼리" 여성문제를 말하고 싶어한다. 이는 남성 아방가르드에 맞서는 반란이었다. '여성, 남성, 미래'라는 조직명을 5월에 '페미니즘, 맑시즘, 행동'(FMA)으로 바꾼 그룹이 6월 4일 배포한 선전 리플릿 내용은 그런 분위기를 잘 전달한다. "여대생, 여성 노동자 여러분! 바리케이드 위에 섰음에도 불구하고 당신은 저항의 지도적 인물로 꼽힌 적이 있습니까? 토론에 수없이 참가했음에도 불구하고 당신의 욕구를 진정으로 표현할 수 있었던 적이 있습니까?"(Schulz, 99면).

프랑스 정부가 흡사 무에서 유를 창출하듯 8월에서 10월 사이 빠리 북쪽에 세운 신흥 뱅쎈대학에서 학기 시작부터 앙뚜와네뜨 푸끄(Antoinette Fouque)를 중심으로 또다른 여성그룹이 정기적으로 모인다. 심리분석 쪽으로 손을 뻗친 이 그룹은 나중에 '심리분석과 정치'라는 조직 이름을 택한다. 이 그룹에서 선전한 여성해방의 길은 뱅쎈대학에 바로 도입된 심리분석이란 학업과정과 밀접히 결부되었다. 하지만 고도로 정치화된 뱅쎈대학 무대에서 여성들이 돌파구를 만들려고 시도한 논법에는 개념과 사고의 측면에서 미국이나 독일과 다르지 않은 대목이 있었다. "피억압자의 문제는 억압자의 문제와 완전히 다르다. 남성에게는 여성문제가 존재하지 않는다" 또는 "언제부터 피억압자가 억압자에게 반란의 허가를 받아야 했단 말인가" 같은 말은 베를린이나 보스턴에서도 나왔을 법한 이야기이다(Schulz, 102면).

뱅쎈대학 여성그룹은 그런 문구로 구조적인 모순을 지적한다. 반란 여성들은 전통적 여성역할의 유형을 새로운 비전과 사상 및 실천으로 대체해 구조적 모순을 돌파하고 극복하려는 목표를 통

해 하나가 된다. 반란 여성들은 일상과 사적인 생활 영역, 가족이
나 성별관계에서 권력구조와 위계제의 타파를 겨냥한다는 점에
서 자신의 투쟁을 정치적인 것으로 본다. 그 여성들이 첫발을 디
딘 행진은 '장정'이었다. 그들도 알고 있었다.

21

멕시코 학살과 비아프라 내전

멕시코씨티, 10월 2일: 오후 4시경, 멕시코의 아스떼까(Azteca) 문명과 스페인 역사가 중첩된 멕시코씨티 뜰라뗄롤꼬 광장에 시위대 1만 2천~1만 5천명이 모여 있다. 6월 이후 5만명까지 운집한 적도 있는 앞선 시위에 견주면 오히려 적은 수였다. 경찰이 이미 시내 중심가의 차량 진입을 차단한 상태라 작정하고 나선 사람도 걸어서만 광장에 이를 수 있었다. 하지만 예정된 집회는 열리지 못한다. 집회가 시작되려 할 때 헬기가 광장 상공에 나타나 푸른 조명탄을 쏜다. 곧이어 기관총이 발사된다. 멕시코 군부대가 시위대를 공격한다. 군부대는 총사령관 및 국방장관 휘하의 정규군 병사와 멕시코 대통령 구스따보 디아스 오르다스(Gustavo Díaz Ordaz) 직할 '올림픽 대대' 군인으로 구성되어 있다. 착검한 총으로 무장한 군인이 인파 속으로 돌진해 학살을 저지른다. 추정 사망자 수는 2백명을 웃돈다. 뜰라뗄롤꼬 광장 유혈 사건은 멕시코 학생운동의 해체를 낳고 멕시코의 집단기억 속에도 깊숙이 각인된다(Kurlansky, 73~74면).

오르다스 대통령이 학생저항을 폭력으로 탄압하는 길을 택한 이유는 10월 12일에 시작하는 올림픽에 방해가 될 수 있다는 우려 때문이다. 대통령은 올림픽 직전에 멕시코를 정복하려는 꾸바와 프랑스 급진주의자의 국제적 음모가 드러났다고 믿어 의심치 않는다. 그리고 "만국의 학생운동 만세" 같은 구호를 담은 전단지뿐 아니라 미국 대학생과 프랑스 '5월 운동' 활동가가 멕시코에 나타난 데서도 증거를 찾는다. 하지만 특히 멕시코 제도혁명당(PRI)의 심기를 건드린 것은 지난 몇주간 멕시코씨티 전체에 깔린 씰크스크린 인쇄 포스터다. '빠리 5월' 때 씰크스크린 인쇄 기술을 배운 프랑스 건축학도 장끌로드 르베스끄(Jean-Claude Levesque)가 지난 9월 멕시코 학생들에게 기술을 전수했던 것이다. 이때부터 입에 맹꽁이자물쇠가 채워진 남자의 그림이나, 뱀 혓바닥을 하고 눈에는 달러 지폐가 덧씌워진 저널리스트의 모습, 전투헬멧을 쓴 사악한 원숭이로 그려진 대통령의 풍자화 등을 담은 포스터가 도처에 나붙는다(Kurlansky, 374면).

포스터는 학생들의 불만을 상징적으로 보여준다. 1968년 멕시코에서는 대학과 출판사, 신문, TV, 영화산업에 대한 국가 통제를 실시한다. 학생들은 언론의 자유와 지식계의 자율권을 얻기 위해 시위를 벌인다(Zapata Galindo, 144면). 멕시코 학생들은 미국의 저항을 주의깊게 살피고 1967년 게토에서 들고일어난 '블랙팬더'에도 공감을 나타낸다. 게바라와 까스뜨로는 멕시코에서도 경탄의 대상이고 까뮈와 프란츠 파농의 책이 드브레의 『혁명 속의 혁명?』과 나란히 필독서 목록에 오른다(Kurlansky, 366면).

5월 31일, 뜨로쯔끼주의 성향의 노동자 정당이 멕시코 학생과 노동자에게 프랑스 저항의 전개과정을 설명하려고 집회를 열었다. 7월 24일에는 프랑스 낭떼르에서 온 대학생 드니 드끄레안느(Denis Decreane)와 디디에 뀌에자(Didier Kuesza)가 멕시코대학 경제학부에서 연설했다. 이틀 뒤 7월 26일에는 결국 멕시코씨티의 항의 행진에서도 빠리 소요 때 등장한 요구가 울려퍼졌다. "학우들을 석방하라!" 이날의 항의 시위에서는 경찰 투입사건을 비판했다. 정부 측이 청소년 패거리와 대학생 간에 벌어진 지난 23일의 폭행 소요 사건 때 질서회복 차원에서 치안경찰 투입을 단행해 다수의 부상자와 체포자를 낳은 탓이다(Kurlansky, 368면). 7월 26일의 시위대는 경찰이 '7월 26일 운동' 창설을 기념하는 까스뜨로 추종자를 탄압하는 현장과 우연히 맞닥뜨렸다. 시위대는 까스뜨로 추종자와 합류해 시위행진을 계속했다. 경찰이 투입되고 다시금 시위대를 향한 폭력적인 공격이 이루어졌다. 멕시코대학 정치·사회과학부 학생들은 파업 돌입으로 대응했다. 학생들은 경찰 수뇌부의 해임을 요구하고 언론의 정부 종속에 반발했다. 그리고 이딸리아나 독일, 미국 학생과 마찬가지로 검열 보도에 맞서 대항여론의 길을 모색했다.

　　프랑스와 달리 총파업은 터지지 않았다. 하지만 멕시코에서도 치안경찰 투입은 지식인과 학생의 연대에 불을 지폈다. 지식인이 대거 학생과 경찰의 충돌에 개입하고 나섰다. 하지만 멕시코 국가는 대결 전략을 밀고나갔다. 9월 18일 멕시코 국립자치대학 캠퍼스를 차단한 군대는 포위된 학생과 강사 들에게 팔을 든 채 바닥에 엎드리도록 강요했다. 군인들은 대학 건물을 샅샅이 뒤져

약 1천명을 체포하고 타자기와 현미경, 영사기도 압수했다(Brons, 142면). 며칠 뒤 경찰이 국립과학기술대학 건물로 진입을 시도하자 학생들은 각목을 들고 막아섰다. 곧이어 투입된 군대가 사격을 개시해, 플래카드를 걸거나 벽에 슬로건을 휘갈기려는 학생 시위자들에게 발포했다(Kurlansky, 374면).

작가 옥따비오 빠스(Octavio Paz)에게 정부의 행위는 "도저히 납득할 수 없는 엄청나게 비정상적인 것"이었다. "학생운동이 정권에 어떤 직접적인 위협도 아니었기 때문에" 더 이해하기 어려웠다. 학생운동은 '전복'이 아니라 "진정한 혁명 전통으로의 복귀"를 지향하는 '민주적·개혁적' 운동이었다. 학생들이 원하는 것은 명명백백했다. "지난 40년간 권력을 유지해온 제도혁명당의 개혁"이었다(Paz 1998, 214면). 옥따비오 빠스는 지난 10년 동안 외교관으로, 1962년부터는 인도 대사로 제도혁명당의 대외정책을 대변하고 있었다. 하지만 뜰라뗄롤꼬 광장에서 벌어진 학생운동 유혈진압을 계기로 외교관직을 떠난다(Paz 1998, 73면). 멕시코에서 올림픽 경기는 계획대로 진행된다. 옥따비오 빠스는 1971년에야 멕시코로 돌아간다. 빠스는 뜰라뗄롤꼬 학살 직후 추모시를 짓는다.

서구와의 접속두절
도르 윤커스와 에드야 윤커스를 위하여[20]

20) 에드야 윤커스(Adja Yunkers)는 라트비아 출신 미국 추상표현주의 화가이고, 도르 윤커스(Dore Yunkers)는 미술평론가로 활동한 그의 아내이다. 에드야 윤커스는 노벨문학상을 수상한 시인이자 작가인 옥따비오 빠스와 서로 영향을 주고받았으며 공동 작업을 하기도 했다.

고결한 것 / (이 순백의 종이 위에 / 쓰는 일이 / 가치있을 듯한) / 고
결한 것은 고결하지 않다 / 고결한 것이란 분노 / (스페인어로 노랗고
검은 / 울분 덩어리인)? / 이 종이 위에 퍼져나가는 분노이기에. / 왜? /
치욕은 분노 / 자기 자신에게 돌려지는 분노. / 만약 / 전국민이 치욕을
느끼면 / 도약을 위해 / 몸을 웅크리는 사자가 되기에. / (도시 공무원
들이 / 그 희생자의 광장에서 / 피를 씻어낸다) / 이제 보라, / 가치있는
것을 / 말하기도 전에 / 더럽혀진 / 그 고결한 것을.(Brons, 134면)

옥따비오 빠스는 미국과 영국에서 객원교수직을 맡으며 멕시
코 정권을 비판하고 반정부 지식인들과 접촉한다. 학생운동이
'아래로부터의' 민주화 과정의 필요성을 역설하는 본보기로 작
용한 것이다. 어떤 저널리스트가 언급하듯 뜰라뗄롤꼬 학살이 벌
어진 10월 2일에 "다시 태어난" 작가와 예술가 및 언론인이 나서
정부와 독립된 자율적 문화공간 확보를 위해 매진한다(Zapata
Galindo, 146면 이하; Kurlansky, 381면). 저항을 진압당한 일부 학생은
무장 게릴라 그룹에 가담한다.

1968년 10월, 한 남성도 '게릴라 정신'으로 살며 활동하기로 결
심한다. 드브레의 죽마고우로 의대에서 프랑스 '5월 운동'을 지원
하고 콘벤디트가 5월 중순 강연차 베를린과 암스테르담, 프랑크
푸르트로 갈 때 차를 빌려주기도 했던 인물인 베르나르 꾸슈네르
다. 꾸슈네르는 아프리카의 비아프라로 떠난다. 내전에 휩싸인
비아프라에서는 적십자 발표에 따르면 매일 8천~1만명이 목숨을
잃었다. 사망자는 대부분 난민 수용소에서 영양실조로 죽어간다.

적십자가 약품과 식료품을 실어 비아프라로 보내려는 비행기 편은 교전 때문에 반복해서 가로막힌다. 비아프라에는 모든 것이 부족하지만, 무엇보다 의사가 모자라다. 꾸슈네르는 적십자 업무를 수행한다. 꾸슈네르는 1964년 꾸바에서 알게 된 의사 출신 게릴라 전사 체 게바라에게 박사학위 논문을 바친 바 있었다. 특히나 게바라의 삶과 관련된 다음 일화에 깊이 매료되었다. 게바라가 볼리비아 군인의 사정권 안에 있는 도로를 건너야 할 때였다. 게바라의 짐은 너무 무거웠다. 탄약통과 의료장비 가방 중 하나를 버려야 했다. 게바라는 탄약통을 들고 의료가방을 내려놓았다. 얼마 지나지 않아 게바라는 부상을 입게 되었다. 하지만 게바라와 달리 꾸슈네르는 의료가방을 택한다. "전쟁에 대한 전쟁을 수행하기" 위해서였다(Cohn-Bendit/Kouchner, 25, 28면).

　베르나르 꾸슈네르는 1968년에 29세였다. 1939년생인 꾸슈네르는 전시 상황의 삶에 익숙했다. 유대인 의사 아버지와 프랑스 신교도 어머니는 독일 군대가 진격해오자 그와 누이를 데리고 빠리를 떠났다. 유년기 체험은 전쟁과 도주, 테러로 점철되었다. 많은 아버지 친척과 조부모는 아우슈비츠로 이송되어 죽었다. '레지스땅스', 즉 저항은 꾸슈네르가 가족의 운명에서 끌어낸 교훈이다. 나아가 다른 사람들이 죽을 때 살아남았기에 의미있는 삶을 살아야 했다. 독일점령 하에서 저항하거나 스페인 내전에 의용군으로 참가한 사람들의 길을 자신도 따르려고 했다. 모험을 좇는 삶이 뒤따른다. "피억압자의 편에서 인민의 해방"을 체험하기를 바라고 또 이를 위해 투쟁하리라 결심했다고 꾸슈네르는 뒷날 말한다. 자신도 알듯이 스페인 내전에서 6십만명이 생명을 잃었다.

하지만 비아프라의 사망자 수는 이미 석달 만에 스페인 내전을 넘어섰다.

비아프라로 떠난 꾸슈네르는 다른 사회참여적인 의사들과 같이 일했다. 꾸슈네르와 동료 의사들은 요동치는 내전의 소용돌이 속에서 누가 가해자고 누가 희생자인지 재빨리 깨닫는다. 또한 나이지리아 정부가 비아프라에서 인종적 동기로 유발된 말살정책을 밀고나간다는 확신에 이른다. 꾸슈네르와 동료들은 이 사실을 알리려 하지만 적십자 규정에 가로막힌다. 적십자가 오로지 인도주의 과제에만 전념하는 구호조직으로 자처한 탓이다. 적십자 회원은 중립성과 비밀엄수 의무가 있었다. 꾸슈네르는 의무를 지켰고 프랑스에 돌아온 뒤에야 적십자 규정을 깬다. 그리고 비아프라의 상태와 이보(Ibo) 부족 박해를 비롯해, 특히 영국과 소련 같은 강대국이 내전에서 하는 역할 등을 보고한다. 적십자를 떠난 꾸슈네르는 '국경없는 의사회'라는 이름을 내걸고 인간의 재앙에 대한 개입부대로 자처하는 적십자 대항조직의 공동설립자가 된다. 국경없는 의사회는 병원과 의대에서 협력자를 모집한다. 세계의 위험지역과 전쟁지역, 재난지역의 한복판에서 일종의 '의료 거점'[21]을 세우기 위해 그 불타는 지역으로 갈 각오가 된 사람이 모집 대상이었다. 꾸슈네르와 동료들이 베트남과 아프가니스탄으로, 레바논과 코소보, 이라크로 가로지른 긴 여행의 첫 번째 역이 바로 비아프라다. 우리는 그 여행을 '인권의 게바라주의'(Kurlansky)라고 일컫는다.

21) 체 게바라의 '게릴라 거점'에 빗댄 말이다.

22

「베트남 논쟁」연극 상연과
시위대의 '뱀춤'

토오꾜오, 10월 21일: 승객 수송에 있어서 세계 최대 규모인 신주꾸 역이 베트남전에 반대하는 대규모 시위의 중심이 된다. 10월 21일 '국제 반전의 날'에 전쟁반대자가 신주꾸 역의 원·근거리 교통을 마비시킨다. 선로를 점거해 철로 위에 주저앉는 바리케이드 형태의 차단방식을 이용했다. 경찰과 시위대의 폭력적인 대결이 벌어지고 화염병이 허공을 가른다. 인근 경찰서가 화염에 휩싸인다. 364명을 체포한 경찰은 주모자에게 최고 3년 금고형이 가능한 폭동법 조항을 적용한다(Derichs, 117면).

미국의 베트남전 수행에 맞서 일본에서 벌어진 항의는 대학생과 '베헤이렌'(베트남에 평화를! 시민연합)운동이 주도한다. 후자는 1965년 미국의 모범에 따라 설립한 단체였다. 폭탄을 실은 B-52 폭격기가 매일 오끼나와에서 베트남 상공을 향해 이륙한다는 사실이 일본에서 전쟁반대 항의를 지속하는 데 특히 힘을 실어준다. 제2차 세계대전 종전 후 미국은 오끼나와에 더 많은 군사기지를 확보했다. 전후 두 나라가 체결한 '안보조약'은 미 육해공군의 일본 주둔뿐 아니라 일본 정부와 협의 없이 주둔지에서 활동할 권리도 보장했다. 안보조약 갱신 문제는 1960년 일본 학생운동이 등장하는 계기로 작용하고, 경찰 추산으로 460만명이 안보조약 반대시위에 참여했다(Derichs, 94면). 안보조약 폐기와 미군기지 해체, 일본의 독자성과 중립성을 요구사항으로 내세웠다(Hisato, 75면). 1968년에도 상황은 전혀 달라지지 않는다. 정반대였다. 학생들은 1970년에 처리될 안보조약 재갱신에 맞선 저항을 준비하고 있었다.

행동을 계획하고 실행하는 대학생 자치조직 '전학련'(전국일본학생자치회총연합)에는 뜨로쯔끼주의 성향의 '혁명적 맑스주의파'(혁마르파)도 있었다. 1948년 좌파 대학생 그룹의 상부조직으로 결성된 '전학련'은 민주적 중앙집중제로 이끌어지며 일본공산당(KPJ)의 통제를 받다가 1958년부터 두 계열로 나뉘었다. 하나는 친공산당 그룹이고, 나머지 하나는 공산당과 엄격히 거리를 두는 신좌파였다. 신좌파 진영에는 뜨로쯔끼주의나 마오주의 성향 조직과 나란히, 이딸리아공산당(PCI)을 모범으로 삼는 이른바 구조개혁주의 성향의 써클도 함께 있었다. 신좌파 그룹은 1964년부터 플라스틱 헬멧 착용을 통해 외형이 구분된다. 헬멧 색깔이 그룹마다 다르고 각 그룹의 이름이 새겨져 있어 보호 기능 외에 소속과 연대감을 표시하는 역할도 한다(Yutaka, 115면). 가령 뜨로쯔끼주의 성향인 '혁마르파'의 경우 헬멧 정면에 큰 글씨로 전학련의 'Z'를, 측면에는 '혁마르'를 써넣고 '반제국주의'나 '반스딸린주의' 같은 슬로건도 이따금 덧붙인다. 또한 신좌파 그룹은 코

와 입을 하얀 입마개로 덮어 얼굴을 가린다. 시위할 때 물에 적시는 입마개는 최루탄도 막고 경찰의 신원확인도 어렵게 한다. 손에는 '게바보오'(ゲバ棒)라는 2미터가량의 나무막대를 든다. '게바보오'는 독일어 '폭력'의 발음 '게발트'(Gewalt)에 해당하는 일본어 '게바루또'(ゲバルト)에서 따온 말이었다(Masahiro, 215~16면). 나무막대는 혁명적 폭력을 대변한다. 이 폭력이 상징적으로 남아야 할지, 실제 행동으로 전환되어야 할지는 논란이 분분했다. 혁명적 맑스주의자로 자처하는 '혁마르파'는 가두투쟁을 선전하는 '3파 연합'과 선을 긋는다. '혁마르파'는 경찰의 물대포 투입을 '3파 연합'의 가두투쟁 탓으로 돌리며, 가두투쟁이 아니라 조직이 혁명으로의 길이라고 믿는다(Masahiro, 203; Yutaka, 124면).

하지만 전학련은 비폭력적 시위 형태를 통해 세계에 알려진다. 그것은 시위자들이 리드미컬하게 움직이는 이른바 '뱀춤'으로, 지휘자의 역동적 호각 소리에 따라 4명에서 10명 정도가 지그재그 형태로 전진하는 시위 방식이다. '뱀춤' 혹은 '지그재그 시위'를 통해 일본 학생들은 경찰 기동대의 차단선 돌파에 성공했다. 프랑스 뜨로쯔끼주의자는 전학련에서 헬멧을 들여왔다(하지만 종종 오토바이 헬멧을 더 선호했다). 미국 '웨더멘 그룹'은 '게바보오' 나무막대를 넘겨받았다. 1968년 일본에서는 공산당 성향의 학생그룹까지 결국 '뱀춤'을 시작해, 1만 2천명의 시위대를 지그재그 형태로 교육부 앞으로 이끌기도 했다(Yutaka, 134면).

베트남전이 일본에서 벌어진 항의의 유일한 원인은 아니었다. 대학 소요는 일찍이 1960년부터 전국을 뒤흔든다. 정부의 대학개혁안이 원인이었다. 미국이나 프랑스, 독일과 마찬가지로 일본도 대학교육을 산업의 필요에 맞추려는 정책을 추진했다. 1960년에 이미 대학 개혁을 위한 '중앙교육위원회'를 설치하고, 1962년에는 대학 자율성을 제한하고 교육부가 대학을 더 강력히 통제하도록 하는 '대학통제법'을 제출했다. 이런 개혁은 전후의 재교육 진행과정에서 보장한 학생들의 발언권, 가령 대학총장 선출시 거부권 같은 것을 빼앗는다(Yutaka, 103~10면). 학생들은 민주국가 일본이 학생의 참여권을 인정해야 한다고 확신하며 세가지 분야의 공동결정권을 요구했다. 총장 및 학장 선거 영역, 대학 교수회 영역, 학생회관 및 기숙사 영역이었다. 1966년 토오꾜오의 세 대학 와세다, 메이지, 쥬우오오 대학에서 동시에 저항이 폭발했다. 이때 학생들은 특히 연좌농성과 건물점거 같은 미국과 서유럽 신좌파의 행동 형태를 가져왔다. 프랑스 '5월 운동'의 자극 속에 결국 일본 학생들도 바리게이드를 세웠다(Masahiro, 223면).

일본 저항운동의 특징은 자치와 자주에 대한 추구였다. 일본 신좌파를 묶어주는 핵심 사상을 담은 개념은 바로 '주체성'이었다(Derichs, 81면). 교수 일부와 노동자, 농민도 전학련의 행동을 종종 금전 형태로 지원했다. 토오꾜오 신주꾸 역 바리케이드 사건 때도 노동자들은 안보조약 개정에 맞선 항의 때처럼 학생들과 협력했다. 반면 구좌파에 대해서는 정부와 협조한다고 비난을 퍼부었다. 나리따 공항 건설 반대 행동에서는 학생 좌파와 농민의 공조도 이루어졌다.

베트남전 때문에 반전세력의 동원은 나날이 강화 일로를 걸었다. 3월 31일 존슨 미 대통령이 북위 20도 이북에 대한 폭격중단을 선언하지만, 남베트남민족해방전선(NLF)의 통제를 받는 지역의 폭격은 이후 3배로 늘어난다. B-52 폭격기는 이제 북위 20도 이남에 폭탄을 투하한다. 지상 작전도 강화되었다. 미군 병사와 남베트남 특공대로 구성된 기동부대가 베트콩 거점을 찾아 마을 과 논을 샅샅이 수색한다. 기동부대의 대응방식은 극히 야만적이 었다. 게릴라와 민간인의 구별은 더이상 없다. 여자와 어린아이 를 포함한 모든 대상은 적으로 간주한다(Frey, 174면). 중단된 폭격 도 재개해 북베트남 목표, 특히 베트콩 보급로를 노린 비행기 폭 격을 다시 시작한다(Frankum, 60~61면). 하지만 격심한 폭격 피해에 도 불구하고 북베트남 주민은 거리와 터널, 건물과 교량을 수리 하고 보수하며 남베트남 해방운동의 지원을 멈추지 않는다.

5월 초 아내 구닐라(Gunilla)와 북베트남 길에 오른 독일 작가 페터 바이스는 재개된 미국의 공습을 직접 경험한다. 그리고 일 기장에 기록한다. "지구상의 가장 부유한 나라가 가장 가난한 나 라를 억압한다. 비행기가 윙윙거리며 하늘을 날고 사람들은 지옥 에 산다." 또한 이렇게 덧붙인다. "그때 받은 인상, 언제쯤이면 그것에 대해 쓸 수 있을까"(Weiss 1982, 578, 588면). 북베트남에서 돌 아온 페터 바이스는 『슈피겔』(Spiegel)지 인터뷰에서 북베트남은 제2차 세계대전을 떠올리게 하는 '전시 상황'이나 다름없고, 미국 의 전쟁 방식이 한 국민의 생활터전 말살을 목표로 삼기 때문에 베트남전은 대학살이라고 밝힌다. 끝으로 존슨 미 대통령이 3월 31일 선언한 폭격 제한은 두세 배의 공습 확대로 이어졌다고 말 한다(Weiss 1968c, 66~67면).

페터 바이스보다 두 달 앞서 북베트남으로 날아간 메어리 매카 시도 처음에는 그때 받은 인상을 글로 표현하는 데 어려움을 느졌다. 하노이의 경험은 '충격적'이었다. 남편이 미국 대사로 있는 빠리로 돌아온 메어리 매카시는『뉴욕 리뷰 오브 북스』에서 북베트남 지도자에 경의를 표하고, 위기의 시대에 너무 지식인적인 거리두기에만 머문다고 생각하는 자기 세대를 비판한다. 그리고 미국의 유일한 선택이 험프리나 닉슨 중 한명을 뽑는 것이라면 프랑스 학생운동의 슬로건 "선거는 변절이다!"에 동의한다고 한나 아렌트에게 보내는 편지에서 토로한다(Arendt/McCarthy, 326~38면).

무엇을 할 것인가? 이는 베트남전을 중단시키려고 나선 지구촌 사람들 모두에게 제기된 문제였다. 만약 그 사람들의 도덕적·윤리적 항의가 다수에게 무시받고 요구와 상황분석도 받아들여지지 않는다면 무엇을 해야 하고 또 무엇을 할 수 있을까? 항의 행동의 급진화가 한 가지 답이었다. 토오꾜오에서는 1967년 유이쭈우노신(由比忠之進)이라는 73세 남자가 정부 수반 사또오 에이사꾸(佐藤榮作) 총리에게 편지를 보내 베트남 국민의 고통을 최대한 빨리 끝내도록 촉구하고 베트남전에 항의해 11월 11일 공개적으로 분신자살했다(Derichs, 116면). 독일에서는 1968년 4월 2일 밤 안드레아스 바더, 구드룬 엔슬린, 호르스트 죈라인, 토어발트 프롤 등이 프랑크푸르트 차일 쇼핑거리의 두 백화점에 불을 질렀다. 그리고 베트남전에 대한 독일사회의 무관심에 항의하려고 방화했다고 10월 프랑크푸르트 지방법원에서 밝혔다. 시카고에서는 미국 SDS 회원들이 8월 경찰과 가두투쟁 후 적군파 창설을 고민하기 시작했다. 지하조직 '웨더멘 그룹'에 곧장 가입하고 후에 청소년 사회교육자로 일하는 빌 아이어스(Bill Ayers)는 당시 상황을 이렇게 묘사했다.

세상은 화염에 휩싸여 있었고 그 세상을 구하는 것이 우리의 의무였다. 우리는 객체가 아닌 주체로 역사에 발을 들여놓기 위해 판에 박힌 일상을 돌파하기를 원했다. 우리는 타협자 정신을 버리고 떨쳐일어나 우리가 아는 당위에 걸맞게 단호히 행동하려 했다. 나태를 옹호할 어떤 이유도 없었기에 우리의 슬로건은 간단했다. '행동! 행동! 행동! 그리고 행동!' 우리는 잃을 게 많지 않은 소년병이었다.(Ayers, 141면)

프랑스 '3월 22일 운동'의 멤버였던 쎄르주 쥘리도 1968년에 "변화는 오직 무기로만 가능하다"고 믿는다. 쥘리는 같은 해 가을 '프롤레타리아 좌파'(GP)에 가담했다(Cohn-Bendit 1987, 86면). 국가 전체의 근본적 파괴를 지향한 이 조직은 "국가를 주민의 직접 참여에 입각하는 다른 어떤 것으로 대체할 수 있다"고 보았다(Sartre/Gavi/Victor, 70면).

독일의 페터 바이스는 1968년 3월 『슈피겔』 인터뷰에서 "베트남/우리/시대의/스페인"이라고 밝힌다. 하지만 베트남과 연대하기 위해 작가나 예술가가 할 수 있는 일은 무엇일까? 스페인 내전의 상황을 눈으로 직접 확인하기 위해 스페인으로 간 사람들 수에 비하면 베트남을 찾는 작가와 예술가는 적었다. 막상 베트남을 방문한 사람들도 북베트남이나 남베트남민족해방전선(NLF)을 지원할 마땅한 방법이 떠오르지 않았다. 『슈피겔』 인터뷰에서 페터 바이스는 주장했다. "제가 할 수 있는 일이 다른 곳에 있다고, 즉 제 자신이 살고 있는 곳에서 그 일을 더 잘할 수 있다고 믿습니다"(Weiss 1968c, 66~67면).

페터 바이스는 1966년에 이미 베트남을 다룬 연극을 구상하고 준비 작업에 들어갔다. 1967년에는 베트남 전쟁범죄를 조사하는 '러셀법정'의 회원이 되었다. 1968년 초 페터 바이스는 한 편의 희곡으로 많은 논쟁을 일으킨다. 제목은 『피억압자가 억압자에 맞서 무장투쟁을 벌일 필요성을 보여주는 사례인 베트남에서의 장기적 해방전쟁의 전사(前史)와 과정, 그리고 혁명의 토대를 파괴하려는 미국의 시도에 대한 논쟁』(베트남 논쟁)이었다(Weiss 1968b). 연극은 1968년 상반기 프랑크푸르트와 동베를린, 로스토크와 뮌헨에서 각각 초연되었다. 거대한 기획 같은 연극이었다. 전체 연극의 2/3에 해당하는 1부는 지배계급의 끝없는 권력투쟁의 연속인 2500년 베트남 역사를 다룬다. 2부는 일본 점령하의 제2차 세계대전기 종결부터 프랑스 식민세력의 복귀와 퇴각(1954)을 거쳐 1964년 통킹 만 사건까지의 베트남 역사를 다룬다. 뮌헨에서 페터 슈타인(Peter Stein)이 급진적 장면을 잘라 영화와 비슷한 분량으로 대폭 줄일 때까지 연극은(프랑크푸르트, 로스토크, 동베를린에서) 네다섯 시간 동안이나 상연되었다.

페터 슈타인은 68년 2월의 베를린 '국제베트남회의'에 깊은 인상을 받아 '항의에서 저항으로'라는 회의 슬로건을 「베트남 논쟁」의 공연 속에서 실현하려고 전력을 다한다. 페터 슈타인의 「베트남 논쟁」 연출은 베트남전이라는 세계적 해악을 발가벗길 뿐 아니라 그 해악의 제거까지 구체적으로 요구하려 했다 (Schwiedrzik/Stein, 3면). 따라서 연극에서 해설자 역할을 맡은 '카바레티스트'[22] 볼프강 노이스(Wolfgang Neuss)는 최종 박수가 나올 때 관객에게 NLF를 위한 헌금을 호소했다. 희생자 애도에만 머물지 않고 제3세계 해방운동 투쟁을 실제로 지원하기를 원했다. "호, 호, 호찌민"이라는 외침과 춤을 곁들여 베트남 역사를 다룬 연극 「베트남 논쟁」이 행동으로 이어지기를 기대했던 것이다. NLF 헌금 호소에 호응한 일부 관객은 무대 위로 돈을 던졌다.

뮌헨 캄머슈필 극장장 아우구스트 에베르딩(August Everding) 이 볼 때 헌금 호소는 극장의 역할 경계를 넘어서는 일이었다. "우리 극장의 핵심은 토론이다. 민주적인 동지들이 벌이는 토론" 이라고 에베르딩은 주장했다. 연극의 공동연출자이자 베를린 SDS 회원인 볼프강 슈비드르치크(Wolfgang M. Schwiedrzik)와 페터 슈타인은 그 주장에 반박하지 않았다. 두 사람은 오히려 극단의 내부 토론이나 관객과의 토론을 지적하며, 극장장이 그 토론 결과를 수용하지 않으려 한다고 질책했다. "민주주의는 행동이기도 하다"가 두 사람의 원칙이었다. 하지만 에베르딩은 이렇게 조롱했다. "끌로델[23]의 연극을 상연하고 나면 관객에게 매번 (가톨릭 버전의) 주기도문 암송을 요청해야 하는가? 클라이스트 (Kleist)의 잘 알려진 연극[24]이 '브란덴부르크(북독일)의 모든 적들을 가루로 만들자!'는 말로 끝나면 극단은 남독일 관객을 죽여야 하는가?"(Everding, 2면).

페터 슈타인과 볼프강 슈비드르치크는 서독을 "진정한 민주주

---

22) 카바레(Kabarett)에서 재담과 노래와 춤 등으로 정치나 시사를 풍자하는 배우를 카바레티스트(Kabarettist)라고 한다.
23) 프랑스의 (극)작가이자 시인, 외교관이었던 뽈 끌로델(Paul Claudel)은 독실한 가톨릭 신자였다.
24) 하인리히 폰 클라이스트(Heinrich von Kleist)의 연극 「홈부르크 공작」(Der Prinz von Homburg)을 말한다.

의 사회"로 보지 않았다. 극장의 민주적 관계는 무엇보다 극장운영 구조를 재편하고 나서야 비로소 창출할 수 있었다. 슈타인과 슈비드르치크는 뮌헨 문화계 담당자가 모스끄바나 군사정권 하의 그리스 아테네와 별반 차이가 없다고 생각했다. 두 사람이 요구한 내용은 "관료제의 최소화, 극장장의 봉건적 전권 폐지 및 그런 전권을 대체하는, 돈 대는 사람이 아니라 극장 종사자가 뽑고 해임할 수 있는 집단적 지도부, 연극 계획 수립에 대한 극단 성원 전체의 참여, 모든 예술적·재정적 결정의 공개" 등이었다 (Schwiedrzik/Stein, 3면). 슈비드르치크는 "당시는 아주 심하게 흥분된 상황이었다"고 회고한다. "상당수 사람들은 곧바로 권력문제를 제기할 수 있을 것이라 믿었다. 여하튼 베를린에서는 그랬다. 뮌헨에서도 그런 상황은 바로 코앞에 닥쳐 있었다." 상황이 그렇다손 쳐도 뮌헨 극장의 권력문제는 신속히 결판나고 말았다. 슈타인은 즉각 해고되고 슈비드르치크는 극장 출입 금지령이 떨어졌으며(Schwiedrzik 1998, 236~38면), 극중 해설자로 출연한 볼프강 노이스는 출연료를 받지 못했다(Salvatore, 398면).

하지만 슈타인과 슈비드르치크는 포기하지 않는다. 10월에 두 사람은 페터 바이스에게 「베트남 논쟁」을 새로 연출하자고 말한다. 이번에는 베를린의 '샤우뷔네 암 할레쉔 우퍼' 극장이 무대였다. 슈타인과 슈비드르치크는 이미 뮌헨 무대 벽에 "다큐멘터리 연극은 엿 같다"고 써놓음으로써 「베트남 논쟁」의 작가 페터 바이스에게 주목할 만한 '경의'를 표한 경력이 있었다. 그럼에도 페터 바이스는 둘을 만난다. 이 때문에 주어캄프 출판사의 저자·편집자 회의 참여까지 거절한다. 두 사람과 만난 느낌을 페터 바이스는 『비망록』이라는 책에 묘사한다. "풍채가 위풍당당한 슈타인은 머리를 땋았는데 르네쌍스나 잉카의 영주 같다. 신하를 데리고 나옴. 극장민주주의를 강조함에도 불구하고 절대적인 지도자, 결정자임. 같이 나온 자신의 최고 이데올로그가 말하는 동안 거만한 침묵으로 일관함. 이 자는 나를 극히 오만하고 건방지게 대함." 페터 바이스는 "깊은 인상"과 "억압적인 느낌"을 동시에 받는다. 페터 바이스는 「베트남 논쟁」을 "극작가의 작업을 무시하는 무대감독"에게 넘길지 혹은 "그 각본을 회수할지"를 선택할 상황에 처해 있다고 생각한다(Weiss 1982, 601~2면). 이런 상황은 자기 풍자로 이어진다. "나는 집단 속에 서 있다 / 여하튼 비스듬히 / 무엇을 해야 하나 / 여기선 웃을 일이 전혀 없다." 하지만 페터 바이스는 "나에게 맞서고 있는" 자들에게 결국 각본을 넘겨주기로 결정한다(Weiss 1982, 604면).

어떤 변화가 있었다. 베트남 문제나 '베트콩에 무기를' 같은 슬로건을 넘어서는 일이 문제였다. '연극이 무엇이고 무엇을 할 수 있는지'가 관건으로 떠오른다. 나아가 '문학의 미래'가 중요한 이슈가 된다.

23

11월의 문제,
문학은 대체 어디로 가는가?

    예술이 사회를 바꿀 수 있을까? 페터 슈타인과 볼프강 슈비드르치크는 예술이 정치에 미치는 영향력을 "완전 제로나 마찬가지"라고 평가한다. 두 사람은 극장이 민주적 계몽 기관이라는 주장에 의문을 제기하며 이런 주장이 극장의 현재 기능과 모순된다고 생각한다. "관리되는 사회"에서 극장의 위상이란 "보조금을 받으며 현재의 사회 상황을 인정하는 존재"로 위축된다. 따라서 계몽적 역할을 하는 연극 연출이 가능하려면 맨 먼저 극장의 민주적 관계부터 만들어내야 한다. 슈타인과 슈비드르치크는 극장이 우선 국가적·관료적 감독에서 벗어나도록 요구한다. '자율'이 기본 원칙이다. "민주적 논단이라는 자기주장에 제대로 부응하려는 극장의 사활적인 전제조건"이 바로 자율이다. 이런 의미에서 두 사람은 「베트남 논쟁」을 무대에 올리려는 두번째 시도 역시 "민주적 실천을 위한 모델"로 이해한다. 그리고 극장 구조 내부로 들어가, 정치적 인식의 도출을 꾀하는 민주적 실천을 연극

리허설에서 행한다(Schwiedrzik/Stein, 3면).

　슈타인과 슈비드르치크는 극장 내 직접민주주의를 요구하며 위계적 권력구조와 지도구조, 결정구조를 공격한다. 그러면서 자치와 '참여민주주의', 공동결정 같은 신좌파의 핵심 사상에 기댄다. 하지만 어떤 사람은 처음부터 배제되었다고 느낀다. 희곡「베트남 논쟁」의 저자 페터 바이스다. 페터 바이스는「베트남 논쟁」상연 전야에 페터 슈타인 및 그의 극단과 베를린 샤우뷔네극장에서 한 공동작업에 대해『비망록』에 이렇게 쓴다. "'의견교환'은 있지도 않다. 진부한 소리나 마찬가지다. 나는 비난에 시달린다. 늙었다는 생각이 들고 좌절감을 느낀다"(Weiss 1982, 604면). 극장 경영진이 스스로 연극 말미의 헌금 모금 허가 신청을 냈지만 리허설 기간인 11월 18일에 갈등이 분출한다. 극장 벽에 급진적 슬로건을 그려넣은 무대 작업자에게 경영진이 극장 출입 금지령을 내린다. 극단은 항의하고 파업에 돌입한다. 페터 바이스는 파업 행동을 지지한다. 하지만 극장이 무엇이고 무엇을 할 수 있는지에 대한 생각은 극단 측과 본질적으로 달랐다. 극장 자체로는 사회를 바꿀 수 없다는 생각을 공유하긴 해도, 사고 진전을 위한 계기로 작용하는 극장의 기능은 인정했던 것이다(Kraus, 145면). 말하자면 페터 바이스는 변화의 잠재력이 제도비판에만 있는 것은 아니라고 보았다. 반면 페터 바이스의 희곡 연출 작업을 집단적으로 준비하는 극단의 생각은 달랐다. 극장은 온전히 "지배계층의 무기"일 뿐이라는 것이 극단의 입장이었다(Kraus, 150면). 따라서 오로지 문화사업에 대한 직접 개입을 통해서만 극단이 영향력을 가질 수 있다는 것이고, 베를린 SDS의 '문화와 혁명' 그룹도 그렇게 믿었다.

한스 마그누스 엔첸스베르거도 예술과 문학의 전복적 잠재력 내지 사회비판적, 유토피아적 잠재력에 대한 신좌파의 이런 의구심을 공유한다. 엔첸스베르거는 문학이 무엇이고 무엇을 할 수 있는지의 문제를 11월 『쿠어스부흐』 15호의 중심 테마로 내세운다. 그리고 시나 소설, 희곡 쓰기가 "쓸모없고 희망없는" 작업이 될 위험이 있다고 본다. 이런 의구심은 부르주아 사회가 "아무리 까다로운 '문화상품'도 빨아들이고 삼키고 소화하는" 능력이 있다는 인식에 근거한다. 부르주아 사회의 생산기구와 출판기구는 심지어 혁명적 테마까지도 놀라울 정도로 동화시킬 수 있다. "무엇이든 먹어치우는 대식가"인 것이다(Enzensberger 1968b, 193~95면). 하지만 엔첸스베르거가 늘 강조해왔듯, 현대사회의 핵심 심급인 '의식산업'은 모순을 드러내고 있다. 문학을 위한 희망의 서광도 이 모순에서 나온다. 엔첸스베르거는 그 희망을 다음과 같은 기본 원칙으로 일목요연하게 보여주려 한다. "판매하고 소비하기, 판매하고 소비하기. 이것이 시장의 정언명령이다. 누가 판매하고 누가 소비되는지, 누가 판매되고 누가 소비하는지 필자와 독자가 깨달으면 판매와 소비의 이런 과정은 정체현상을 빚는다"(Enzensberger 1968b, 188면). 따라서 '의식산업'의 메커니즘을 인식하면 변화를 낳을 수 있고 '필자'와 '독자'는 그 메커니즘의 작동을 중단시켜 자신에게 씌워진 강제를 벗어던질 수 있다.

엔첸스베르거는 문학에서 가능한 혁명은 이미 모두 시험되었다고 확신하며 말과 구문, 메타포 같은 미학적 구조의 혁명화 요구를 '공허한' 메아리만 울리는 미사여구로 본다. 반대로 '필자'

와 '독자'의 관계는 혁명적으로 바꿀 수 있다고 생각한다. 그리고 발터 벤야민(Walter Benjamin)이 『생산자로서의 저자』에서 행한 분석을 전제로 문화 생산조건의 조직화에 손을 댄다. 그러면서 작가의 작업에 독자를 참여시킴으로써 텍스트의 생산 방식을 바꾸도록 권한다. 독자의 참여는 '수정'과 '반대', '반증'과 '모욕'을 통한 '필자'와 '독자' 사이의 비판적 상호작용으로 이해된다(Enzensberger 1968b, 197면). 이는 모든 것을 바꾸어놓지만 하나는 변함이 없다. 문학이 "더이상 중대한 사회적 기능을 하지 못한다"는 사실 만큼은 불변이다.

　문학에 남은 것은 이제 피억압자의 목소리를 기록하고 분명히 드러내는 일뿐이다. 이런 맥락에서 엔첸스베르거는 라틴아메리카 해방운동의 목소리를 포착해서 표현하려고 노력한 레지스 드브레를 참조한다. 엔첸스베르거가 볼 때 서독과 유럽 전체에서 드브레와 유사한 시도를 한 경우는 존재하지 않는다. 서독에서 그럴싸해 보이는 일은 "독일의 정치적 탈문맹화"라고 이름붙인 "거대한 기획"이었다. 이 기획이 가능하려면 교육자를 교육해서 '의식산업'의 작동 메커니즘을 인식하게 하고 이를 넘어서는 것, 즉 교육자 자신의 수단을 가지고 그 메커니즘을 부수도록 하는 것이 성공해야 한다. 이런 '넘어서기' 전략을 위해서는 책이나 개별 저작권을 비롯해 시장의 분배법칙, 이론과 실천 작업의 분리 같은 '전통적 방식'과 거리를 두어야 한다. 이를 통해 엔첸스베르거는 정치적 활동 속에서 이루어지는 문학의 자기지양이라는 관점에 다가간다. 그런 비전 속에서는 '대중의 대리인'으로 이해되는 저자가 사라져버린다. 엔첸스베르거가 뒤에 쓰듯 "대중이 스

스로 저자가 되고, 더욱이 역사의 저자가 되면" 그 대리인 역할은
해소되고 불필요하게 된다(Enzensberger 1970b, 186면).

1968년 10월 엔첸스베르거는 서독을 떠나 시 쓰기를 (당분간)
중단하고 꾸바에서 살려고 한다. "꾸바인에게 큰 도움이 될 수 있
다"는 믿음도 있었다(Schickel, 238면). 엔첸스베르거는 꾸바의 외교
관 양성에 도움을 주기로 합의했다. 1968년 1월 아바나에서 '국
제문화회의'가 열리는 동안 꾸바의 혁명적 외교관들이 요령부득
인 후기자본주의 세계 속에서 얼마나 속수무책으로 움직이는지
를 직접 보았기 때문이다. 꾸바인은 그때 기회를 포착해 엔첸스
베르거와 계약을 맺었다. 엔첸스베르거는 미래의 외교관들에게
의회나 임금협상, 노동협약 관계, '의식산업' 같은 개념의 비밀을
전수하기로 한다(Lau, 252면).

1968년 11월, 바로 만 39세가 된 엔첸스베르거는 이미 4주 전
부터 꾸바에 머물고 있었다. 아직 교육 지도자로 투입되지도 않
은 상태였다. 대신 그 섬나라를 돌아보는 일주여행을 한다. 여행
이 끝나자 아내 마샤와 함께 '외국인 전용 호텔'에 묵게 된다. 엔
첸스베르거는 불평한다. 꾸바인 눈높이에 맞게 살고 싶지, 아바
나 주민이 기본 생필품을 얻기 위해 줄을 늘어서는 동안 고급 호
텔에서 혁명 관광객과 루카치에 관한 잡담을 나누고 싶지 않았던
것이다. 특별대우 대신 노동현장 투입을 자청한다. 하지만 "통상
적인 프랑스 뜨로쯔끼주의자 대표단"과 같이 투입하지는 말아달
라고 부탁한다. 부탁은 받아들여진다. 이제 엔첸스베르거는 밀림
용 칼 머셰티를 손에 들고, 1969년 1월 2일 꾸바혁명 10주년 기념
일까지 1천만 톤으로 수확량을 높여야 하는 꾸바의 사탕수수 수

확에 참여하고 커피나무 이식 작업도 돕는다. 더불어 연극 「아바나의 심문」(1970)을 위한 자료, 꾸바공산당과의 비판적 대결을 위한 자료도 가려내고 모은다.

하지만 우선 엔첸스베르거는 종일 아바나 거리를 쏘다닌다. 자신은 아직 특권적 위치에 있었다. 꾸바 정부가 가스똥 쌀바또레와 루디 두취케, 볼프강 노이스 등에게 거절한 입국을 허락받았던 것이다(Salvatore, 395면). 그래서 엔첸스베르거는 '전혀 다른 것', 즉 건설 과정에 있는 꾸바에서 많이들 보고 있는 "다른 현실의 가능성"을 찾아 그 섬을 탐색할 의무를 느낀다. 꾸바에 체류하는 동안 쓰기 시작한 시집 『타이타닉의 침몰』(1978)에서 엔첸스베르거는 후에 이렇게 노래한다. "우리는 잃어버린 무언가를 찾으려 했다 / 이 열대의 섬에서. 잡초가 무성히 자랐다 / 부서진 캐딜락들 위에서. 럼주는 어디에 있었나 / 바나나가 어디에 남아 있었나? 뭔가 다른 것을 / 우리는 거기서 찾았어야 했다——그게 대체 무엇이었는지 / 말하기는 어렵지만, / 우리는 그것을 발견하지 못했다."

교외에 있는 극장에서 엔첸스베르거는 1953년 오스카상을 받은 소위 '가라앉지 않는 배'의 침몰을 그린 할리우드 영화를 본다. 꾸바는 두번째 타이타닉호로 변하고 있었다. 엔첸스베르거는 쓴다. "좋은 동지가 / 나는 아니었다. 설탕에 관해 쓰는 대신 / 이 섬의 사회주의에 대해 쓰는 대신 / 나는 죽은 생존자와 죽은 망자를 낚시질해 올렸다, / 공평하게 그리고 50년이나 지난 후에 / 검은 물속에서." 엔첸스베르거는 '타이타닉호의 침몰'과 꾸바에 건 '희망의 침몰' 사이에 놓인 유사성을 인식하기 시작한다. 열대의 태양 아래서 노동하며 꾸바 모델에 대한 환상을 잃어가던 와중에 어떤 환영이 나타난다. '여행자'이자 '탈영자'인 엔첸스베르거가 바다를 바라보며 방파제에 앉아 있는데, 그곳으로 빙산이 다가오는 것을 그 자신이 아바나 항구 벽에 기대서 바라보고 있는 기묘한 광경이었다. 하지만 엔첸스베르거는 이 환영에서 즉각 미학적·정치적 교훈을 얻지는 못한다. "33장의 희극"이라는 형태로 『타이타닉의 침몰』에 자신의 성찰을 담기까지 10년 세월이 걸린다. 꾸바 현지 인터뷰에서 엔첸스베르거는 후기자본주의 변혁이라는 지향이 담긴 희망을 계속 놓지 않고 있었다. 그리고 변혁을 위한 두 가지 전략을 제안한다. 하나는 '의식산업'의 모순에 집중하는 것이고, 다른 하나는 우루과이 도시게릴라 '투파마로스'의 방식을 서구 산업사회 메트로폴리스로 가져오는 것이다. 엔첸스베르거의 머릿속에는 제3세계 해방운동이 서구 민주주의의 미래도 결정짓는 요소라는 생각이 남아 있었다. '일국 사회주의' 테제는 낡은 것이었다. 그래서 "모든 정치적 활동은 이제 국제적이고 혁명적인 운동의 맥락 속에서 존재하고 사라진다"고 전제한다. 또한 제3세계와의 연대는 "유용성을 입증할 수 있는 정치활동으로 표현되지 않는 한, 단순한 미사여구"에 불과했다(Enzensberger 1968a, 158면).

나치를 피해 1938년 빈에서 런던으로 도피한 1921년생 에리히 프리트는 엔첸스베르거의 입장에 회의적이었다. 에리히 프리트는 문학의 힘에 대한 신뢰를 거두지 않는다. 문학의 유용성을 급진적으로 부정하는 사람은 목욕물과 함께 아기도 버리는 것이라고 본다. 그런 사람은 "즉석에서 이용 가능한 고형 수프"를 사는 일에 "습관이 들어" '참여예술'에서도 스위스 마기(Maggi) 사(社)

의 고형 조미료처럼 혁명적 사고와 행동으로 녹아드는 즉각적인 효과를 기대한다는 것이다. 에리히 프리트는 이런 "비변증법적 실리주의"를 거부한다. 그리고 의심의 눈초리를 보내는 모든 이에게 브레히트의 사례를 든다. 브레히트는 파시즘의 억압으로 독일을 떠나 덴마크와 스웨덴을 경유하고 소련을 거쳐 미국으로 도피할 수밖에 없는 상황에서도 진실 기록의 불가능이 아니라 진실 기록의 어려움에 대해서만 말하고, 그 어려움도 용기와 현명함, 예술, 판단 및 책략을 통해 극복할 수 있다고 보았다는 것이다.

미학을 계속 밀고나가야 할 것인가, 버려야 할 것인가? 1968년에 페터 슈타인이 직면한 문제였다. 양자택일을 요하는 햄릿적인 문제였다. 나아가 극장 종사자만이 아니라 작가, 화가, 저널리스트를 비롯한 미학과 관련된 모든 사람에게 해당하는 문제였다. 페터 슈타인의 대답은 명료하다. "엄청난 의식 쇠퇴로 이어지는" 미학의 폐지는 "어떤 면에서도 도움이 되지 않고 누구에게도 유익하지 않을" 것이다(Stein/Zadek, 533면). 뒷날 페터 슈타인은 연극이 시작되는 곳에서는 다른 반응도 일어나기 시작한다고 말한다. 1937년생이고 엔첸스베르거보다 여덟살 아래인 페터 슈타인은 이런 인식을 1960년대의 자기 경험에서 이끌어낸다. "당신은 천오백명의 젊은이가 벌이는 격렬한 시위에 참가할 수 있습니다. 젊은이들은 창문을 깨고, 제가 했듯이 시립극장 폐지를 원합니다. 이어서 젊은이들이 리허설을 보러 극장에 들어가면 셰익스피어나 괴테의 작품과 만납니다. 그러면 거리에서 같은 소란은 사라집니다."(Schieb, 69면).

페터 슈타인은 68운동의 핵심 사상과 맥이 닿는 부분이 있었다. 극단의 집단작업 및 그와 결부된 공동결정이 그것이다. 이 사상은 페터 슈타인이 1970년부터 베를린 샤우뷔네극장에서 진행한 작업의 토대를 이룬다. 하지만 자신의 미학관은 극장 민주화 노력에 한계로 작용한다. 1972년에 페터 슈타인은 "배역 선정은 무조건 민주화할 수 있는 일이 아니다"라고 말한다. "민주화할 수 있는 것은 오직 자신의 의견표명밖에 없다"는 지적이다. 페터 슈타인은 "배역 선정에서 다수결로 패한다면 그 선정을 받아들이고 전력으로 일할 준비가 되어 있다"고 하면서도 "물론 거기서 어떤 결과가 나올지는 다른 문제"라고 덧붙인다. 그래서 "자신의 생각을 간단히 배우들의 처분에 맡길 수도 없고, 자기 생각이 간단히 바뀔 수 있다고도 말할 수 없다"고 밝힌다(Gilcher-Holtey/Kraus/Schößler, 83면). 샤우뷔네극장에서 공동결정은 적어도 외형상 2008년 현재까지 계속 존재하고 있다.

페터 차데크도 1972년 자기 극장 성원들에게 결정 참여권을 내어준다. 1926년에 태어나 1933년 나치를 피해 부모와 런던으로 망명한 경력이 있는 페터 차데크는 68운동을 회의적이면서도 신중하게 관찰했다. 그리고 자서전에서 말한다. "이 어려운 공동결정 모델의 시대에 나만의 공동결정 방식을 보훔극장에 도입하기로 작정했다. 이 말이 뜻하는 바는, 나는 극장이 결정권자 한 명과 계약한다는 것을 믿었고 지금도 믿고 있다는 것이다. 예술 전체를 통틀어도 마찬가지다. 취향은 다수결 투표로 합의할 수 없기 때문이다. 그러나 나는 '일정한 테마와 문제'에서 극단 측의 이의신청 권리를 인정하며 당시의 반권위주의 정서를 조금 받아들이려 했다." 하지만 페터 차데크의 제안은 퇴짜맞는다. 라이너 베르너 파스빈더(Rainer Werner Fassbinder)가 일어나 '모든 사안'에 대한 이의신청권을 요구한다. 파스빈더는 겨우 한 차례 공연 씨즌에만 보훔에 머물지만 "나중에 많은 분노뿐 아니라 생산성도 가져다준 혁명적 추동력"을 남긴다(Zadek, 377면).

24

유령 퇴장!
"교수를 변방으로!"

"대학은 우리 것이다!": 1968년 겨울 런던정치경제대학과 프랑크푸르트대학 사회학과에서도 참여권 논란이 불거졌다. 두 곳의 슬로건은 모두 '동등참여권'이다. 1968년 와중에 왼쪽으로 움직인 친노동당 성향의 학생단체 '학생조합'에서 베를린과 버클리의 모범을 끌어와 '동등참여권' 개념을 런던으로 가져온다. 하지만 각종 대학위원회의 표수 동등관계를 겨냥하는 그 요구는 런던정치경제대학의 중앙의결위원회에서 받아들여지지 않는다. 결과적으로 학생들은 대학 행정위원회에도 대학평의회에도 진입하지 못한다. 교수평의회에서만 '학생조합' 대표 네 명을 선출해 받아들인다. 그밖에 대학생과 관련된 몇몇 위원회만 학생 대표를 수용한다. '동등참여권'은 소란을 낳는 지름길이라는 생각이 대세를 이룬다.

이를 알 수 있는 사례가 프랑크푸르트다. 프랑크푸르트대학 사회학과 학생들은 학사운영의 근본적 개편을 요구한다. 학생들이 내세운 방안은 다음과 같다. 첫째, 학생의 연구회 활동을 졸업 때까지 인정하는 동시에, 고학년 과정으로 올라가는 데 필요한 시험은 없앤다. 둘째, 교수는 직위를 계속 유지하되 제도적 권리를 포기하고, 지금부터 의결위원회는 교수와 학생이 반반씩 동수로 구성해야 한다. 셋째, 학과예산의 일정 몫을 쓸 수 있는 학생만의 연구 활동 분야를 추가로 인정한다(Kraushaar I, 378면).

학생들은 이런 요구에 힘을 실어주기 위해 12월 8일 묄리우스 거리에 있는 사회학과를 점거한다. 다니엘 콘벤디트와 프랑푸르트 SDS 대표 한스 위르겐 크랄도 점거에 가담한다. 점거 학생들은 전체 학생의 '능동 파업'을 촉구한다. "대학의 변화를 기다리지 말고 우리가 직접 변화시키자!" "대학은 우리 것이다!" "학문의 자유를 쟁취하자, 우리가 원하는 것을 찾아내자!" 같은 슬로건이 울려퍼진다. 12월 10일에 열린 사회학과 총회에 아도르노(Th. W. Adorno)와 하버마스(J. Habermas) 교수도 참가한다. 두 사람이 보는 앞에서 조교들이 학생과 연대한다(Kraushaar I, 378면). 런던 정치경제대학에서는 학생들의 무절제한 행동을 조장하거나 그런 행동에 가담한 강사들이 11월 이후부터 이미 해고 위험을 무릅쓰고 있었다(Caute, 364면). 이런 상황에서 SDS 의장 출신 라이무트 라이헤가 프랑푸르트대학 사회학과 점거현장의 분위기를 달구며 호소한다. "관습적인 학술활동을 박살내고, 학생 스스로 조직한 정치적 성향의 학문활동에 동참할 마음이 없는 교수를 모조리 변방으로 보내버릴 수 있는 순간이 드디어 도래했다." 아도르노와 하버마스는 이 말을 듣고 회의장을 떠난다(Kraushaar, I 378면).

하지만 아도르노와 하버마스는 학생들에게 계속 대화를 제의

한다. 12월 16일, 두 사람은 교수·학생·조교 3자 동수로 구성된 학과 총회에서 새로운 학과규정을 토론할 뿐 아니라 학과 및 교과 운영 과정에서 학생의 연구회 활동도 지속적으로 인정할 준비가 되어 있다고 알린다. 하지만 학점은 학생의 연구회 활동이 아니라 교수와 강사의 학업평가를 통해 부여된다는 생각을 고수하고, "학문을 박살내자"는 슬로건과 맞닥뜨린 지점에서 학생들과의 협력 의지는 종언을 고한다. 두 사람은 슬로건 대변자들에게 "모든 적절한 수단을 동원해서 대응할 것"이라고 통보한다. 결국 사회학과 점거는 12월 18일 이른 아침 물대포와 수송차 세 대를 동원한 경찰병력에 일소된다.

런던정치경제대학(LSE)에서도 점거는 익숙했다. 1967년 3월 처음 점거를 맛본 LSE는 1968년 가을 마지막으로 점거되었다. 당시 전국적 소요사태는 LSE 학생들이 대처방안을 숙고하도록 자극했고, LSE의 가을 점거는 지난 30년간 영국에서 일어난 최대 규모 시위와 밀접히 결부되었다. 10월 27일 런던에서 무려 10만명이 베트남전 반대 시위를 벌일 때 LSE 학생들이 점거를 통해 그 시위를 지원했던 것이다. 점거된 LSE에는 베트남전 반대 시위의 주최측인 '베트남연대캠페인'(VSC)과 관련된 의사나 간호사를 비롯한 응급의료단이 묵고 있었다. 뿐만 아니라 LSE 건물은 여러 그룹의 토론 광장으로도 기능했다. 영국 정부에서는 VSC가 조직하는 시위가 영국을 5월 말의 프랑스 위기와 맞먹는 상황으로 밀어넣을지도 모른다고 우려했다. 황색저널은 심지어 두번째 '10월 혁명'이 오고 있다고 보도했다. BBC에서는 만일을 대비해 롤링 스톤즈의 노래 「스트리트 파이팅 맨」(거리의 투사)을 방송 금지했다(Ali, 244면; Caute, 363~64면). 여론조사 결과는 시위자 대다수가 자본주의에 적대적 태도를 취하고 있음을 시사했다. 베트남전에 맞선 항의에서 출발한 시위자들은 군산복합체에 비판의 목소리를 높이고 제국주의에도 반기를 들었다.

VSC의 타리크 알리는 10월 27일 시위의 '분위기'를 "세상은 변해야 하고 프랑스와 베트남은 진보가 가능함을 증명했다"는 말로 특징지었다. 그리고 프라하에서도 역시 어떤 가능성이 드러났다고 보았다. 즉 유럽에서 일어나는 일정한 변화가 "지금까지 존재한 것보다 훨씬 더 민주적인" 체제의 창출로 이어질 가능성이었다(Ali, 248면). 타리크 알리가 공동 발행한 『블랙 드워프』(*Black Dwarf*)지는 10월 27일 대규모 반베트남 시위의 중앙 관제탑으로 발전했다. 롤링스톤즈의 믹 재거는 손으로 쓴 「스트리트 파이팅맨」 가사를 『블랙 드워프』에 넘겨 시위자들이 접할 수 있게 했다.

올리비에 토드(Olivier Todd)와 메어리 매카시가 10월 27일 시위의 목표를 듣기 위해 타리크 알리와 인터뷰하려고 빠리에서 왔다. 토드는 거절당했고 매카시는 제3자의 주선으로 겨우 5분의 인터뷰 시간을 허용받았다. 매카시는 크게 화가 났다. 하지만 이와 관련한 타리크 알리의 입장은 20년 뒤에도 단호했다. 매카시가 이집트나 브라질 또는 인도 같은 데서 온 저널리스트보다 나은 조건에서 취재해야 할 이유가 없다는 것이다. 1968년 겨울 타리크 알리는 미디어 세계로 들어가기 위한 중재자가 더이상 필요하지 않았다. VSC와 타리크 알리는 모든 사람의 입에 오르내렸고 알리에게 스포트라이트가 쏟아졌다. "전세계가 보고 있었다." 알리도 알았다.

알리는 반베트남전 시위 집회가 평화적으로 진행될 것이라 예고했고 그런 생각을 굳게 밀고나갔다. 그리고 시위 전야에 "도시 게릴라전 수행을 위한 어떤 연습도" 없을 것임을 LSE에서 밝혔다. 알리는 학생들을 진정시키고 분위기를 가라앉히려고 애썼다 (Dahrendorf, 462면). VSC 그룹 일부가 "미 대사관 앞의 난폭한 대결"을 선호함을 알았기 때문이다. 하지만 알리가 볼 때 시위 동안 모든 일은 계획대로 흘러갔다. 시위대 본대는 '빠리의 5월'에 이미 사용한 것도 섞여 있는 깃발과 플래카드를 들고 런던 거리를 가로질러 다우닝가로 움직여갔다. 알리는 총리 관저가 있는 다우닝가에서 노동당 출신 해럴드 윌슨(Harold Wilson) 총리에게 보내는 항의 편지를 전달했다. 시위대는 계속해서 하이드파크로 행진해갔다. 지난 3월 18일 폭력 대결이 벌어진 미 대사관 앞 그로스브너 광장 쪽으로 빠져나간 것은 일부 소규모 시위대뿐이었다. 마오주의자들이 거기서 경찰과 대치했지만 당국에서는 폭력적인 경찰 투입을 자제했다. 영국 정부는 과도한 탄압의 길로 도발되지 않는 영리함을 보였다(Fraser, 280면).

시위대가 집결한 하이드파크에서 프랑스 '혁명적 공산주의청년연합'(JCR)을 모범으로 삼은 뜨로쯔끼주의 학생 그룹의 결성을 호소한다는 구상은 알리의 기대와 달리 실현되지 못했다. 제4인터내셔널을 조직한 영국 뜨로쯔끼주의자들이 그 구상에 맞섰기 때문이다(Ali, 251면). 따라서 10월 27일 시위의 동원 역동성은 새로운 조직으로 전환되지 못했다. 인상깊은 그 항의 시위 행렬은 결국 해산했다. 10월 27일 시위는 베트남전에 맞선 런던의 마지막 대규모 시위가 될 터였다. "우리는 기운이 빠졌습니다"라고 알리는 그때를 돌아보았다. 알리는 그 집회를 끝으로 베트남전 반대라는 '단일쟁점운동'이 종언을 고했다고 본다. 그리고 이런 결과를 '비극'으로 회고한다. 이유는 "많은 사람이 급진화되고, 이제 그 사람들은 가령 독일과 미국에서라면 두 SDS에 투영할 수도 있었을 동일시의 대상이 무엇인지 몰랐기 때문이다"(Fraser, 281면). 결국 저항은 대학으로 되돌아간다.

런던, 1969년 1월 24일: 런던정치경제대학(LSE)에서는 내부 침입자를 물리치고 점거를 막기 위해 복도와 계단 등 건물 도처에 철문을 설치했다. 철문이 연달아 촘촘히 세워진 곳도 있었다. 철문은 열려 있었지만 학생들은 감옥 속의 죄인이 된 느낌을 갖는다. 그래서 철문이 무엇을 뜻하는지 총장의 설명을 요구한다. 총장은 "무단점거가 있을 경우 설치 가능한 것"이라고 밝히며 몇몇 "불필요한 철문은" 치울 용의가 있다는 태도를 취한다. 1969년 1월 24일 표 대결에서 학생 242명이 철문 대응 조치에 찬성한다 (236명 반대, 76명 기권). 장학금으로 런던에 살고 있는 두 미국인 학생이 앞장서고 다른 학생들이 뒤따른다. 여학생도 곡괭이로 철문의 고정장치를 부순다. 철문에 맞선 반란이 권위에 대한 반란이 된다. 교수들이 철문을 지키려고 여러 층에 출몰한다. 공포 분위기가 양산되는 전반적 혼란 속에서 총장이 경찰을 부르고, 그날 저녁부로 4주간 대학 문을 걸어잠근다(Dahrendorf, 465~66면).

학생들은 분노한다. 폐쇄된 LSE로 무장 진입할까 고민한 학생도 몇몇 있었다. 나중에 한 학생은 노동자계급 지향성 때문에 무장으로 가지 않을 수 있었다고 고백한다. 그 학생은 LSE에서 저항한 다른 여러 학생들처럼 뜨로쯔끼주의자였다. 또한 무장은 허황

된 일이었을 것이라고 20년 뒤 홀가분하게 밝힌다. 그 학생은 대학 폐쇄에 대한 LSE 학생들의 '최악'의 대응이 런던 유니언대학 수영장을 점거한 일이라며, 발가벗은 아나키스트와 속옷만 입은 맑스주의자들이 거기서 수영을 했다고 한다(Fraser, 282~83면). LSE 측에서는 규율 위반을 들어 학생 5명(외국인 2명 포함)의 제적과 강사 2명의 해고로 1월 24일 사건에 대응한다. 사회학자 로빈 블랙번이 해고 강사 중 하나였다. 학생들이 철문에 대항하기로 결정했을 때 블랙번은 강의중이었지만, 이런 정황이 해고를 막지는 못한다. 블랙번의 해고에 항의하는 학생들이 2월에 교수 휴게실로 밀고들어가 점거를 선언한다. 한 학생이 권위의 상징인 LSE 이사회 의장의 초상화를 벽에서 떼어낸다. 반발한 교수들이 분노의 고함을 내지르며 초상화를 다시 뺏으려고 학생에게 달려든다. 문제의 학생은 런던 법정에 선다. LSE 당국은 해당 학생에게 초상화를 다시 걸도록 하는 벌을 부과한다. 초상화는 원래 자리로 돌아가고, 블랙번은 결국 떠나야 했다(Caute, 283면).

블랙번의 대학에서의 경력은 그렇게 종지부를 찍고 만다. 베를린 '국제베트남회의'에 참석한 지 1년 뒤이자 볼리비아 까미리 감옥에서 레지스 드브레를 만난 지 6개월 뒤였다. 이후 블랙번은 언론인과 출판인, 『뉴 레프트 리뷰』 편집주간이 되고, 2007년 2학기에서 2008년 1학기까지 뉴욕 신사회연구소의 초빙교수로 '제국과 혁명' '역사적 관점에서 본 지구화와 반제국주의' 같은 강의를 맡는다.

프랑크푸르트, 1969년 1월 24일: 행동주의 학생그룹 하나가 프랑크푸르트대학 사회학과를 다시 점거하기로 결의한다. "연구회 그룹들의 조직본부"를 세우기 위해서였다. 하지만 이번에는 '변형된' 점거가 되어야 했다. 이번 점거는 전화가 설치된 사회학과 강의실 하나와 비품에만 집중할 터였다. 정규 학과 운영에 필요한 비품이 아님을 전제로 했다. 전화기를 비롯한 비품들은 '직접행동'을 준비하는 데 이용할 것이었다. 프랑크푸르트 샤우슈필하우스극장에서 헤르베르트 폰 카라얀(Herbert von Karajan)과 함께하는 음악축제를 방해하는 행동이 계획되어 있었다. 독일 최대 통신판매 회사 사주 요제프 네커만(Josef Neckermann)이 "올림픽 경기를 위한 스포츠 후원" 행사의 일환으로 개최하는 음악회였다. 초대 손님 가운데는 키징어(K. G. Kiesinger) 총리와 에른스트 벤다(Ernst Benda) 법무장관도 있었다. 시위를 호소한 독일 사회주의학생연합(SDS)은 다음과 같은 슬로건이 담긴 유인물을 배포한다. "키징어의 뺨을 때려라! 테러주의자를 테러하라! 키징어의 뺨을 때려라!" 이 슬로건은 베아테 클라르스펠트(Beate Klarsfeld)의 항의와 결부된다. 지난 1968년 11월 11일, 클라르스펠트는 나치 경력 소유자가 연방정부 수장이라는 데 항의하며 기민당(CDU) 전당대회장에서 키징어 총리의 뺨을 때린 일이 있었다. SDS는 앞선 유인물에서 "오늘 1월 30일은 나치가 정권을 장악한 지 서른여섯 해가 되는 날이다"라고 쓴다. 유인물은 이렇게 계속된다.

'오늘' 1월 30일 저녁 8시에 프랑크푸르트 샤우슈필하우스극장으로 정·재계 거물들이 온다. 우선 나치당원 키징어가 있다. 30년 전 괴벨스의 선전 전문가였던 키징어는 오늘날 히틀러 이후 스페인 프랑코 파시즘과 결탁한 최초의 독일 정부 수장이다. 그리고 '비상사태-벤다'도 있다. 벤다는 재판 없는 보호감호라는 나치 전통의 계승자이다. 또한 나치 친위대(SS) 후원자였던 압스(H. Abs)와 플리크(F. Flick)는 오늘날 파업 노동자에 맞서는 '비상사태법'을 지원하고 있는 대자본가 물주들이다.(Kraushaar II, 556면)

SDS의 유인물은 '타도!'라는 말로 끝맺는다.

1월 28일 프랑크푸르트대학 사회학과 학생들이 학과장 방으로 밀고들어간다. 학생들은 음악축제 방해 행동 계획에 대한 학과장과 교수의 입장표명을 요구한다. 밀리우스 거리의 사회학과 건물을 포함하는 사회연구소 소속 교수들은 그에 대해 다음과 같은 이유로 단호히 거부한다. "학문과 행동 준비 사이에는 구조적 차이가 존재하며, 따라서 학문과 행동 준비라는 두 차원은 제도적으로 분명히 분리하는 게 필요하다." 학생들은 이에 맞서 교수들에게 사회분석에서 사회비판으로, 이론에서 실천으로 이행하도록 요구하고, 나아가 세계를 변화 가능한 것으로 인식하고 행동하는 비판적 지식인을 양성하도록 요청한다. 사회연구소가 학생들에게 내놓은 답변은 "학과 시설이 '직접행동'을 준비하는 데 이용된다면 해당 학과는 폐쇄해야 한다"는 것이었다. 1월 31일 사회학과는 폐쇄된다(Kraushaar II, 557면).

샤우슈필하우스극장의 음악축제는 프랑크푸르트에서 이루어진 전후 최대 규모의 경찰력 투입으로 개최 하루 전날에 안전이 확보된다. 하지만 키징어 연방 총리와 에르하르트 전 총리의 차가 진입할 때 돌발사건이 발생한다. 시위자들이 두 사람의 차를 둘러싸고 계란을 던진다. 도이치방크(독일은행)와 스페인 영사관 창문이 부서진다. 경찰은 콘써트 손님으로 온 전현직 총리가 샤우슈필하우스극장 인근에 있는 프랑크푸르트 호프 호텔 쪽으로 건너가도록 고무곤봉과 물대포로 시위대를 밀어낸다.

한편 륄리우스 거리의 사회학과가 폐쇄되자 학생들은 사회연구소 본관이 위치한 곳으로 움직인다. 아도르노의 수제자로 알려진 한스 위르겐 크랄이 이끄는 학생 무리가 정오에 사회연구소 본관에 도착한다. 그리고 강의실을 점거한다. 아도르노가 작성한 것으로 추정하는 서류는 사회연구소에서 일어난 일을 다음과 같이 기록하고 있다.

연구소 책임자 한 명이 계단을 지나 2층으로 학생들을 쫓아갔다. 강의실 문 앞에서 크랄을 불러 여기서 무엇을 하느냐고 물었다. 당신과는 아무 상관 없는 일이고 우리는 강의실로 들어갈 것이라는 대답이 돌아왔다. 크랄과 몇몇 학생이 강의실로 들어가자 연구소 책임자는 건물을 떠나라고 정식으로 세번을 요청했다. 크랄은 매번 입 닥치고 꺼지라고 대꾸했다. 불가피한 충돌에 직면한 책임자는 이제 연구소 점거를 막기 위해 경찰에 도움을 청하고 크랄과 학생들을 주거침입죄로 고발할 밖에 법적으로 다른 도리가 없었다.(Kraushaar II, 557면)

오후에 경찰이 연구소를 포위하고 깨끗이 정리한다. 76명이 체포당한다.

사회연구소의 그 서류기록을 통해 프랑크푸르트의 '사물과 사람에 대한 폭력' 사용과 베를린 사건의 연관성이 드러난다. 베를린에서는 지난 1968년 11월 4일 행동주의 그룹이 테겔 거리의 지방법원 앞에서 경찰에게 돌팔매 소나기를 퍼부었다. 사회연구소 입장에서 볼 때 이런 그룹은 학생운동을 내부에서 분열시켰을 뿐 아니라 전체로서의 운동도 범죄화시켰다. 이런 그룹과의 대결은 당파적 논쟁이 아닐뿐더러 논거가 동반되는 토론도 더이상 아니었다. 따라서 이런 그룹에 대해서는 "어이없는 폭력 행위자나 방화범을 대하듯, 법치국가에서 통용되는 모든 합당한 수단을 동원하는 적극적인 제재 조치가" 이루어져야 한다(Kraushaar II, 558면).

결국 테오도르 W. 아도르노, 루드비히 폰 프리데부르크 (Ludwig von Friedeburg), 루돌프 군체르트(Rudolf Gunzert) 같은 인물이 대표하는 사회연구소는 주거침입죄로 학생들을 고발한다. 한스 위르겐 크랄만 빼고 체포자는 모두 1월 31일 밤 자유의 몸이 된다. 하지만 프랑크푸르트 검찰은 연구소 점거자들을 즉심에 회부한다. 2월 5일에 벌써 첫번째 심리가 이루어진다. 법원에서 검찰은 협박을 동반한 중대한 주거침입죄를 내세운다. 법정은 끝자리 하나까지 학생으로 빽빽이 들어찬다. 학생들은 크랄의 석방을 요구하며 되풀이해서 외친다. "검사를 모조리 사법부 정문에 매달아라!"(Zoller, 264면). 학생들 틈에 있던 다니엘 콘벤디트는 검사 모독죄로 검찰에 고소된다. 다른 학생들과 함께 볼프강 우흐만 검사에게 "우흐만, 저 돼지를 돼지우리에 가둬라!"라고 외쳤다는 것이다(Zoller, 279면). 법원은 사건의 복잡성을 이유로 크랄에 대한 즉심을 기각한다. 크랄은 일주일 뒤에 석방된다. 아도르노는 2월 14일 마르쿠제에게 쓴다. "크랄이 전체 행동을 조직한 이유는 무너져가는 SDS 그룹을 자신의 구류 처분을 통해 다시금 결속하기 위해서였음에도 불구하고 이제 한탄 소리가 넘쳐흐릅니다. 여하튼 이는 크랄이 얼마간 성공을 거두었다는 말이기도 합니다."(Kraushaar II, 575면)

1학기 끝자락인 같은 해 7월 18일에야 크랄에 대한 소송이 다시 열린다. 아도르노는 박사논문 지도학생인 크랄과의 갈등으로 큰 괴로움을 겪는다. 악몽도 꾼다. 제자 크랄이 자기 가슴을 짓누르고 앉아 칼부림하는 꿈이었다. "크랄 군, 이건 테러행위가 아닌가"라고 묻는 아도르노에게 돌아온 대답은 "사태를 제 개인 문제로만 바라보시는군요"였다(Jäger, 285면). 그 제자가 법정에서 스승 아도르노를 반대심문한다. 크랄은 아도르노가 말한 '공평성의 권리'를 파고들려 한다. 아도르노는 일단의 학생들이 1월 31일에 "촘촘한 대오를 이루어 침착하고 빠른 걸음으로 모퉁이를" 돌아 사회연구소로 오는 것을 보았다고 법정에서 밝힌 터였다. 한눈에도 "점거자들이 다가오는" 모양세로 보였다는 것이다. 크랄은 아도르노의 법정 진술을 근거로 지도교수를 '점거의 현상학'에 대한 논쟁으로 이끈다. 아도르노는 토론을 위해 빈 강의실을 학생들에게 넘기는 것이 사회연구소에서는 아주 통상적인 일이었음을 인정한다. 하지만 1월 31일에는 학생들이 연구소 책임자에게 토론회를 신청하지 않고 강의실에 들어갔기 때문에 연구소 측에서는 이런 통상적 관례를 따를 수 없었다고 말한다. 끝으로 아도르노는 코앞에 닥친 휴가로 더는 법정 진술을 할 수 없다고 밝힌다. 방청석 학생들은 불만과 조소의 외침으로 대응한다. 아도르노는 여학생의 부축을 받으며 법정을 나선다(Kraushaar I, 448면). 그리고 얼마 뒤 스위스 휴양지 체르마트로 떠난다. 8월 6일 알프스

마터호른 산에 도착한 65세의 아도르노는 심부전증으로 세상을 뜬다(Jäger, 298면).

에필로그

25
여성(들)이 포함된
단체 수배사진

1969년의 상황: 프랑크푸르트 법정에서 크랄이 아도르노와 논쟁하는 동안 버클리의 톰 헤이든은 '시카고 8인'에 대한 소송을 기다리고 있었다. 공판은 1969년 9월 26일에 시작되었다. 시카고 법정이 소요죄로 헤이든에게 7년형과 5천 달러 벌금을 선고하지만 1972년 항소심 재판부는 원심을 파기했다. 하지만 헤이든이 소속된 버클리의 꼬뮌 '붉은 가족'은 법원과 달랐다. '헤이든 공동체'로 알려진 꼬뮌 구성원들은 시카고 공판이 끝나자마자 버클리 꼬뮌에서 헤이든에 대한 재판을 시작한다. 남성 우월주의로 고발당한 헤이든은 "억압적 남성 우월주의자"라며 유죄 선고를 받는다. '붉은 가족'은 자기 자신을 집단의 중심에 두는 인물 하나가 없다면 공동체의 집단 잠재력은 더 잘 실현될 것이라고 결론 지었다. 따라서 판결은 헤이든의 제명이었다. 변론 기회도 주지 않고 판결이 내려졌다. 헤이든은 비판받는 자의 소리도 듣지 않는 비판을 이해할 수도 없고 이해하고 싶지도 않았다. 헤이든은 저항했다. 하지만 자신을 방어하면 할수록, '참여민주주의' 원칙을 호소하면 할수록 공동체 성원들은 더욱더 속임수나 쓰는 사람으로 몰아갔다. 그리고 빈정대며 헤이든을 '정치가'라고 불렀다. "열린 마음은 없고 집단의지만 있었다"고 헤이든은 회고했다 (Hayden 1988, 425면). 그 공동체 집단은 새로운 우상으로 북한 지도자 김일성을 택했고 김일성의 저작에서 "아래로부터 위로의" 투쟁을 촉구하는 '주체'의 사상을 발견했다. 헤이든은 폴크스바겐을 타고 로스앤젤레스로 떠났다.

헤이든은 앞서 잠시 다른 선택방안을 검토하기도 했다. "경찰국가의 탄생 가능성 및 그에 대한 대답으로서 지하조직 건설 문제"를 숙고했던 것이다. 헤이든은 그 길을 갔을까? 법원의 원심이 바뀌지 않는다면 7년형을 받게 될 처지였다. 헤이든은 결국 지하조직이라는 방안을 택하지 않았다. 뒷날 내세운 이유는 다음과 같다.

의견을 밝히려는 외향성 욕구 때문에 나는 지하에서 결코 견디지 못할 것임이 이내 분명해졌다. 지하의 삶은 익명성과 집단생활, 자아부정과 극도의 조심성을 요하는데 내게는 이런 특성이 전부 부족했다. 한편으로는 지하조직의 낭만에 이끌리며 정교한 지하조직 작업에 정통하기를 원했지만, 다른 한편으로는 외형상 반대한 정치체제와 시민권을 보호하는 데 나 스스로 관여했다는 사실을 점점 더 깨닫게 되었다. 나는 항소가 기각되고 7년형이 선고되면 어떻게 해야 할지 생각하는 것을 회피했다.(Hayden 1988, 422면)

로스앤젤레스에 도착한 헤이든은 싼타모니카에 정착해 베트남의 인종학살과 북아메리카 인디언 학살의 유사성을 다루는 책을 쓰기 시작했다. 헤이든은 거기서 제인 폰다(Jane Fonda)를 만났다. 제인 폰다도 베트남전 반대 활동에 가담하고 있었지만 헤이든이 여태 그녀를 본 것은 영화를 통해서가 다였다. 둘은 사랑에 빠졌고 상대방을 통해 새로운 삶을 찾기를 희망했다. 제인 폰다는 1972년과 73년에 여러차례 북베트남으로 날아갔다. 동명 영화의 여주인공 '바바렐라'로 불리던 제인 폰다의 별명은 미국에서 '하노이의 제인'으로 바뀌었다. 북베트남 군함 위에서 찍은 사진 한 장이 그런 인상을 낳았다. 제인 폰다는 사진촬영을 허가한 일을 오늘날까지 후회하고 있다(Fonda, 324~25면).

　루디 두취케도 1969년에 지하로 들어가는 문제를 생각하고 있었다(Dutschke-Klotz 1996, 237면). 하지만 생각을 실행에 옮기지는 않았다. 1968년 말 두취케는 에리히 프리트의 도움을 받아, 총격 후유증을 치료하기 위해 영국행 비자를 받는 데 성공했다. 비자는 이듬해 1월 10일이 만료였다. 이런 상황에서 다시 아일랜드에서 도움의 손길이 왔다. 1967년 말 뉴욕의 '시어터 포 아이디어'에서 아렌트와 논쟁할 때 헤이든을 지지한 적이 있는 오브라이언이 두취케를 더블린 근처 바닷가 집으로 초대한 것이다. 두취케는 영국 정부가 체류허가 신청을 받아들일 때까지 아내와 아들을 데리고 그곳에 머물렀다. 영국 정치 문제에 관여하지 않겠다는 약속이 체류허가의 전제조건이었다(Dutschke-Klotz 1996, 217~18면). 친구들은 독일로 돌아오라고 두취케를 재촉했다. 하지만 특히 아내가 거부했기 때문에 친구들 뜻을 따르지 않기로 결정했다. 대신에 두취케는 캠브릿지 킹스 칼리지에 박사과정 입학 신청서를 냈다. 대학 측은 입학 조건으로 박사학위 논문 계획서를 요구했다. 이 작업으로 두취케는 능력의 한계를 시험받았다. 총격으로 인한 부상에서 아직 완치되지도 않은 상태였다. 아내가 부족한 부분을 지적하며 논문 계획서를 고치고 번역했다. 두취케는 캠브릿지에 입학했다(Dutschke-Klotz 1996, 245면).

두취케는 런던 체류중 펠뜨리넬리를 한번 만났다. 프랑스 깔레에서의 만남은 무산되었다. 1969년 펠뜨리넬리는 이딸리아의 자기 출판사에서 논문 모음집 『1969년 여름』을 펴냈다. 거기서 펠뜨리넬리는 억압에 맞서는 무장 저항을 이끌 비밀 네트워크 건설이 필요하다고 말한다. 펠뜨리넬리는 이딸리아의 쿠데타 가능성을 점치며 저항 준비를 위해 신뢰할 만한 인물 둘을 데리고 제노바 위쪽의 외딴 농장으로 들어가 무기와 라디오 방송 송수신기를 갖추었다. 또한 스위스 루가노에 은행구좌를 개설해 140만 프랑을 송금해두었다(Gut/Tommasi, 86면). 앞서 펠뜨리넬리는 1967년 볼리비아에 동행한 씨빌라 멜레가와 결혼했다. 그러자 출판사를 계속 운영하던 아내 잉게가 관계를 분명히 하자고 요구했다(Feltrinelli, 363면).

타리크 알리가 런던에서 공동으로 발행하는 신문 『블랙 드워프』는 1969년을 '투쟁 여성의 해'로 선언했다. 여성 억압을 다룬 글이 『블랙 드워프』의 중심에 배치되었다. 알리는 1968년 말 방문했던 파키스탄으로 1969년에 다시 날아갔다. 정치가와 노동조합 활동가를 비롯해 농민 지도자와 시인, 학생들을 인터뷰하기 위해서였다. 파키스탄도 1968년의 학생운동 발발을 비켜갈 수 없었던 것이다. 알리는 학생들 앞에서 연설하기 위해 도시와 도시를 오갔다. 수천명의 학생이 모여들었다. 알리를 둘러싼 루머가 벌써 돌고 있었다. 극우파 신문이 알리와 "공산주의자 유대인 콘벤디트"가 프랑스 시골 별장 수영장에서 난교 파티를 벌였다고 보도한 때문이었다. 알리와 콘벤디트는 "어느날 오후 유대인 여자 10여명과" 음탕하게 놀아났다고 비난받았다. 하지만 알리는 난교 파티에 대한 경악보다 경탄이 더 많다는 것을 알고 놀랄 수밖에 없었다. 루머를 반박했지만 허사였다. 알리는 학생들에게 베트남전에 맞서는 저항운동에 대해 설명했다. 또한 파키스탄이 혁명 전야의 위기에 있지만, 반란을 이끄는 정당이 단호하지 않다고 지적했다. 사람들은 박수갈채를 보내면서도, 공산주의자 어머니를 둔 알리에게 꾸란을 내밀기도 했다. 알리는 파키스탄에 머물도록 요청받지만 거절했다. 그리고 영국으로 돌아가 뜨로쯔끼주의 '국제맑스주의그룹'(IMG)에 가입했다. 하지만 『블랙 드워프』를 유지하려는 노력은 실패로 돌아갔다. 『블랙 드워프』 편집부는 두 파로 갈렸다. 한쪽은 독자층을 조직하기 바랐고, 다른 한쪽은 『블랙 드워프』를 모든 좌파 그룹에서 독립된 신문으로 계속 이끌기를 원했다. 알리는 전자의 입장을 대변했다(Ali, 258~265면). 알리는 망명중인 뜨로쯔끼가 1938년에 설립한 제4인터내셔널의 9차 세계대회에도 참가했다. 알랭 크리빈느 역시 제4인터내셔널 소속이었다. 크리빈느는 1969년 샤를 드골 후임을 뽑는 프랑스 대통령 선거에 출마해 1.1%를 득표했다.

레지스 드브레는 학업을 계속할 수도, 선동이나 여행을 할 수도 없었다. 드브레는 여전히 까미리에 잡혀 있었다. 11월에 프랑스 작가 앙드레 말로와 프랑쑤아 모리악, 장 뽈 싸르트르가 볼리비아 대통령 알프레도 오반도 깐디아(Alfredo Ovando Candía) 장군에게 공개서한을 보내 정치범 사면의 일환으로 드브레가 석방되도록 노력을 아끼지 않았다. 이미 한 차례 사면을 단행한 일이 있는 볼리비아 대통령이 크리스마스에 새로 죄수를 사면할 것이라 보았기 때문이다. 편지에서 프랑스 작가 셋은 드브레의 "진지한 동기 및 삶을 사상과 일치시킨 엄격한 지적 성실성"을 강조했다(Le Monde v. 1969년 11월 11일자). 세 프랑스인의 호소는 다른 '국제적인 편지'를 통해 지원사격을 받았다. 편지에 서명한 인물 가운데는 잉게보르크 바흐만, 피터 브룩스, 마리아 칼라스, 막스 프리쉬, 가브리엘 가르시아 마르께스, 헤르베르트 마르쿠제, 스티븐 스펜더 등이 포진해 있었다(Combat v. 1969년 12월 1일자).

드브레는 감옥에서 베네수엘라 해방운동 투사 엘리자베스 부르고스(Elizabeth Burgos)와 결혼했다. 1964년부터 함께 라틴아메리카를 누빈 그녀를 드브레는 자신의 '갈색 마돈나'로 추켜세웠다. 감옥은 그녀에게 매일매일의 기다림이 끝도 없이 길어지는 곳이고 드브레에게는 독백의 공간일 따름이었다. 그녀가 그런 감옥을 방문할 수 있는 하나의 길이 결혼이었다. 하지만 3년 8개월이 지난 1970년 성탄절에 볼리비아 정권교체 덕택으로 드디어 감옥 문이 열렸을 때 그녀는 거기에 없었다. 석방을 예상치 못한 그녀에게 이미 다른 남자가 생겼기 때문이었다. 그녀는 자유의 몸이 된 드브레를 축하하러 뒤늦게 도착했다. 함께 찍은 사진에서 그 아름다운 여인과 철학자 드브레는 마치 다정한 연인처럼 보였다. 드브레는 쌀바도르 아옌데가 대통령으로 당선된 칠레로 혼자 떠났다. 그리고 감옥에 있는 사이 여성들이 변했음을 당황하며 깨달았다. 사실 여성해방으로 가는 진정한 '혁명 속의 혁명'을 놓쳐버린 것이다. 하지만 드브레는 그 혁명의 흐름을 뒤따라잡았고 자서전 1권에서 세밀한 묘사로 그에 대해 증언한다.

가스똥 쌀바또레도 칠레로 이끌렸다. 쌀바또레는 1969년 초 칠레로 갔다. 완전히 자발적인 행동은 아니었다. 경찰 저지선 침범 때문에 선고받은 9개월형을 피하기 위해서였다. 쌀바또레의 뒤를 따라 볼프강 노이스와 아내 기젤라(Gisela)도 칠레 길에 올랐다. 노이스 부부는 2월 말 배편을 택했다. 노이스가 페터 슈타인의 두번째 「베트남 논쟁」 연출에 참여한 뒤의 일이었다. 「베트남 논쟁」은 베를린 샤우뷔네극장에서도 '완전한 혼란'을 야기했고, 몇번 상연하지도 못하고 간판을 내렸던 차였다(Salvatore, 407면).

어쨌든 칠레에서 볼프강 노이스는 별로 편치 않았다. 그는 독일 레스또랑만 찾아다녔다. 결국 하나 발견했지만 좋지 않았다. 칠레는 모든 게 불안정해 보였다. 돈이 있어도 살 수 있는 게 없다는 점이 특히 힘들었다. 해방운동 정당인 '혁명적 좌파운동'(MIR)에 쌀바또레처럼 추파를 던질 수도 없었다. 노이스 자신이 밝히듯 MIR이 스위스 지도를 구해달라고 부탁하자 거부하지는 않았지만, (게바라나 까스뜨로도 아닌) "별 볼일 없는 인물을 위해 일하는 드브레" 역할을 하고 싶지는 않았다. '무장투쟁'에 동참할지를 결정하는 문제도 오래 걸리지 않았다. 머릿속으로 한 가지 생각만 했다. "최대한 빨리 여기를 뜨자." 볼프강 노이스는 뮌헨으로 돌아갔다(Salvatore, 426~28면).

하지만 쌀바또레는 조금 더 머물렀다. 민주적 방식으로 사회주의사회를 조직하고 있던 삼촌 아옌데 대통령이 중국과 베트남에 비서로 따라오라고 제안했다. 하지만 1969년이라는 시기에 누가 삼촌 말을 들었겠는가? MIR에 고무된 쌀바또레는 두취케에게 편지를 써서, 아우크슈타인[25]이나 펠뜨리넬리 같은 인물을 통해 MIR 지원 자금을 조달해달라고 요청했다. 또한 의용군 가담을 위해 칠레행을 각오한 50명을 두취케가 물색해야 한다고 말했다. 무기를 밀반입할 선박도 필요했다. 편지 말미에 쌀바또레는 두취케가 직접 칠레로 와서 대학에서 일할 것을 제안한다. 쌀바또레가 "맹세컨대 나는 미치지 않았어"라는 말로 끝마친 편지 여백에 두취케는 물음표를 그려넣었다. 편지를 쓴 지 겨우 두 달 뒤에 쌀바또레는 유럽으로 돌아갔다. 이번에는 로마였다(Dutschke-Klotz 1996, 221~22면).

버나딘 돈은 1969년 여름 꾸바에 머물렀다. 거기서 그녀는 베트남 대표단을 만나 전쟁 종언을 위한 전략과 전술을 교환했다. 그리고 1969년 10월 '분노의 나날'[26]에 맞춰 시카고로 돌아갔다. 베트남전에 맞선 저항을 계속 수행하기로 결의한 수천의 시위대 앞에서 버나딘 돈은 "호, 호, 호찌민! 베트콩이 승리하리라!"고 소리 높여 외쳤다. 검은 가죽점퍼와 미니스커트에 검은 부츠를 신은 그녀를 FBI 국장 에드거 후버는 "고통을 감내할 준비가 된 열

---

25) 루돌프 아우크슈타인(Rudolf Augstein)은 시사주간지 『슈피겔』의 발행인이자 사주로, 독일 68운동의 중심조직 '독일사회주의학생연합'(SDS)에 자금을 지원하기도 했다.

26) '분노의 나날'(Days of Rage)은 '민주사회학생연합'(SDS) 소속 전투적 학생 분파 조직인 '웨더맨 그룹'(Weathermen)이 1969년 10월 8~10일 시카고에서 주도한, 폭력과 체포로 얼룩진 반베트남전 시위행사를 말한다.

정적 여성이자 정신 나간 좌파"로 생각했다(Ayers, 168면). 1969년 10월 9일 버나딘 돈이 속한 '웨더멘 그룹'은 시카고 헤이마켓 광장에 있는 경찰서를 폭파했다. 그녀의 사진이 전국 수배전단에 등장했다. 미국에서 '가장 위험한 여자'로 수배된 버나딘 돈은 지하로 들어간다.

역사적 순간을 포착한 "여성(들)이 포함된 단체 수배사진"은 1968년이 운동 주역들의 삶을 바꾸어놓았음을 보여준다. 어떤 것도 이전과 같지 않았다. 정치적 사건의 역동성, 정치 내적인 변화 과정, 나아가 필수적이며 정치적 의미도 덜하지 않다고 생각한 개인적 관계의 변화가 서로 맞물렸다. 모든 것이 꿈틀대고 있었다.

26
모던과 포스트모던 사이에서

예언이 빗나가면: 1968년 2월 루디 두취케는 베를린 '국제베트남 회의' 연설에서 다음과 같이 밝힌다. "전세계의 소외된 사람들은 해방운동의 참으로 역사적인 대중적 기반입니다. 국제 혁명의 전복적, 폭발적 성격은 오롯이 그 속에 담겨 있습니다." "우리 역시 베트남에서 나날이 부서지고 있는데, 이는 사진 속의 일이나 수사가 아닌 엄연한 현실입니다. 미 제국주의가 혁명적 인민전쟁을 성공리에 분쇄할 힘이 있음을 베트남에서 여실히 입증해낼 경우, 권위주의적 세계 지배의 긴 시대가 워싱턴에서 블라지보스또끄까지 새로이 시작될 것입니다." 두취케의 이런 주장은 사회를 '역사적 시기에 만들어갈 수 있는 프로젝트'로 보는 관점이 잘 드러나는 전형적인 '근대적 사고'이다(Rosa, 396면). 68운동의 시대상과 역사관에는 '근대의 정신'이 들어 있었다.

또한 68운동은 기존질서에 대한 전사회적인 대항구상을 보유한 최후의 사회운동이었다. 68운동은 '다른 사회' '더 나은 사회'

의 가능성에서 출발했다. 이런 사회는 '설계된 프로젝트'로 미래
속에 놓여 있으며, 그 지평은 68운동 앞에 열려 있는 듯이 보였다.
'진보적 정치'를 통해 그런 사회발전이 '가속화될 것'으로 기대
했다. 그리하여 사회 조직화 과제가 정치로 넘어왔다. 정치는 '해
방의 선도자'로 간주된 보편적 '혁명 주체'와 관련해 구상되고 행
해졌다. 따라서 68운동의 역사관은 목적론적이었다. 이는 근대의
앞선 정치운동과 겹치는 부분이었다. 68운동의 신좌파가 특히 프
롤레타리아트를 더는 사회변혁의 주체로 보지 않고 새로운 (전문
직) 노동자계급과 젊은 지식인 및 제3세계 해방운동 세력을 사회
변혁 주체로 내세우며 구좌파와 선을 그었던 것은 사실이다. 하지
만 신좌파의 사고는 여전히 '변혁의 선도자'와 관련되어 있었다.

　다윗이 골리앗을 꺾을 수도 있다는 것, 즉 해방운동이 제국주
의 열강에 승리를 거둘 수도 있다는 것이 1968년 초의 구정공세
로 인해 '가능성의 영역'으로 들어오자 신좌파에게 새로운 전망
이 열리기 시작했다. 희망의 눈길은 모두 꾸바로 향했다. 꾸바는
베트남 해방투쟁을 지지하며 라틴아메리카에서 "둘, 셋, 그리고
수많은 베트남" 창출을 선언한 터였다. 가능성의 영역이 떠올랐
고, 입장을 취하고 개입하도록 요구받았다. 꾸바는 전혀 다른 것
으로, '가능성의 실현'으로 비쳤다(Fues, 92면). 수많은 운동 주역들
은 역사에 개입하며 '시대 속으로 들어갈' 순간이 도래했다고 보
았다. 하지만 해방운동의 정신으로 서구 메트로폴리스에서 '두번
째 전선'을 만들어야 한다고 믿은 사람들은 테러주의라는 막다른
골목에 이르고 말았다.

　68운동을 이끈 '근대적 역사관'과 '가속화 이론적 관점'[27)]은 결

국 10년 뒤에 파산한다. 시집 『타이타닉의 침몰』에서 한스 마그누스 엔첸스베르거가 이를 증언한다. 시의 화자인 나는 세계의 변혁 가능성을 상상하는 유토피아를 부정한다. 1968년의 아바나에서건 베를린에서건 공히 마찬가지다. 타이타닉호와 유토피아적 기획은 똑같은 장애물에 좌초한다. 장애물은 바로 '진보에 대한 신념'이었다. 타이타닉 건조자와 승객은 그 호화 여객선은 가라앉을 수 없고 자연이 지배 가능하다고 믿었으며, 1968년의 활동가와 '승객'은 역사는 '만들 수 있고' 기존구조의 변혁이 코앞에 있음을 확신했다. 양쪽 모두 화자인 나의 눈에는 치명적 오판으로 입증된다. 맑스주의 이론의 진보관, 이른바 세계의 발전에 대한 확고한 지식에 의문이 제기되기 시작한다.

『타이타닉의 침몰』에 실린 「철학 단체」라는 시는 다음처럼 노래한다. "사실적인 것은 얼마나 사실적인가? 심술궂게 / 헤겔이 미소짓는다. 우리는 그에게 콧수염을 그려준다. / 벌써 그는 스딸린처럼 보인다." 헤겔에게 그려넣은 '스딸린의 콧수염'이라는 단 한번의 붓질로 엔첸스베르거는 포스트모던의 근본전제를 포착해낸다. 진보관과 유토피아는 전체주의로 돌변할 위험을 안고 있다는 것이다. 68의 '기획'은 기존질서와의 결별을 야기하는 대신, 『타이타닉의 침몰』이 말하듯 '난파'하고 말았다. 하지만 모든 것이 단지 환상이나 암시효과에 불과했다면 거기서 어떤 결론을 끄집어내야 할까? 『타이타닉의 침몰』에 대한 어떤 해석에 따르면 좌파에게 남은 길은 오직 하나다. 즉 역사의 경로를 미리 제시하

---

27) 역사의 진보를 믿고 역사 발전이 행동을 통해 더 '가속화'된다고 생각하는 주의주의 성향의 관점을 말한다.

는 '타이탄(거인) 의식'을 떨쳐버리는 것이다(Lehmann, 312~13면). 달리 말해, 목적론과 결정론 대신 우연성이 『타이타닉의 침몰』을 관통하는 중심 모티프이다. 이는 근대를 가로지르는 핵심적 근본 전제의 수정이다. 『타이타닉의 침몰』은 가스똥 쌀바또레에게 헌정된다.

엔첸스베르거가 『타이타닉의 침몰』에서 지진계처럼 잡아내는 것은 70년대의 '역사의 탈시대화'를 반영하는 새로운 집단적 해석 틀의 요소라고 결론지을 수 있다. 그 새로운 시각과 구분법은 '68 기획'이 좌초한 것과 긴밀히 결부된다. 『타이타닉의 침몰』이라는 자료에 기대면 포스트모더니즘은 모더니즘의 '난파' 속에서 닻을 올린다. 모더니즘의 난파는 전승된 사고를 떨쳐버리는 것과 연결되는 한에서 혁신적이다. 새로운 해석 틀은 얼마 지나지 않아 '1968년'에 대한 인식에도 영향력을 행사했다. 그런 해석 틀은 기억을 걸러내는 필터가 되었다. 엔첸스베르거가 시동을 건 빈정대고 풍자하는 어조가 68운동 활동가의 숱한 자서전을 휩쓸었다. 사회적 영향력이 더할수록 포스트모더니즘 패러다임은 더욱더 자기의 선택적 시각에 '1968년'을 가두었다. 알랭 크리빈느와 다니엘 벤싸이드는 1988년 『역시 5월』이라는 책으로 이런 흐름에 반기를 든다. 두 사람은 프랑스 철학자 질 리포베츠키(Gilles Lipovetsky)가 68운동의 귀착점이라고 본 '나르씨스적 개인주의'는 동전의 한 면일 따름이라고 생각했다. 신좌파가 치켜든 해방 전략은 '이중 전략'이었던 것이다.

27

인식 혁명

'규칙의 규칙' 부수기: 신좌파의 이행전략은 개인에서 시작하고, 개인의 변화가 '다른' 사회를 낳는 전제조건이라고 보는 것이었다. 개인의 변화는 사회참여를 통해 이루어야 했다. 활발한 참여로 무관심을 타파해야 했다. '참여민주주의'와 '자주관리', 공동결정과 자기결정을 통한 전사회적 변화와 관련된 신좌파의 전략은 주체로 전환함으로써 실존주의 요소를 받아들였다. 톰 헤이든은 슬로건으로 이를 표현했다. "나는 반역한다. 고로 우리는 존재한다"(까뮈). 신좌파는 본질상 개인적인 동시에 집단적이었다.

신좌파의 목표는 자기결정을 통해, 그리고 지배와 위계의 철폐를 통해 생산영역과 일상영역의 소외를 폐지하는 것이었다. 소외에 맞선 투쟁 속에서 신좌파는 금기와 규범 및 전승된 가치를 깨뜨렸다. 신좌파는 도발행동으로 제재 기관의 부당성을 폭로하려고 '규칙위반'을 택했다. 신좌파 활동가들은 확립된 규칙과 구조를 무시하며 행동하는 것을 주체의 해방이자 개개인의 자기실현을 위한 진보로 여겼다. 그런 가운데 하위문화는 1968년을 상징하는 궐기 분위기에 계속 영향을 받으며 세분화되어갔다. 하지만 하위문화의 정치적 프로그램은 갈수록 개별 구성원의 자기예찬에 자리를 내주었다. 그리하여 '다수를 위한 궐기'는 하위문화를 지배한 '대안적 생활방식'의 부각으로 귀착하고 말았다.

그러나 신좌파의 이행전략은 생활양식 개혁과 자기실현을 통한 자아발견에 국한되지 않았다. 68운동을 각인한 '노동사회의 유토피아'가 있었다. 68운동의 유토피아적 기대 지평은 생산영역으로도 열려 있어 노동을 타자결정에서 해방하려 했다. 유럽 신좌파는 결국 쌩씨몽과 푸리에의 사회유토피아와 맑스의 사회주의 이론, 바쿠닌의 아나키스트 이론을 거쳐 유럽 노동운동의 목표에까지 이르는 긴 전통에 발딛고 있었다(Gilcher-Holtey 2001, 44~45면). 미국 신좌파는 게다가 존 듀이(John Dewey)의 전통 속에 있는 실용주의와도 연결되었다. 신좌파는 공히 자유주의, 사회주의, 사민주의 정당의 개혁주의뿐 아니라 공산당의 '현실사회주의'와도 단호하게 선을 그었다. 신좌파는 반자본주의적인 '동시에' 반공산주의적이었다.

사회주의는 정치권력 획득이나 생산수단 국유화에 국한될 수 없고 국한되어서도 안되며, 사회 모든 분야의 권력관계와 권위구조 및 위계를 제거할 수 있고 제거해야 했다. 신좌파는 반권위주의적이고 반위계적이었다. 문화부문의 변화가 사회·정치적 전환에 선행되어야 했다. 또한 혁신적인 의사소통 형태와 삶의 형태가 새로운 사상의 창출과 그 사상의 하위문화 및 기존제도 안에서의 실험을 통해 실험적으로 펼쳐져야 했다. 신좌파는 반제도적이고, 반관료주의적이며, 반조직적이었다.

더불어 신좌파는 정치에 대한 새로운 이해와 관련된다. 신좌파의 새로운 정치는 단순히 사회적 폐해를 기성 정치권에 호소하는 데 그치지 않고, 폐해를 지적해서 드러내어 주의를 환기시킬 뿐 아니라 해결 방안을 숙고하고 해결 모델을 실험하는 것을 지향한다(Flacks, 164면). 신좌파는 사회를 '아래로부터' 정치화하고 민주화하는 길에 희망을 걸었다. 신좌파의 정치이해는 프라하 시민운동과 교집합을 이루었다. 신좌파와 프라하 시민운동에서는 모두 국가주의에 맞서고 현실사회주의의 민주적 중앙집중제에 대항하는 시민사회의 힘을 강조했다. 신좌파는 '레비아탄' 너머 작업장과 사무실, 학교, 극장, 출판사, 가정 및 성별관계에 똬리를 틀고 있는 권력구조와 권위구조를 폭로했다. 신좌파는 도처에서 권위주의 구조를 뒤흔들어놓았다. 신좌파는 이를 위해 20세기 전반기 문자주의 아방가르드의 기술뿐 아니라 간디의 시민 불복종 전략과 미국 흑인 시민권운동 전략에서 빌려온 도발적 행동 형태를 수단으로 동원했다. 경영자나 기관장, 교수나 연출가, 시인, 판사나 유명 철학자를 불문하고 누구 하나 신좌파의 비판 및 탈신비화 화살을 쉽사리 비켜가지 못했다.

인간의 사고와 인식의 기본 틀을 뒤집으며 신좌파는 국가와 사회에서 권력관계를 바꾸는 일에 도발적으로 그리고 놀이처럼 착수했다. 신좌파의 신조에 따르면, 사회에 대한 생각이 바뀌면 사회를 대하는 입장과 사회 속에서의 행동도 바뀐다. 신좌파의 이런 전략 역시 '아래로부터의 사회 정치화'와 '규칙위반을 통한 규칙변화'에 믿음을 거는 것이었다.

규칙을 바꾸는 신좌파 정치의 밑바닥에는 더 넓은 폭력 개념이 자리잡고 있었다. 폭력 개념의 새로운 해석 속에서 상황과 사건은 소동이 되고 극적인 효과를 낳았다. '상징적 폭력'과 '사물에 대한 폭력'을 수행함으로써 신좌파는 경계를 넘어섰다. 사회모순과 종속구조, 억압구조를 폭로해 이런 모순과 구조에 대한 의사소통을 시작하기 위해서였다. 사람들의 입장표명을 재촉하고 생각이나 아비투스로 고정된 관점에 의문을 제기하려는 의도로 사용한 이런 폭력행동의 특징은 '놀이적 폭력'(vis ludens) 또는 '전복적 폭력'(vis subversiva)이라는 말로 상당부분 설명할 수 있다. "우리의 사상과 희망과 욕구를 담아낼 수 있는 열린 공간 창출"은 그런 형태의 폭력을 동반하는 도발행동 없이는 불가능하다는 것이 루디 두취케의 생각이었다(Mohr, 76면).

두취케가 말한 공간 창출 방식이 점거였다. 빠리의 오데옹극장 점거는 에너지와 창의성을 펼쳐내고 '창조적 소요'의 분위기를 창출했으며, 미셸 드 쎄르또가 '말의 장악'이라고 지칭한 것으로 이어졌다. 드 쎄르또의 '말의 장악'이란 표현은 프랑스혁명 초기의 '바스띠유 장악'과 연결되는 동시에 자유와 평등의 새로운 차원을 보여주었다. 즉 모든 계급의 경계를 넘어서 말을 장악하고 자유로이 의견을 표명하며, 말해지지 못한 것을 말할 수 있게 하는 일이었다. 앙드레 글뤽스만(André Glucksmann)에 따르면 말의 장악은 프랑스에서 확립된 '언어적 차별' 타파에 다름아니었다(Glucksmann 1968, 73면). 게다가 의미 부여를 둘러싼 투쟁의 출발점이기도 했다. 프랑스의 저항 언어를 연구한 톰 맥도나우(Tom McDonough)는 이렇게 확인한다. "옛날에 바스띠유를 습격하듯 언어를 습격할 수는 없었을 것이고, 오히려 언어의 탈취와 도용 및 몰수를 통한, 즉 지배적 의미와 수용된 관례의 전도를 통한 대항담론의 발전이 문제가 되었을 것이다." 그리고 맥도나우는 덧붙인다. "요점을 말하자면 1968년에 언어의 정치는 지배담론의 무시(회피), 재평가 속에 있었다." 맥도나우의 테제에 따르면 이를 통해 특히 몽따주 개념이 재발견되었다(McDonough, 5면).

프랑스의 공장 점거는 신좌파가 구좌파의 조직 잠재력과 충원 잠재력을 돌파하는 데 성공했음을 알리는 신호였다. 노동자들은 점거한 공장의 전원총회에서 의사를 분명히 밝히고, 노동조합 없이 파업운동을 조직할 가능성을 얻었다. 하지만 공장 전원총회의 발언자는 주로 조직 노동자였고 파업위원회 선거에서도 노동조합 대표자가 뜻을 관철했다(Gilcher-Holtey 2001, 300면). 공장 점거는 아직 공장의 소유구조나 권위구조 같은 산업제도의 변화를 의미하지 않았다. 몇주 지나지 않아 노동조합은 '자주관리' 모델에 기댄 경영권 및 결정권 재분배 구상에 맞서 불이익 해소라는 물질적 이해를 앞세운 전략을 관철했다. 하지만 자주관리 구상은 여파를 남겼다. '새로운 자본주의 정신'(Boltanski/Chiapello) 형성에 결정적으로 공헌했다.

뤽 볼딴스끼(Luc Boltanski)와 에브 시아뻴로(Eve Chiapello)는 68운동에서 표명된 자율과 자기책임, 탈위계화 요구를 1970년대에 고용주가 재발견하기 시작했다고 말한다. 고용주들은 1974~75년 불경기에 새로운 기업전략을 찾아나섰다. 경영관련 문헌에서 드러나듯 고용주는 이런 상황에서 신좌파의 자치구상으로 손길을 뻗쳤다. 민주화 수단으로 생각한 '자주관리'/자치가 이제 공장 기동성과 적응력을 고양하기 위한 공장 내부구조의 유연화 방편으로 투입되었다. 볼딴스끼와 시아뻴로의 말을 빌리면, 고용안정보장과 보호규정의 축소를 댓가로 더 많은 자율이 피고용자에게 주어졌다. 이후 공장의 '타자결정'이 새 옷으로 갈아입는다. 즉 타자결정은 더이상 보스가 아니라 자율적인 노동 그룹의 '자기통제'를 통해 수행된다. 역사의 간지(奸智)가 아닐까?

1968년 자치구상의 불꽃은 프랑스 국경을 넘어 독일로도 번져갔다. 편집인과 기자, 연출자 등의 '문화 생산자'가 출판사와 신문사 및 극장의 위계적인 구조에 반기를 들었다. 이 운동의 활로를 연 요구내용은 "문학영역 생산관계의 민주화"와 "민주적 지도체계의 설립"이었다. 이는 노동조합의 공동결정 요구를 훨씬 능가하는 비전이었고, 노동조합이 저자의 지적 재산을 다루는 문제에서 아직 어떤 구상도 제출한 적이 없다는 사실은 사람들 눈에 띄지 않았다. 수많은 편집인과 작가가 출판사의 구조 변화를 위한 투쟁에 발을 담갔다. 귄터 그라스도 그랬다. 그는 자기가 속한 루흐터한트 출판사에서 '저자 자문단'을 설립해서 저자와 출판인의 관계구조를 바꾸기 위해 8년간 분투했다. 저자와 출판인의 관계는 1968년에도 여전히 '노예제의 잔재'를 떨치지 못하고 있다는 판단에서였다. 물론 '저자 자문단'은 저자와 기고자가 가진 권한의 정당화라는 목표를 둘러싼 장기적 합의과정의 결과로, "문학영역 생산관계의 민주화"라는 비전을 따라잡는 것과는 한참 거리가 있었다. 하지만 '저자 자문단'은 그런 비전이 낳은 성과였고, 오늘날까지 존재하는 다른 형태의 '저자 출판사' 설립은 그 비전의 또다른 성과였다(Gilcher-Holtey 2007, 332면 이하).

사상은 확산과 전달 및 제도화 과정에서 변모를 겪는다. 1968년의 사상도 마찬가지다. 사회운동은 사회적 관점에 문제를 제기하고 새로운 '쟁점'을 만들어 공개적 논쟁으로 이끌어낸다. 사회운동은 사회 모순을 부각해 전달하지만, 효과적이려면 정당이나 단체 같은 다른 정치 주체의 매개가 계속 필요하다. 사회운동이 추구하는 근본적 구조 변화가 자체적으로 실현되는 일은 흔치 않다. 따라서 정치·사회·문화적 발전에 대한 사회운동의 영향력을 규정하기는 어렵다. 게다가 사회운동은 사회 변화를 가져오는 다른 요소(예를 들면 내재적 발전경향, 상반된 이해관계, 정치적 영향력 행사)와 항상 경합을 벌이기 때문에 독자적 기여를 분리해내기가 쉽지 않다. 사회운동을 분석하고 방법론을 세울 때 필요한 이런 기본원칙은 지난 40년간 68운동을 둘러싼 논쟁에서 끊임없이 침해되거나 깨어졌다. 거의 모든 것이 68운동에 직접적, 일률적으로 원인이 돌아갔다. 가령 독일에서는 사회와 국가의 권위 쇠퇴와 학교에서의 능률저하, 교육규범 실종, 적군파(RAF) 테러주의의 대두뿐 아니라 사회의 근본적 자유화와 민주화도 68운동 탓으로 돌렸다. 68운동은 악마화되거나 신성화되었고 정치적 일상투쟁을 위해 반복적으로 도구화되었다. 하지만 68운동의 주역들 자신도 정치전선에 뛰어든다.

28
68세대의 전쟁

"아우슈비츠가 등장하는 것을 더 어렵게 한다": 1968년 베를린 '국제베트남회의' 최종 결의안에서는 다음과 같이 선언했다. "반혁명의 우두머리 미국과 서유럽의 군사협력이 무너지고 그 대리인 나토는 분쇄되어야 한다"(SDS-Westberlin/INFI, 159면). 하지만 이렇게 베트남전에 맞서던 68운동 주역들이 그로부터 31년 뒤에 품게 된 생각은 달랐다. 즉 나토를 후원하는 일은 말할 것도 없고 군사동맹을 통해 인권수호를 위한 '인도주의 전쟁'도 불사할 수 있다는 생각은 당시 '국제베트남회의' 참가자의 기대 지평과 다른 차원으로 넘어간 것이다. 그런 입장전환은 지구화된 인권정책이라는 다리를 건너며 이루어졌다. 물론 68세대가 모두 그 길을 걷지는 않았다. 나토 비판 세력은 68세대 가운데 베르나르 꾸슈네르, 다니엘 콘벤디트, 요쉬카 피셔(Joschka Fischer) 등을 인권수호를 내세운 개입 옹호자로 꼽았다.

베르나르 꾸슈네르는 1968년 제3세계로 날아가 참여활동을 시종일관 밀고나간 몇 안되는 '제3세계 지지자'에 속한다. 스스로 말하는 '정치 역정'은 곤경에 처한 소수에게 달려가는 출동의 연속이었다. 꾸슈네르는 1968년 적십자와 관련해 아프리카 비아프라에서 시작한 일을 1971년 '국경없는 의사회' 설립으로 밀고나갔다. 국경없는 의사회는 위기지역에서의 중립과 가해자 및 희생자에 대한 침묵이라는 적십자 규정과 결별한 비정부기구(NGO)였다. 꾸슈네르는 '의료 거점'인 국경없는 의사회를 통해 거의 모든 곳에 뛰어들었다. 1968년 이후 발길이 닿지 않은 위기지역이나 전쟁지역은 찾아보기 어려웠다. 1979년에 꾸슈네르는 '보트 피플'로 불린 베트남 난민 구조 활동으로 세계의 주목을 끌었다. '베트남을 위한 선박'이라는 기획을 조직해 싸르트르, 레몽 아롱, 앙드레 글뤽스만, 베르나르 앙리 레비 같은 인물들의 후원을 얻었다. 꾸슈네르의 스펙터클한 선박활동은 국경없는 의사회 동료의 반발을 샀다. 동료들은 과시욕이 있다고 비판했다. 꾸슈네르는 국경없는 의사회를 떠나 '세계의 의사들'이라는 새 조직을 꾸렸다. 다니엘 콘벤디트에 따르면, 꾸슈네르가 "국제정치를 바꾸고 아우슈비츠의 등장을 더 어렵게 하도록" 이끈 핵심 아이디어는 "개입에 대한 의무와 권리"이다(Cohn-Bendit/Kouchner, 21면).

꾸슈네르는 '개입 의무'를 권리로 만들려고 활동무대를 바꾸었다. NGO 분야의 활동에 머물렀다면 '개입 권리'를 관철할 수 없었을 것이라고 꾸슈네르는 회고했다(Cohn-Bendit/Kouchner, 76면). 개입 권리 관철을 위해 정부로 들어갈 필요가 있었다. 정부 영역을 통해서만 유엔 개입활동의 변화를 끌어낼 수 있었다. 꾸슈네르는 프랑쑤아 미떼랑 대통령과 미셸 로까르(Michel Rocard) 총리가 이끄는 정부에서 보건인권부 차관(1988~92)과 장관(1992~93)을 거쳤다. 프랑스 정부는 유엔 자문위원회에 결의안을 제출했고, 이를 통해 새로운 인권정책의 토대가 느리되 체계적으로 창출되었다. 꾸슈네르의 '제도를 가로지르는 행진'은 장정이었다. 하지만 행진의 종착지에는 전쟁과 위기 지역 희생자의 변화된 법적 지위가 기다리고 있었다. 희생자들은 이제 자기 나라가 아닌 다른 기관을 대리자로 내세울 수 있는 권리를 얻었다. 전쟁과 내전의 희생자에게 도달하기 위한 '인도주의적 통로'의 창출은 유엔 총회에서 승인되었다. 타국에 대한 유엔 차원의 '개입 권리'가 안착하면서 무엇보다 국가 주권의 양상도 점차 변해갔다. 꾸슈네르는 뒷날 '정치 역정'을 뒤돌아보며 '모험'이라고 특징짓는다. 그리고 "소수자를 죽이는 일이 더 어렵도록 하기 위해 지난 40년간 질풍처럼 달려온" 긍정적 의미의 '모험가'로 이해받았으면 한다 (Cohn-Bendit/Kouchner, 96, 21면).

다니엘 콘벤디트가 1993년 봄 꾸슈네르 편을 들고나섰다. 당시 정황은 2004년 나온 꾸슈네르와의 대담집에서 설명된다. 콘벤디트는 1993년 68운동 25돌 기념행사를 계기로 보스니아 개입 요구를 놓고 옛 동지나 새 동지와 대결하려 했다.

보스니아 개입 찬성을 밝힘으로써, 학살된 보스니아인의 오열에 귀를 막고 있는 녹색당의 '탱크 평화주의'[28]에 문제를 제기할 것인가, 아니면 역사의 주변부에 머물면서 당의 기본방침을 지킬 것인가의 문

28) 탱크 평화주의(Panzer-Pazifismus)는 평화주의가 다른 나라의 학살을 방조한다고 비꼬는 반어적 표현이다.

제였다. 별로 승산이 없었음에도 불구하고 나는 이렇게 말했다. (제2차 세계대전 때) 바르샤바 게토의 학살을 목도했다면 당신들은 방관자로만 남아 있었을 것입니까? 바르샤바와 (보스니아) 사라예보, 이 두 가지는 같은 투쟁, 같은 전투입니다! 학살이 목전에 다가온 이 보스니아인은 우리의 혈맹입니다!

콘벤디트에 따르면, 그 절규로 좌중은 당혹감을 감추지 못했지만 개입 권리와 인도주의적 원조 권리에 대한 주장은 녹색당에 '바이러스'처럼 파고들었다(Cohn-Bendit/Kouchner, 22면). 요쉬카 피셔는 그때 상황을 회고록 『적록연정 시절』에 묘사한다.

나는 당시 헤쎈 주지사 대리이자 헤쎈 환경부 장관 자격으로 프랑크푸르트의 여러 걸출한 베테랑 당원 및 1968년의 주역들과 나란히 연단 위에 앉아 있다가 감정을 뒤흔드는 '다니' 콘벤디트의 연설에 깊은 충격을 받았다. 어떻게 '다니'가 그렇게 말할 수 있었을까? 히틀러의 국방군과 친위대(SS)가 학살을 자행한 보스니아에 어떻게 독일 군대를 보낸다는 말인가? 이제 쎄르비아에 맞서는 그 전쟁터에 다시 우리의 아들을 보내야 하는가? 나는 이날 더이상 세상을 이해하기 어려웠고 특히 친구 '다니'를 도통 이해할 수 없었다.(Fischer, 212면)

1968년 5월 꾸슈네르의 자동차로 프랑크푸르트에 왔던 콘벤디트가 1993년에는 꾸슈네르의 아이디어를 가지고 프랑크푸르트에 온 것이다. 요쉬카 피셔는 얼마간 주저하다 꾸슈네르의 구상과 개념을 받아들였다. 피셔는 '개입 권리와 개입 의무'를 말했다. 그리고 "인종학살의 위험이 닥쳤을 때 유엔을 통한 군사 개입 의무"를 주장하기 위해 국내외적으로 갖은 노력을 마다하지 않았다. 피셔는 이 때문에 자기가 속한 녹색당 내에서 반감을 불러일으켰다. 피셔 스스로 대변하기 시작한 그 구상은 국제무대에서도 자명하게 받아들여지지 않았다. 1949년부터 1988년까지 유엔군 투입은 분쟁 후 평화유지를 위한 개입이었다. 평화유지군은 분쟁 해결이 아니라 분쟁완화 역할에 집중했다. '강력한 평화유지'로의 이행, 즉 군사력을 통해 유엔의 임무수행 능력을 체계적으로 확대하는 방향으로의 이행은 1995년에야 비로소 이루어졌다.

피셔가 이런 노선에 힘을 실어주었다. 콘벤디트와 손잡고 피셔는 '행동하는 소수'라고 부름직한 행보를 녹색당에 설득력 있게 보여주었다. 피셔는 이제 유엔 안전보장이사회의 결의 없이 나토가 꼬소보 개입을 수행했을 때조차 녹색당을 등에 업을 수 있었다. 1968년 5월에 창출된 '빠리-프랑크푸르트 축'은 장기적으로 영향을 미쳤다. '꾸슈네르 구상'이 독일로 넘어오며 녹색당에서 대외정책상의 노선변화를 낳았고, 결국 전후 서독사의 전환점으로도 이어졌다. 서독은 건국 이후 처음으로 전쟁을 수행하고, 사민당과 녹색당의 적록연정 하에서 독일 군인이 나토군 소속으로 꼬소보에 진입했다. 누구도 생각지 못한 일이었다.

보스니아 상황을 담은 사진을 눈앞에 걸어두고 있던 꾸슈네르도 제2의 '스레브레니차 학살'[29]을 피하려고 나토의 꼬소보 개입

---

29) 1995년 7월 보스니아 내전(1992~95) 중에 발생한 최악의 참사로, 보스니아의 쎄르비아계 군대가 스레브레니차(Srebrenica)에서 며칠 만에 보스니아 이슬람계 주민 약 8천명을 학살한 사건을 말한다.

을 애초부터 단호히 지지했다. 따라서 꾸슈네르는 꼬소보 전쟁이 끝난 뒤 '꼬소보 임무'를 제안받고 전혀 주저하지 않았다. 개입 권리를 위해 벌여온 오랜 투쟁이 꼬소보 임무를 통해 실현된다고 보았다. 꾸슈네르는 1940년 나치 점령에 앞서 가족을 데리고 탈출한 유대인 아버지의 명시적 승인 속에 꼬소보 수도 프리스티나로 떠났다. 꾸슈네르의 아버지는 아들을 '발칸의 드골'로 보았다. 꾸슈네르는 꼬소보 유엔 파견단의 최고 지휘자가 되었다. 유엔 사무총장 코피 아난(Kofi Annan)은 행정, 입법, 재판권을 꾸슈네르의 손에 쥐여주었다.

꾸슈네르는 프리스티나의 자기 측근 팀에 68세대가 많음을 이미 알고 있었다. 몰랐던 사실은 나토 대표자 가운데도 68세대가 많았다는 점이다. 이 사실은 1999년 11월 23일에 처음 알게 된다. 이날 꾸슈네르는 꼬소보 나토군 사령관이자 나토 평화유지군 장군인 클라우스 라인하르트(Klaus Reinhardt)와 함께 프리스티나 활주로에서 빌 클린턴 미 대통령을 태운 수송기 헤라클레스 C130의 착륙 광경을 지켜보고 있었다. 비행기가 착륙하기 직전 라인하르트 사령관이 꾸슈네르에게 프라이부르크에서 겪은 68운동 경험을 이야기했던 것이다. 비행기가 착륙하자 꾸슈네르는 한발 뒤의 독일인 나토군 사령관과 함께 클린턴에게 인사를 건넸다. 베트콩에게 한때 엄청난 유산을 기부한 적이 있는 톰 쾨니히스(Tom Koenigs)도 군과 민간의 공조를 목표로 내건 '유엔 꼬소보 임시행정기구'(UNMIK) 팀에 요쉬카 피셔를 통해 합류했다. 이전 신좌파 거의 전체가 꼬소보 임무를 지지했다. 하지만 레지스 드브레와 톰 헤이든은 그 대열에 끼지 않았다.

29

"체제가 사상을 훔친다"
톰 헤이든 인터뷰

2007년 10월 2일 화요일, 로스앤젤레스(LA) 컬버 씨티.

잉그리트 길혀홀타이: 정치와 사회에 대한 당신의 전반적인 관점에 영향을 미친 사건이나 전략이 있습니까? 예를 들어 아프리카계 미국 학생조직 '비폭력학생협력위원회'(SNCC)의 영향을 받았나요?

헤이든: 아닙니다.

길혀홀타이: '블랙팬더'의 영향은?

헤이든: 조금요.

길혀홀타이: 까스뜨로와 체 게바라는요?

헤이든: 조금요.

길혀홀타이: 레지스 드브레는요? 그의 책 『혁명 속의 혁명?』에 영향을 받았나요?

헤이든: 아닙니다. 책은 읽었지만 제 관점이 책 한권으로 좌우

되지는 않았습니다.

길혀홀타이: 당신 자신의 뉴어크 게토 활동을 통해 받은 영향은 있나요?

헤이든: 조금요.

길혀홀타이: 1967~68년에 '항의에서 저항으로'의 이행이라는 급진화로 입장을 바꾸신 이유를 좀 말씀해주셨으면 합니다.

헤이든: '이질적인 상황 전개'라는 문제와 관련됩니다. 저는 캘리포니아 주 버클리에 살았는데 블랙팬더 본부와 얼마 떨어지지 않은 곳에 집이 있었습니다. 흑인 게토는 겨우 몇발짝만 들어가도 일종의 전투지역이었죠. 베트남에서 돌아온 블랙팬더 사람들은 자기 본부 밑에 참호와 굴을 팠습니다. 오클랜드 경찰이 게토에 침투해서 샅샅이 수색했죠. 총격전이 벌어졌습니다. '리틀' 바비 허튼이 살해되었죠. 제게는 이 모든 일이 비현실적이었습니다. 언제나 다시 백인 세상으로 돌아올 수 있었기 때문이죠. 점점더 참을 수 없게 되어 차라리 저항을 수행하는 쪽으로 기운 건 히피족이 아니었습니다. 저항을 수행하는 일이 그들에겐 자연스럽지 않았죠. 계급적·사회적 본성과 도무지 맞지 않았던 겁니다. 블랙팬더 사람들은 달랐습니다. 그들은 거리에 있었습니다. 또 옆 동네에는 베트남인들이 있었죠. 제게는 이런 주변 환경이 유일한 '제3세계'처럼 느껴졌습니다.

'이질적인 상황 전개'라는 문제에 담긴 본질은 우리가 혁명가들을 옹호하고 어깨를 나란히해야 한다는 중압감을 느낀다는 데 있습니다. 우리 자신은 혁명적 상황에 놓여 있지 않고 백인 중간계급의 생활 조건 속에 있는데 말입니다. 이는 진짜로 근본적인 문제입니다. 물론 제가 유럽적 관점에서 말할 수는 없습니다. 결국 이질적인 상황이란 우리가 블랙팬더를 지지하거나 공감하거나 혹은 그냥 내버려두는 수밖에 다른 대안이 없었다는 걸 의미합니다. 설사 블랙팬더가 너무 모험적이거나 전투적으로 보일지라도 우리에게는 어떤 평가를 내릴 권리가 없었습니다.

베트남인에 대해서도 마찬가지입니다. 베트남인이 사람들을 일깨우기 위해 투쟁하고 죽는다는 느낌이 들었습니다. 따라서 우리는 이 경우에도 베트남인에게 공감을 보낼지 혹은 무관심하게 돌아설지를 결정해야 했습니다. 사실 혁명적 운동에 공감하면서도 끈기있게 선거운동을 하는 건 상당히 어려운 일이었습니다. 정치권이 그런 이질적인 상황의 심화에 책임이 없었다면 아마 이야기가 달라졌을 겁니다. 저는 공화당과 민주당 가운데 상대적으로 진보적인 민주당조차 베트남전을 고조시키고 있었다고 생각합니다. 따라서 당시 정치적인 차원에서는 어떤 선택의 여지도 없었습니다.

이질적인 상황 전개의 결과인 1967년과 1968년 '항의에서 저항으로'의 이행에는 세 가지 의미가 있었습니다. 첫째, 모든 사람들의 상상력에 맡겨진 완전히 일반적 공식으로의 의미입니다. 둘째, '항의에서 저항으로'는 아주 구체적인 어떤 걸 뜻했습니다. 징집을 거부하라는 거죠. 우리는 정부가 도저히 손도 쓸 수 없는 곳에 있다고 믿었고 개혁은 불가능해 보였기에 히피들보다 더 나아가기를 원했습니다. 어떻게든 더 많은 것을 무릅쓸 각오, 즉 자기 특권을 희생하거나 삶까지 걸 각오가 되어 있었죠. 오클랜드에서 징집을 거부하는 사람들과 경찰 사이의 작은 발걸음으로 모든 게 시작되었습니다. 이게 전국으로 번져갔지요. 하지만 폭력은 아니었습니다. 단지 입대 거부였죠. 물론 합법적인 일은 아니었고요.

셋째, 그 '저항'의 본질은 거리를 통제하려는 경찰에 주눅들지 않는다는 데 있었습니다. 따라서 비폭력 행위인 시민 불복종과 가두투쟁 사이에 존재하는 중간지대였던 셈이죠. 가두투쟁은 당시 롤링스톤즈의 믹 재거가 설명하기도 했습니다. 예, 믹 재거조차 '거리의 투사'였지요. 적어도 한번은 말입니다. 그러나 저는 가두투쟁을 폭력이라 말하고 싶지 않습니다. 비록 '투쟁'을 이야기했지만 아주 낮은 수위의 투쟁을 뜻했습니다. 상황은 1967년부터 1968년까지 서서히 변해갔는데 1968년에 건물점거가 더해집니다. 여기서도 '이질적인 상황'으로 설명이 가능합니다. 뉴욕 컬럼비아대학에서 점거가 발생한 이유는 흑인 학생들이 저항을 수행할 각오가 되어 있었기 때문입니다. 할렘 접경의 체육관 문제 때문만은 아니었던 거죠. 흑인 학생들은 전투성을 표준으로 삼았고 건물점거를 시작했습니다. 그들은 아방가르드였죠. 흑인 학생들에게 공감이나 연대를 표현하는 길은 똑같은 건물점거였습니다. 건물점거는 폭력행위인가요? 아닙니다. 그럼 불법인가요? 맞습니다. 주거침입이니까요. 필시 그 이상은 아닐 겁니다.

1965~68년 사이에 미국 전역의 흑인 게토에서 75~100번, 많게 잡아 125번의 폭동이 일어났다는 사실을 잊지 말아야 합니다. 도시 하나쯤은 늘 어디선가 불타고 있는 듯했습니다. 당시 저는 캘리포니아 주 뉴어크에 살며 사태를 눈앞에서 보았습니다. 그건 임박한 혁명의 아나키스트적 형태처럼 보였습니다. 폭동을 일으킨 사람들은 베트남인도 아니었고, 블랙팬더도 아니었습니다. 전

체 흑인의 지지를 받은 수천명의 젊은이였습니다. 그들은 거리에서 투쟁하고 화염병을 던지고 집을 불태우고 약탈을 일삼으며 국가 권위를 무시했습니다. 이런 상황에서 무엇을 해야 할까요?

다른 많은 이들처럼 저도 엄청난 긴장 상태에 있었습니다. 제가 무엇을 했을까요? 책을 하나 썼습니다(웃음). 저는 뉴어크 봉기의 목격자였고 주지사가 군대를 철수시키도록 하려고 노력했습니다. 하지만 그 사건으로 저는 폭동 가담자에게 일정한 연민을 느끼게 되었습니다. 많은 미국인이 그런 감정을 느꼈으리라고 봅니다. 뒤이어 상황이 악화되었는데, 로버트 케네디의 죽음보다 마틴 루서 킹 암살이 더 큰 역할을 했다고 생각합니다. 하지만 두 번의 암살 모두 버나딘 돈을 비롯한 저항 2세대에게 큰 영향을 미쳤습니다.

길혀홀타이: 두 암살 사건이 당신에게는 어떤 영향을 미쳤나요?

헤이든: 결과적으로 보면 저는 단련되었습니다. 그런 사태를 어느정도는 예상했죠. 그래서 전혀 뜻밖의 일은 아니었지만, 물론 충격을 받아 심리적인 상처는 입었습니다. 하지만 저보다 젊은 친구들, 그러니까 제가 당시 28세였으니 20~22세 정도의 젊은이들은 완전히 과민상태에 빠졌다고 봅니다. 이런 게 죄다 폭력을 낳는 요소로 작용했습니다. 결국 지하로 들어가자는 생각이 대두했는데, 개혁 채널이 모두 막힌 듯이 보이고 전시법(戰時法)이 포고된 탓입니다. 지하에는 다양한 그룹의 사람들이 있었습니다. 징집 명령을 따르지 않은 사람, 은신한 범죄자, 블랙팬더 인물, 비폭력주의자였다가 처음으로 폭력행동에 뛰어들려는 자, 단순히 불법 신분을 가진 사람 등이 뒤섞여 있었던 거죠. 지하로 들어간

뒤에는 제한된 게릴라 활동에 착수하는 게 다음 행보였지만, 게릴라 활동은 오히려 상징적 의미였습니다.

물론 실제적 폭력도 있었음을 간과하지는 말아야 합니다. 가령 블랙팬더와 뉴저지 주방위군 사이에, 그리고 오클랜드 블랙팬더 및 베트남인과 미군 사이에는 그런 폭력이 있었죠. 하지만 캠퍼스같이 상황이 다른 곳에서 총기로 무장을 하고 경비원을 사살한다면 정신 나간 짓이었을 겁니다. 그런 행위야말로 상황에 전혀 맞지 않는 일이었겠죠. 그래서 휴이 뉴턴(블랙팬더 설립자 일원)의 폭력구상이 점점 더 빈번히 적용되었습니다. 다른 건 모조리 쓸모가 없었기 때문이죠. 휴이 뉴턴의 아이디어는 건물 파괴를 통해 메씨지를 전달한다는 거였습니다. 물론 그건 더이상 상징적이지만은 않았고 수백만 달러의 재산 파괴를 동반했습니다. 하지만 그 아이디어의 핵심은 전투적 수단을 통한 메씨지 전달에 있었습니다. 상대방이 감당해야 할 손실비용을 높여 결국 귀 기울이게 만든다는 의도가 숨어 있었던 거죠. 정치가들은 결코 변하지 않습니다. 따라서 폭력사용은 적잖은 사람에게 유혹의 손길로 다가왔죠.

그럼에도 그런 사람들은 작은 무리에 불과했습니다. 60년대 후반 역사에서 거의 눈에 띄지 않는 요소처럼 보이기도 하죠. 하지만 국가기관에는 큰 영향력을 미쳤다고 생각합니다. 폭력독점 그 자체를 요구하는 국가기관들은 눈에 띄지 않게 지하에서 폭력행동을 수행하는 걸 허용치 않으려고 합니다. 이게 60년대의 비밀이었고 지금도 마찬가지입니다. 많은 부분이 밝혀지지 못하고 있는 거죠. 그리고 이런 폭력이 캠퍼스에서만 발생한 것도 아닙니다. 이질적인 상황은 군대에서 가장 극단적으로 드러났죠. 베트남전에서 같은 편에 죽임을 당한 미군 장교가 얼마인지 오늘날까지도 모른다는 사실을 아십니까? 군인들이 상관에게 폭력을 행사했다는 걸 우리는 알고 있습니다. 이를 언급하는 책도 더러 있지만 1968년의 역사에서는 결코 공개적으로 논의하지 않고 있죠. 터부가 된 겁니다. 저널리스트들이 왜 그 터부를 고수하고 있는지 알 수가 없네요. 지금 말한다고 새로운 폭력물결을 낳는 것도 아닐텐데 말이죠. 그 일은 말해야 하는 역사의 일부입니다. 당시 군대에서의 그런 폭력 형태를 지칭하는 새로운 말이 만들어지기도 했죠. "고의 살상하기"라는 말이었습니다. 상관의 막사에 수류탄을 던지는 것과 관련된 단어였죠. 많은 사람이 그렇게 죽었지만 보도하지 않는 겁니다. 하지만 상관 살해가 베트남 철군 결정을 가속화했다고 보아야 합니다. 군대를 더이상 신뢰하기 어려웠기 때문이죠. 군대 스스로 무너져내린 것입니다.

길혀홀타이: 자서전 『재통합』에 따르면 1969년 시카고 형사소송 이후 체제가 제대로 기능하기 시작하는 걸 확인했다고 하셨는데 그게 무슨 의미지요? 60년대 저항운동이 실제로 어떤 것을 바꾸어놓았다고 말하고 싶으신 겁니까?

헤이든: 예. 한데 그건 아주 복잡한 문제라고 봅니다. 경험은 모든 지식의 어머니라고 했는데, 경험에서 말하자면 체제가 순응하기 시작한다는 인상을 받았습니다. 좌파 일각에서는 무의미한 겉치레일 뿐이라고 말했죠. 하지만 시카고 항소법원이 1심판결을 파기하고 검사와 판사를 질책하며 1심 때 우리에게 적용된 치안교란죄를 무효로 선언하자 다른 결론을 내려야 했습니다. 저는

이데올로기가 아니라 경험에 의지했죠. 체제를 너무 신뢰하는 게 아니냐고 말들이 많았지만 체제는 획일적 통일체가 아니라고 봅니다. 체제 속에 개혁 욕구도 있다는 거죠. 다시 말하면 체제 변화가 "꼼짝 마, 이 새끼야!" 같은 말에서처럼 순전히 강제로 이루어진 건 아니라는 겁니다. 우리는 체제의 유연성이 장점이자 단점이기도 하다는 걸 익히 알고 있었습니다. 일찍이 '프리덤 라이드'(자유승차운동)와 관련해 이런 사실을 깨달았습니다. 로버트 케네디는 처음에 이 운동에 반대하다가 나중에는 지지했습니다. 뒤이어 케네디는 흑인의 선거명부 등록을 진척시키려고 은밀히 모금활동도 벌였죠. 그러다 결국 증오의 분위기 속에서 암살되었습니다. 그 암살은 케네디가 지지한 개혁에 맞서는 행동이었죠. 이러한 개혁이 단지 겉치레일 뿐이라는 생각에 저는 동의할 수 없습니다. 케네디와 마틴 루서 킹은 이런 개혁을 위해 죽었습니다. 그런데 개혁이 어떻게 껍데기 문제에 불과할 수 있겠습니까.

반면, 체제의 순응이나 개혁이 사회운동의 억제나 약화라는 목표를 겨냥한다는 건 명백히 옳았습니다. 따라서 개혁에는 늘 댓가가 있습니다. 개혁을 받아들이고 댓가를 치러야 한다는 게 제 생각이었습니다. 다른 대안이 없다는 거죠. 가령 베트남전 종전 같은 경우, 종전을 이루고 나면 승리를 전혀 인식하지 못하게 됩니다. 기대했던 그런 승리로 보이지 않기 때문입니다. 오히려 승리했음을 감지하는 동시에 가장자리로 밀려나고 있음을 깨닫게 됩니다. 그러니 거리에 나간 사람들은 승리 그 자체를 주장하고 스스로를 역사에 기록해야 합니다. 그렇지 않으면 그들은 승리 후에 사라지기 때문입니다.

길혀홀타이: 그들은 집으로 돌아가고 운동은 해체의 길을 걷게 되지요.

헤이든: 예, 하지만 이제 그 사람들은 이전과 같지 않았습니다. 그들은 변해서 집으로 갔고 미래 역사의 한 요소가 됩니다. 그들은 존재하고 있습니다. 어디에나 있지요. 이와 관련해 일반이론을 주장하려는 게 아니라, 사회운동의 등락이라고 부를 만한 것의 존재가 제게는 명백하다는 말입니다. 이 논리는 좌파에게는 상당히 실망스러운 거죠.

길혀홀타이: 그 사회운동이 미국에서 언제 약화되었나요?

헤이든: 1971년, 72년입니다. 우선 운동이 분열했습니다. 운동이 힘을 얻으면 언제나 일어나는 일이죠. 뒤이어 스스로 무너지기 시작합니다. SDS는 1969년에 와해되었습니다. 1970년에 미군병력이 캄보디아로 밀고들어갔는데, 비조직적 운동은 이 시점에 절정에 달했죠. 다른 운동도 마찬가지로 세를 불렀습니다. 예를 들어 1970년에 '지구의 날'[30] 행사가 열렸는데 2천만명이 참가했으니 엄청나죠. 게다가 인터넷도 없이 일어난 일이었습니다. SDS와 블랙팬더가 이미 와해된 시기임에도 불구하고 대중운동은 이전보다 더 강했습니다.

우리는 베트남전이 끝나는 1975년까지 반전 캠페인을 계속했습니다. 그 와중인 1970~71년 사이에 징병제 폐지나 닉슨 정부 하의 환경입법, 선거연령 18세로 낮추기 같은 개혁이 모두 실행

30) 1969년에 발생한 캘리포니아 주의 해상 기름유출 사고를 계기로 환경문제에 대한 관심을 촉구하기 위해 상원의원 넬슨(Gaylord Nelson)이 주창한 1970년 4월 22일 '지구의 날'(Earth Day) 행사는 미국 전역에서 2천만명이 참가한다.

되었습니다. 게다가 민주당에 개혁이 일어나, 조지 맥거번
(George McGovern)이 대선후보로 지명되고 아웃싸이더들이 중
심인물로 탈바꿈하며 흑인 제씨 잭슨(Jesse Jackson) 목사가 일리
노이 주에서 연방 하원의원이 되는 등의 일이 발생했죠. 민주당
은 공화당의 닉슨에게 패배한 사실과 관계 없이 1968년에서 1972
년 사이에 완전히 개조되었습니다. 이런 모든 이유로 운동은 거
리에서 힘을 잃었지만 개혁 성향의 유권자로 전환합니다.

　같은 시기 대학에서는 새로운 연구분야를 개방합니다. 여성학
연구는 0에서 100으로 재빨리 불어났죠. 환경보호를 비롯해 치카
노(라틴아메리카 출신 미국 주민)와 아시아, 동성애자에 대한 연
구가 시작됩니다. 따라서 더이상 '거리의 지식'을 받아들이도록
요구할 타당성이 없었습니다. 대학 강의실에서 그런 지식을 제공
했기 때문이죠. 이런 개혁을 부인할 수는 없었습니다. 프란츠 파
농을 읽으려고 대학에 등을 돌리지 않아도 되었죠. 대학 도서관
에서 파농의 책을 빌릴 수 있었기 때문입니다. 그건 세련된 체제
입니다. 의식적으로 도입했건, 음모적으로 만들거나 계획했건 간
에 매한가지죠. 미국의 정치체제는 그렇게 작동하고, 아마 서구
나라도 모두 마찬가지일 겁니다. 서구 정치체제는 전부 영국적인
것에서 유래했기 때문입니다. 따라서 그 나라들 모두가 같은 동
력에 기초하고 있다는 게 제게는 놀라운 일이 아닙니다.

　이제, 사회운동의 쇠퇴보다야 차라리 이런 개혁이 훨씬 더 의
미가 있다는 논거를 펼 수 있지 않을까 싶습니다. 이런 개혁이 라
틴아메리카와 아시아, 아프리카에 없었기 때문에 제국주의는 새
로운 삶의 활력을 얻은 겁니다. 은밀한 전쟁과 CIA 활동, 독재, 죽

음의 포로수용소와 '죽음의 기병대' [31]같은 게 하나같이 계속 이어졌죠. 따라서 중앙아메리카에 대한 미국 개입에 반대하고 '제2의 베트남'에 맞서는 사회운동이 미국의 개혁으로 인해 가능할 수 있을지가 관건이었습니다. 저는 미국에서 이라크전쟁 비판이 급속히 고조된 원인 가운데 하나가 베트남전의 유산이라고 봅니다. 왜냐하면 이라크전 비판의 바람은 미디어를 통해 전해지지 않았기 때문입니다. 미디어는 처음에 이라크전을 지지했습니다. 공화당은 전쟁에 열심히 손을 들어주었고, 좀 덜했지만 민주당도 전쟁을 지지하기는 마찬가지였죠. 그렇다면 그런 비판의 바람은 어디서 불어온 걸까요? 누구도 더이상 징집되지 않는 상황이었습니다. 테러주의적인 적들이 있다는 소리가 나도는 상황이었고요. 게다가 9·11의 영향이 여전한데 어디서 그런 비판의 바람이 불어온 걸까요? 진짜 보수주의자들은 이런 현상을 '베트남 씬드롬'이라 이름붙였습니다.

길혀홀타이: '참여'는 68운동의 중심사상이었습니다. 프랑스에서는 '자주관리'를 이야기하고, 영미권 나라에서는 '참여민주주의'라고 말했죠. 저는 '참여민주주의'의 장기적 효과에 관심이 있습니다. 프랑스와 관련해 뤽 볼딴스끼와 에브 시아뻴로는 『자본주의의 새로운 정신』에서 1980년대에 기업들이 '자주관리'/자치의 사상을 받아들였다고 썼습니다. 그 결과 노동자들은 자유와 자율을 얻는 대신 기존의 안정적 권리를 내주었고요. 미국에서 '참여민주주의'가 진지하게 받아들여지고 장기적 효과가 있었는

---

31) '죽음의 기병대'(death squad)는 특히 남미에서 활동하며, 목표 달성을 위해 치명적인 테러주의 행동을 앞세운 파시스트적이고 준군사적인 부대를 말한다.

지 설명해주실 수 있습니까? 세계은행이 전개한 '굿 거버넌스'라는 새로운 구상에서 '참여민주주의'가 일정한 몫을 했는지요? SDS의 「포트 휴런 선언」이 그 새로운 구상에 영향을 주었습니까?

헤이든: 동일한 역사가 이 경우에도 적용됩니다. 체제가 사상을 훔치는 것입니다. 간단히 말하면 그렇다는 이야기입니다. 미국 SDS의 '참여민주주의' 사상은 아놀드 카우프만 교수 및 그에 앞선 존 듀이에게서 나왔습니다. 미국 실용주의 전통 말입니다. 유럽에서는 '참여민주주의'가 오히려 아나키즘 사상으로 거슬러올라간다고 봅니다. 아나키즘은 스탈린주의에 의해서도 사민주의에 의해서도 소멸하지 않았습니다. 아나키즘이라고 하면 늘 떠오르는 것도, 힘없는 사람들에게 매력적인 사상이라는 점입니다. 비록 사람들이 '아나키즘'이라는 말을 잘 사용하지 않음에도 불구하고 그게 파급력 있는 사상인 이유는 아나키즘이 개개인의 삶의 조건에 잘 들어맞기 때문입니다. 그리고 사람들은 새로 획득한 '자기 강화'의 느낌을 다시 노동조합 지도자나 다른 대표자에게 넘겨주고 싶어하지 않습니다. 따라서 '참여민주주의' 사상은 언제나 강력한 매력을 발산할 것입니다.

이미 말씀드렸듯, 일단 어떤 사상이 파급력을 얻고 나면 훔쳐가는 것입니다. '참여민주주의'의 양면적 효과는 지난 30년간 계속해서 늘어난 비정부기구(NGO) 영역에서 특히 잘 드러나고 있습니다. NGO는 '참여민주주의' 원칙을 실현하고 있지 않습니다. 하지만 NGO는 시민사회를 대변한다고 주장하는 새로운 영역입니다. 오늘날에는 국가와 기업, NGO가 병존하고 있습니다. NGO는 권력이 없는데도 최근 테이블의 한 자리를 늘 차지하고 있습니다. 따라서 간단히 줄여, NGO는 '참여민주주의'에서 나왔다고 말하고 싶습니다.

여기서 우리는 대체 누가 시민사회에 속하는지를 당연히 물어야 합니다. 이주민도 시민사회에 포함되는가요? 또한 시민사회의 결정과정이 어떠한지, NGO는 누구에게 책임을 지는지, 국가가 자문을 구하는 NGO에는 대체 누가 자문을 하는지 등도 질문해야 합니다. 저는 NGO와 시민사회를 개혁할 수 있다고 봅니다. 물론 이 테마는 아직 촌각을 다투는 일은 아닙니다.

우리는 60년대의 경향이 1990년대 이래로 베네수엘라나 볼리비아 같은 라틴아메리카에서 다시 고개를 들고 있음을 경험하고 있습니다. 지금 동유럽에 대해서는 말하고 싶지 않지만 거기서도 상황은 필시 마찬가지일 겁니다. '참여민주주의' 요구가 다시 등장하고 있습니다. 베네수엘라에서 '볼리바르 혁명'[32]을 조직하고 있는 사람들조차 참여민주주의라는 개념을 사용했습니다. 그들과 자리를 같이한 적이 있습니다. 그들을 인터뷰했죠. 의식적으로 '참여민주주의'를 슬로건으로 채택했다고 하더군요. 어떻게 그런 생각이 나왔는지 물었죠. 그들은 미국 SDS에 대해 전혀 아는 바가 없었습니다. 베네수엘라는 현재 차베스 대통령 치하에서 전제적이면서도 민주적인 국가형태를 보이고 있습니다. 베네수엘라 헌법은 두 가지 '참여민주주의' 요소를 담고 있습니다. 첫째는 공동체를 위해 봉사하는 '주민평의회'로, 60년대 뉴어크 공동

32) 19세기 초 '라틴아메리카의 해방자'이자 베네수엘라의 국부인 씨몬 볼리바르(Simón Bolívar)에서 이름을 따온 '볼리바르 혁명'(Bolivarian Revolution)은 우고 차베스 대통령이 이끄는 베네수엘라의 광범위한 사회운동이자 현재진행형의 정치적 과정으로, 씨몬 볼리바르의 이상을 계승한 혁명이자 운동으로 자처하고 있다.

체 프로젝트나 '비폭력학생협력위원회'(SNCC)와 대략 유사한 형태입니다. 둘째, 베네수엘라는 민주적인 절차를 헌법에 많이 담고 있는데, 국가수반의 선출 기능을 훨씬 뛰어넘는 선거나 국민투표 같은 것입니다. '참여민주주의'의 귀환이라고 할 만합니다. 그에 반해 NGO는 시야에서 멀어지고 있습니다. 가령 라틴아메리카 프로젝트를 위한 돈을 포드재단에서 계속 받기 위해 NGO는 개혁을 실행해야 할 형편입니다.

볼리비아의 혁명도 아주 비슷합니다. 거대한 자발성과 대중 반란이 일어났습니다. 물론 전통적인 노동조합이나 노동자 조직 및 통상적인 정당도 있었지만, 거리에서 불붙은 운동을 통해 볼리비아 최초로 토착민 대통령이 선출되었습니다. 우리는 끝으로 라틴아메리카의 해방신학도 잊지 말아야 합니다. 해방신학은 성경 해석을 토대로 삼았습니다. (물론 스페인어로 된 것이었죠. 가난한 농부들은 자기 언어로 된 성경을 가진 예가 결코 없습니다. 거기엔 좋은 이유가 있었죠(웃음). 왜냐하면 성경의 예수 이야기가 아주 혁명적인데, 중남미 농부 자신의 이야기와 많이 닮았기 때문이죠.) 1968년 콜롬비아 메데인의 가톨릭교회 주교단 총회에서 라틴아메리카 주교들이 미친 듯이 해방신학을 들여왔습니다. 이렇게 해서 스페인어 성경을 든 수천명의 사제와 교인이 순식간에 등장해 기층 공동체를 조직했습니다. 이 공동체들은 노동자 출신 사제의 전통에 뿌리를 둘 뿐 아니라, 교회 기관과 뒤섞인 스페인 아나키즘과도 궁극적으로 뿌리가 닿는 것이었습니다. 이 운동은 너무 강력해서 교회가 운동 무력화를 위해 운동을 인정하는 길을 택할 정도였습니다.

교회가 그 사이 해방신학운동에 대한 파괴책동을 하지 않은 것은 사실이지만, '오푸스데이'[33] 같은 조직이나 비슷한 극우 성향 그룹을 통해 그 운동을 불구화시켰습니다. 하지만 오늘날 라틴아메리카에 가면 해방신학의 흔적을 느끼고, 해방신학운동의 정신이 결코 사멸한 게 아니라 세련되게 변했음을 깨닫게 됩니다. 물론 흔적없이 사라진 게 있는데, 교회가 내놓던 지원금입니다. 혁명적인 성직자들은 대부금 따위를 전혀 받지 못하고 있죠(웃음). 따라서 저는 해방신학이 '참여민주주의'운동이라고 말하고 싶습니다. 또한 해방신학은 68에 고무되었고, 일차적으로 라틴아메리카나 북미가 아닌 유럽에서 왔다고 봅니다.

그러니까 '참여민주주의'는 죽지 않았습니다. '참여민주주의'는 절정에 이른 뒤 유산을 남겼습니다. 또한 어떤 형태로건 재발견되기를 기다리고 있습니다. 이런 재발견은 언젠가 이루어지겠지만, 모든 사회운동의 발생에 오묘함이 담겨 있듯 우리는 때를 기다려야 합니다. 혹시 '참여민주주의'의 재발견이 현재 이루어지고 있는데 우리가 아직 깨닫지 못하고 있는지도 모릅니다. 어쩌면 불교 승려들이 봉기하고 있는 미얀마(버마)에서 바로 지금 재발견이 진행되고 있는지도 모르는 것이죠. 독재는 모두 언젠가 종말을 고합니다. 하지만 독재는 무너지는 순간에 분파운동 전개의 방아쇠를 당길 수도 있습니다.

길혀홀타이: 이제 마지막 질문입니다. 꼬소보전쟁을 찬성하셨

33) 라틴어로 '신의 사역'이라는 뜻인 '오푸스데이'(Opus Dei)는 1928년 스페인 신부 에스크리바(J. M. Escriva)가 마드리드에서 창설한 종교단체 '성 십자가와 오푸스데이'의 약칭으로, 로마 교황청의 승인을 받은 성직자 자치단이다.

나요, 아니면 반대하셨습니까?

헤이든: 물론 반대했습니다.

길혀홀타이: 인도주의적 개입에 반대하십니까?

헤이든: 그렇습니다.

길혀홀타이: 하지만 고립주의자가 아닌 것도 확실하지 않습니까?

헤이든: 당연히 아닙니다. 당시 저는 꼬소보전쟁에 대한 글을 몇편 썼습니다. 지난 50년간 펴낸 제 저작들을 다룬 책이 곧 나옵니다. 『민주사회를 위한 글쓰기』라는 제목입니다. 거기서 제 견해를 확인하실 수 있습니다.

길혀홀타이: 당시 꼬소보전쟁 반대를 표명했을 때 지인들의 반응은 어땠습니까. 좀 무시당하셨나요?

헤이든: 아닙니다. 우리는 대부분 그 전쟁에 비판적 입장이었습니다. 저는 유럽의 꼬소보전쟁 지지가 유럽 근현대사라는 배경에서 나왔다고 봅니다. 신좌파에는 일반적 공통점이 있다고 보는 게 사실이지만, 국가단위 운동은 나름의 특수한 문화적 경험을 토대로 전개되었다고 생각합니다. 미국 신좌파의 역사는 어쨌든 우리를 그 전쟁에 찬성하는 쪽으로 이끌지 않았습니다. 하지만 유럽에서는 달랐죠. 이는 발칸의 역사나 제1, 2차 세계대전과도 능히 관련됩니다. 우리에게는 그런 부분의 비중이 덜했죠. 제가 유럽인이었다면 어떤 선택을 했을지 판단하기는 어렵군요.

여하튼 미국에서 인권을 옹호한답시고 군국주의로 돌아가기를 원한 인물은 소규모 핵심부대로만 존재했습니다. 싸만사 파워(Samantha Power) 같은 사람이 그런 쪽이죠. 그녀는 물론 클린턴 대통령처럼 아일랜드 혈통입니다. 이런 사람들이 클린턴을 이용했거나, 혹은 클린턴도 아마 이들을 이용했겠죠. 제 생각에 만약 꼬소보전쟁에서 러시아가 쎄르비아 지원을 철회하지 않았더라면 (저는 이 철회 과정에서 미국이 러시아와 은밀한 거래를 했다고 봅니다) 지상전이 발발했을 것입니다. 그럼 대참사가 벌어졌을 테죠. 꼬소보전쟁 이후 미국의 태도는 상당히 모순적이었습니다. 몇몇 민주당원은 승리라고 말했죠. 하지만 미국에서는 꼬소보에 관심을 두는 사람이 거의 없었기에, 대체 어떤 승리를 말하는지 누구도 몰랐습니다.

우리가 아는 건 그 승리의 환상이 이라크전으로 연결되었다는 점입니다. 하지만 이제 모든 '인도주의 매파'는 종적을 감추었습니다. 날개가 잘려버린 것이죠. 매파들은 사죄하며 잘못을 인정하고 있습니다. 따라서 인도주의적 개입이라는 꾸슈네르의 아이디어는 미국에서 완전히 불신당했습니다. 물론 그런 생각은 다시 등장할 것입니다. 그러나 오늘날 이라크전은 군사개입과 경제발전이 인권과 조화를 이룬다는 생각을 완전히 쓸어버렸습니다. 양자의 조화를 주장하는 소리를 30년간이나 들었지만 그런 일이 실현된 예는 결코 본 적이 없습니다.

우리는 꼬소보전쟁 앞에 지적 부담을 느꼈습니다. 꼬소보 사람이 모두 유대인 박해와 강제수용소 등을 기억나게 했다면, 우리가 어떻게 초연할 수 있었겠습니까. 자기 땅에서 쫓겨난 꼬소보 주민의 모습이 뒤이어 TV에 잡혔죠. 당시 얼마나 많은 사람이 실제로 쫓겨났는지를 둘러싼 논쟁이 5년 뒤 미국에서 불붙었습니다. 사람 숫자가 10배에서 20배까지 엄청나게 부풀려졌죠. 독불

장군처럼 말하고 싶지는 않습니다. 하지만 저는 경험을 믿고 경험에서 배웠습니다. '무기를 든 사람들'은 인권과 인도주의에 대한 제대로 된 관심은 고사하고 경제발전에 대한 관심조차 없다는 것을 말입니다.

68혁명으로 가는 시간여행 기차

나는 반역한다. 고로 우리는 존재한다!
우리는 세상을 원한다. 바로 지금 원한다!

우리가 68혁명이나 운동이라 부르는 역사적 사건이 지난해로 40주년을 맞았다. 기념 열기는 '세계혁명'(월러스틴)으로서의 면모에 걸맞은 세계적 현상이었다. 1968년에 절정에 오른 그 저항의 중심부에 자리잡은 나라들에서 전시회와 학술대회, 특집방송, 출판물 등이 홍수를 이루었다. 물론 이런 기념 열기가 축하일변도의 합창만은 아니었다. 프랑스에서는 '68을 청산해야 한다'는 싸르꼬지 대통령의 발언과 맞물리며 격렬한 68 찬반논쟁이 불붙었다. 한쪽에서는 68이 '폭력을 조장하고 무질서가 판을 친' 사건이었던 반면, 다른 쪽에서는 낡고 억압적인 사회에 반기를 든 운동이자 잊지 말고 '지켜야 할 유산'이었다. 이웃나라 독일도 사정은 마찬가지였다. 68이 진정한 서독 민주주의의 출발점이라는 뜻에서 '제2의 건국'이라고 말하는 쪽이 있는가 하면, '적군파 테러'가 68의 불가피한 귀결이었다는 주장도 목소리를 냈다. 이렇게, 논쟁은 아직 식지 않았고 '68의 역사'는 박물관에서 쉬기에는 너무 뜨겁다.

이제 40년 전의 그 현장으로 돌아가보자.

베트남전에 반대하는 시위 물결이 서구 대도시의 거리를 가득 메운다. 프랑스 학생과 노동자가 일구어낸 '빛나는 연대'는 세계 사에도 유례가 없는 천만 노동자의 파업으로 번져가고, 서독에서 는 운동 지도자 루디 두취케 저격 사건을 계기로 '바이마르 이후 최악의 시가전' 상황이 벌어진다. 대서양 너머 미국에서는 머리 에 꽃을 인 히피가 반전시위의 한복판에서 군인의 총신에 꽃을 꽂고, 체코 시민들은 '프라하의 봄'을 진압하러 온 소련 탱크에 용 감히 맞선다. 전투적 학생시위가 일본 열도를 뒤흔들고 중국이 문화혁명의 광풍에 휩싸이는가 하면, 멕시코 올림픽 시상대 위에 서는 미국 흑인 육상선수가 주먹을 치켜드는 '블랙파워'식 인사 로 흑인차별을 고발한다. 운동내 남성 권위주의에 맞서 떨쳐 일 어난 여성운동의 깃발이 솟아오른다. 반전시위가 록 콘써트와 어 우러지고, 거리연극이 거리시위와 뒤섞이며, 다른 삶을 추구하는 공동체가 우후죽순으로 등장한다.

세계적 사건답게 68이라는 '저항의 지도'에는 이처럼 서구와 동구, 아시아와 아메리카를 아우르는 수많은 나라의 사건이 올라 있다. 일찍이 역사에서 이렇듯 '천의 얼굴'을 한 혁명이 있었을까?

역사가 에릭 홉스봄은 21세기 벽두에 내놓은 자서전 『미완의 시대』에서 "혁명은 혁명에서 쏟아져 나오는 무수한 말을 통해 그 성격을 알 수 있다"고 했다. 68은 어떤 말들을 쏟아냈을까? "우리 는 세상을 원한다. 바로 지금 원한다!" 1968년 4월, 점거된 컬럼비 아대학 건물 창문에 커다랗게 걸린 이 슬로건은 60년대 청년반란의 상징인 록 그룹 도어즈의 노래 「음악이 끝나면」(When the Music's Over)에서 따온 말이었다. 68의 젊은이들은 이렇게 세상을 원하고 또 바꾸어놓으려 했다. 나아가 "상상력에 권력을!" "금지하는 것을 금지한다!" "현실주의자가 되자. 그러나 불가능한 것을 요구하자!" 같은 외침도 메아리쳤다.

하지만 '68의 정신'은 무엇보다 "나는 반역한다. 고로 우리는 존재한다!"라는 슬로건에서 제대로 드러난다. 미국의 활동가 톰 헤이든이 까뮈에게서 가져온 이 말은 실존주의적이면서도, "개인적 해방과 사회적 해방의 병행"(홉스봄)을 내포한 68의 핵심 정신으로 이어진다. 즉 '나의 반역/저항'이 '우리 존재'의 조건임을 뜻하는바, 저항하는 자만이 모든 권위로부터 해방될 수 있는 진정한 인간이기에 개인적 해방과 사회적 해방은 동시에 진행되어야 한다는 인식이 들어 있다. 68의 기획에서 개인적 해방과 사회적 해방은 '진정한 인간해방'을 이끌어가는 쌍두마차였던 것이다.

또한 청년들이 68의 거리를 가로지르며 플래카드로 들고 다닌 인물사진에서도 68의 단면을 볼 수 있다. 맑스나 레닌도 없지 않았지만, 로자 룩셈부르크처럼 '현실사회주의' 진영에서 이단아로 꼽히거나 뒷전으로 밀린 혁명가를 비롯해 제3세계 혁명의 상징인 체 게바라와 호찌민 같은 얼굴이 거리를 수놓았다. 이런 사실은 68이 자본주의 비판일뿐더러 현실사회주의 비판이기도 했음을 뜻한다. 게다가 당대 활동가들이 제3세계에서 변혁의 희망과 에너지를 받아왔음을 보여준다. 홉스봄의 말을 빌리면 "1960년대에 제3세계는 1세계에 혁명의 희망을 다시 심어주었다."

68의 문제제기는 '욕구'의 문제와도 맞닿아 있었다. 68 이전의 기존 혁명에서 사실 개인의 욕구는 대의를 위해 희생하거나 미루어야 하는 어떤 것이었다. 하지만 68의 주체들은 욕구의 억압이 결국 권위적인 체제의 정치적 억압과 동떨어진 문제가 아님을 깨달았다. 그래서 68년 빠리 거리의 벽에는 "오르가슴을 멈추지 마라"는 글이 휘갈겨졌고, "혁명을 생각할 때면 쎅스가 하고 싶어진다"는 말도 마다하지 않았다. 인간의 육체와 그 욕구를 무시하는 행위가 인간적일 수 없으며, 그런 행위에 기반한 혁명이란 결국 인간성 억압으로 귀결할 공산이 크다고 본 것이다. 따라서 기존 혁명에서 보이는 대의(이성)와 욕구(감성)의 대립구도 해소, 쉽게 말해 '대의의 독재'에 눌려 역사의 뒷방에 갇혀 있던 개인의 '욕구'가 이제 드넓은 거리로 뛰쳐나왔다.

물론 68의 개별 주체들이 '이성과 욕구의 융합'이라는 대전제 아래 획일적으로 배치되지는 않았다. 현실에서 황금분할은 이상의 영역이듯, 68의 격동기에도 이성과 욕구는 어지러이 뒤섞이고 혼재하고 양 극단으로 치달으며 방종의 이름으로 기성세대나 제도권의 질타를 낳는 빌미가 되기도 했다. 한쪽 끝에는 꽃과 사랑만으로 세상을 바꿀 수 있다고 본 '꽃의 아이들'인 히피가 있었고, 반대편 끝에는 자유연애와 마약을 넘어 장발까지 혁명 활동의 장애물로 취급하며 이성의 무소불위를 신봉한 마오주의자가 자리 잡고 있었다. 그밖의 다종다양한 그룹들이 그 스펙트럼 사이 어딘가에 위치했다.

나아가 68에서 무엇보다 돋보이는 대목은 '축제로서의 혁명' '혁명으로서의 축제'라는 양상이었다. 68의 거리에서는 함성과 깃발, 최루탄과 투석이 난무했지만 그게 전부는 아니었다. 수많

은 공연의 흥겨움과 거리연극의 유머와 위트가 토론이나 논쟁과
겹쳐지는 축제의 장이기도 했기에, 바리케이드 위의 사람들도 다
가올 전투를 준비하며 키스를 나눌 수 있었다. 그런 면에서 68의
정신은 "해야 하기 때문에 너는 할 수 있다!"(칸트)보다 "할 수
있기 때문에 너는 해야 한다!"(슬라보예 지젝)는 말에 더 가깝다.
축제는 즐겁게 할 수 있는 일이고 '할 수 있기 때문에' 한다면 혁
명조차 축제일 것이기 때문이다. 이렇게 '혁명의 얼굴' 자체를 바
꾸어놓은 68은 세상을 바꾸려는 거대한 직접행동이자 다른 세상
을 꿈꾼 실험이었다. 68은 그런 의미에서 아직도 끝나지 않은 '현
재진행형의 운동'이다.

또한 68은 거리의 저항과 토론이 뒤섞인 진정한 '목소리의 전
장'이었다. 꼬리를 무는 집회와 토론회, 구호와 성명서가 세상을
뒤덮었고, 소련군 탱크 앞에서도 프라하 시민들은 대화와 토론을
멈추지 않았다. 물론 '목소리의 전장'이라는 상은 68의 지도 전체
를 아우르는 현상은 아니었다. 베트남에서는 토론보다 총성이 일
상이었으며, 멕시코에서는 '안전한 올림픽'을 위해 수많은 시위
학생들이 학살되고, 남미에서는 게릴라 활동이 해방의 유일한 길
로 비쳤다. 하지만 전체로서의 68은 '다른 혁명'의 가능성을 보여
준 사례였다.

이처럼 68에서 나온 '축제로서의 혁명'이자 '목소리의 전장'이
라는 모습은, 2008년 한반도의 밤을 낮처럼 밝힌 '촛불의 바다'와
얼마간 닮아 있다. 지난해 한국의 거리에서 촛불을 든 하나하나
의 손과 눈과 귀들이 68은 듣도 보도 못했다고 해도, 40년 세월을
사이에 두고 '촛불혁명'은 68이 어떻게 변모하거나 진화할 수 있

는지 보여주었다. '꽃병'(화염병)보다 '불꽃'으로 세상을 바꿀 일말의 가능성을 열었다는 점 하나만으로 '촛불'은 감히 '68의 불꽃'에 견줄 만한 대사건이었다. 게다가 68의 주체인 신좌파의 모토가 '조직 없는 운동' '지도자 없는 운동'이었으니, 촛불의 그것과 적잖이 비슷하지 않은가?

그래서일까? 한국독일사학회가 68혁명 40주년을 기념해 주최한 국제학술대회에서 대표적 68연구자인 조지 카치아피카스(George Katsiaficas)는 다음과 같이 말했다. "한국의 2008년 '촛불혁명'에서는 1960년대와 동일한 형태의 직접민주주의 기본 요소들이 관찰된다. 지도자도 없고 누구에게나 마이크를 넘기는 집회가 저명인사의 일방적 연설이 아니라 각계각층의 참가자를 끌어내는 걸 볼 수 있다."

68의 불꽃이 촛불의 불꽃으로 되살아난 것일까? 역사는 반복되지 않아도 역사에서의 배움은 반복되는 것일까?

흔히 말하듯 68운동은 권위주의에 맞선 저항이었다. 그리고 최근 우리의 정치 상황은 권위주의가 먼 옛날이야기가 아님을 보여준다. 정권의 불도저식 행보는 국민의 소리를 '묻기'보다는 '묻어버리는' 것으로, 때론 형식 민주주의의 절차조차 의문시하는 권위주의의 전형이다. 지난해 반도를 달군 '촛불 태풍'에 휘청거린 권위주의가 다시금 기승을 부리는 것은 '반권위주의 운동'으로 불타오른 68의 역사에 대한 관심을 불러일으키고, 나아가 '촛불의 바다'가 2008년으로만 국한되지 않을 가능성을 점치게 한다. 그러니 '촛불의 바람'은 어쩌면 40년 전 68에서 길게 불어온 것인지도 모른다.

이번에 국내에 소개되는 『68혁명, 세계를 뒤흔든 상상력』의 저자인 잉그리트 길혀홀타이 교수는 서구 역사학계에서도 드물게, 일찌감치 68연구에 앞장서온 인물이다. '시간여행'이라는 부제가 말하듯 이 책은 격변의 1968년을 종횡무진 가로지르는 경쾌한 여행을 선사한다. 특히 이야기 얼개가 일종의 집단전기 형태를 띤다는 점이 독특한데, 필자 스스로 말하기보다 당대 68주역들의 박진감 넘치는 여행을 추적하며 그들의 발과 입으로 이야기한다.

이 시간여행의 기차는 베트남전의 분수령으로 작용한 '구정공세'에서 출발해 미국과 서유럽을 넘어, '인간다운 얼굴의 사회주의'를 꽃피우려 했던 프라하의 봄을 지나고, 시위 학생 학살로 얼룩진 멕시코를 돌아, 게바라 부대에 합류했다가 감옥에 갇힌 프랑스인 레지스 드브레를 쫓아 볼리비아까지 내달린다. 기차는 68의 중요한 기폭제였던 베트남 상황이나 일본의 학생운동과 더불어, 서구에서 마오주의자를 양산한 중국 문화혁명의 현장도 놓치지 않는다. 그런 가운데 1968년이라는 결정적인 해를 또렷이 그린 '저항의 지도'가 눈앞에 펼쳐진다.

68의 의미와 여파에 대한 안내 여행도 빠지지 않는다. "68의 의붓자식이지만 누구보다 자랑스러운 자식"(제프 일리)이자 "여성해방으로 가는 진정한 혁명 속의 혁명"(길혀홀타이)인 여성운동의 출현을 비롯해, 68의 '인식혁명'이나 '모던과 포스트모던 사이'에 위치한 68의 시대상과 역사관도 짚어낸다. 나아가 '68세대의 전쟁'이라는 장에서는 68활동가들이 국제정치에 뛰어드는 모습을 보여준다. '인권 수호'를 위해 무력 개입도 마다하지 않으며 꼬소보전쟁에 가담하는 인물들을 묘사하고, 같은 68세대면서도 그에 반대하는 톰 헤이든의 인터뷰로 대미를 장식한다.

이 책의 이야기를 이끌어가는 주역 중 한명이자 독일 68운동의 아이콘인 루디 두취케는 1968년 2월 베를린 '국제베트남회의'에서 이렇게 사자후를 토한다.

"역사의 가능성은 우리에게 열려 있습니다.

역사의 이 시기가 어떻게 끝날지는 무엇보다 우리 의지에 달려 있는 것입니다!"

책을 옮기며 많은 분의 도움을 받았다. 원고를 읽어준 빌레펠트의 벗들에게 감사한다. 또한 바쁜 와중에도 같이 고민하고 조언을 아끼지 않은 소중한 후배가 없었다면 여러 지뢰밭을 무사히 지나지는 못했을 것이다. 젊음의 거리와 한숨을 함께 건너온 오랜 벗들과 묵묵히 지켜봐주시는 형들께도 감사드린다. 그리고 같이 있지 않아도 같은 곳을 바라보며 내게 '희망의 원리'를 전하는 친구에게 무엇보다 고맙다. '사람 사는 세상'이 온다면 그들과 함께 올 것이다. 가족은 늘 미안함과 고마움의 이름이다. 끝으로 대학의 여러 은사님을 비롯해, '6월 항쟁'의 해에 사제의 연을 맺고 공부의 눈과 길을 열어주신 선생님께도 이 자리를 빌려 감사의 말씀을 올린다.

2009년 7월을 여는 아침에

정대성

| 참고문헌 |

Jeffrey Alexander (2005) "The sixties and me: from cultural revolution to cultural theory," in: Alan Sica, Stephen Turner (Hg.) *The Disobedient Generation. Social Theorists in the Sixties*, Chicago.

Tariq Ali (1998) *Street Fighting Men. Autobiographie eines 68ers*, Köln.

Hannah Arendt, Karl Jaspers (1985) *Briefwechsel 1926~1969*, hrsg. von Lotte Köhler und Hans Saner, München.

Hannah Arendt, Mary McCarthy (1995) *Im Vertrauen: Briefwechsel 1949~1974*, hrsg. von Carol Brightman, München.

Hannah Arendt (2006) *Macht und Gewalt*, München (I. Aufl. München/Zürich 1970, Originalausgabe: *On Violence*, New York 1970).

Raymond Aron (1985) *Erkenntnis und Verantwortung. Lebenserinnerungen*, München/Zürich.

Yaïr Auron (1998) *Les juifs d'extrême gauche en mai 68*, Paris.

Bill Ayers (2003) *Fugitive Days. A Memoir*, New York.

Paul Berman (1998) *Zappa meets Havel. 1968 und die Folgen: eine politische Reise*, Hamburg.

Paul Berman (2005) *Idealisten an der Macht. Die Passion des Joschka Fischer*, München.

Luc Boltanski, Eve Chiapello (2003) *Der neue Geist des Kapitalismus*, Konstanz.

Pierre Bourdieu (1988) *Homo academicus*, Frankfurt am Main.

Christian Bouyer (1968) *Odéon est ouvert. Tribune libre*, Paris.

Thomas Brons (1992) *Octavio Paz. Dichterfürst im mexikanischen Korporativismus*, Frankfurt am Main.

Clayborn Carson (2004) *Zeiten des Kampfes. Das Student Nonviolent Coordinating Committee(SNCC) und das Erwachen des afroamerikanischen Widerstands in den sechziger Jahren. Mit einem Nachwort von Heinrich W. Grosse, Nettersheim.*

Carmen Castillo, Monica Echeverría (2002) *Santiago-Paris. Le vol de la mémoire*, Paris.

David Caute (1988) *The Year of the Barricades. A Journey through 1968*, New York.

Jung Chang, Jon Halliday (2005) *Mao. The Unknown Story*, New York.

Ulrich Chaussy (1983) *Die drei Leben des Rudi Dutschke. Eine Biographie*, Darmstadt/Neuwied.

Daniel Cohn-Bendit, Gabriel Cohn-Bendit (1968a) *Linksradikalismus. Gewaltkur gegen die Alterskrankheit des Kommunismus*, Reinbek b.

Hamburg.

Daniel Cohn-Bendit (1968b) "Daniel Cohn-Bendit im Gespräch mit Jean-Paul Sartre," in: Jacques Sauvageot, Alain Geismar, Daniel Cohn-Bendit, *Aufstand in Paris oder Ist in Frankreich die Revolution möglich?*, hrsg. von Hervé Bourges, Reinbek b. Hamburg, 73~83.

Daniel Cohn-Bendit (1975) *Le grand bazar*, Paris.

Daniel Cohn-Bendit (1987) *Wir haben sie so geliebt, die Revolution*, Frankfurt am Main.

Daniel Cohn-Bendit, Bernard Kouchner (2004) *Quand tu séras président...*, Paris.

Ralf Dahrendorf (1995) *LSE. A History of The London School of Economics and Political Science 1895~1995*, Oxford.

Guy Debord (1996) *Die Gesellschaft des Spektakels*, Berlin.

Régis Debray (1965) "Le castrisme ou la Longue Marche de l'Amérique latine," in: *Les Temps Modernes* 20, Nr. 224, 1172~1237 (dt. Übers.: "Der Castrismus. Der Lange Marsch Lateinamerikas," in: Régis Debray, Fidel Castro, Gisela Mandel, K. S. Karol, *Der Lange Marsch. Wege der Revolution in Lateinamerika*, mit einem Vorwort von Rudi Dutschke, T. Käsemann, R. Schöller, München 1968, 81~163).

Régis Debray (1967a) *La Frontière suivi de Un jeune homme à la page*, Paris (dt. Übers.: *Die Grenze. Ein gewiefter Bursche. Zwei Erzählungen*, München 1968).

Régis Debray (1967b) "Che Guevara, c'est un saint," Interview mit Régis Debray, durchgeführt von einem Reporter von Radio

Luxemburg, abgedruckt in: *Combat* vom 22. August 1967, 6.

Régis Debray (1968a) *Revolution in der Revolution? Bewaffneter Kampf und politischer Kampf in Lateinamerika*, München.

Régis Debray (1968b) *Le proces de régis debray*, Paris.

Régis Debray (1970) "Un curieux réquisitoire," in: *Les Temps Modernes* 26, No. 286, 1745~1778.

Régis Debray (1974) *La guérilla du Che*, Paris.

Régis Debray (1975a) *La critique des armes*, 2 Bde., Paris 1974 (dt. Übers.: *Kritik der Waffen*, Reinbek b. Hamburg 1975).

Régis Debray (1975b) *Les rendez-vous manqués. Pour Pierre Goldman.* Paris.

Régis Debray (1976) *Journal d'un petit bourgeois entre deux feux et quatre murs*, Paris.

Régis Debray (1977) *La neige brûle*, Paris (dt. Übers.: *Ein Leben für ein Leben*, Düsseldorf 1979).

Régis Debray (1978) *Modeste contribution aux discours et cérémonies officielles du dixième anniversaire*, Paris.

Régis Debray (1980) *Le scribe. Genèse du politique*, Paris.

Régis Debray (1987) *Les masques. Éducation amoureuse*, Paris.

Régis Debray, Jean Ziegler (1993) *Il s'agit de ne pas se rendre. Conversations sur France Culture*, Paris.

Régis Debray (1996) *Loués soient nos seigneurs. Une éducation politique*, Paris.

Régis Debray (2000) *Par amour de l'art: Une éducation intellectuelle*,

Paris.

Régis Debray (2002) "Wir brauchen alle einen Beichtvater," in: *du. Die Zeitschrift der Kultur*, H. 724 (März): *Giangiacomo Feltrinelli. Verleger. Ein Mann der Revolte*, 58~61.

Claudia Derichs (1995) *Japans Neue Linke. Soziale Bewegung und außerparlamentarische Opposition*, 1957~1994, Hamburg.

Albert Detraz, er les militants de la CFDT (1969) "Positions et action de la CFDT en mai 1968," *Syndicalisme*, Numéro spécial.

Jutta Ditfurch (2007) *Ulrike Meinhof: die Biographie*, Berlin.

Carlo Donolo (1968) "Theorie und Praxis der Studentenbewegung in Italien," in: *Kursbuch* 13 (Juni) 48~66.

Stuart J. Dowsey (Hg.) (1970) *Zengakuren: Japan's Revolutionary Students*, Berkeley.

Jean-Pierre Duteuil (1988) *Nanterre 1965-66-67-68. Vers le mouvement du 22 mars*, Mauléon.

Rudi Dutschke/Hans-Jürgen Krahl (1991) "Das Sich-Verweigern erfordert Guerilla-Mentalität" (1968) in: *Geschichte ist machbar. Texte über das herrschende Falsche und die Radikalität des Friedens*, hrsg. von Jürgen Miermeister, Berlin, 89~95.

Rudi Dutschke (1991) *Geschichte ist machbar. Texte über das herrschende Falsche und die Radikalität des Friedens*, hrsg. von Jürgen Miermeister, Berlin.

Rudi Dutschke (1980) *Mein langer Marsch. Reden, Schriften und Tagebücher aus zwanzig Jahren*, hrsg. von Gretchen Dutschke-Klotz,

Hellmut Gollwitzer und Jürgen Miermeister, Reinbek b. Hamburg.

Gretchen Dutschke-Klotz (1996) *Wir hatten ein barbarisch schönes Leben*, Köln.

Gretchen Durschke-Klotz (2002) "Jemanden zu lieben war irgendwie falsch," in: Ute Kätzel (Hg.): *Die 68erinnen. Porträt einer rebellischen Frauengeneration*, Berlin, 277~296.

Hans Magnus Enzensberger (1964) "Bewußtseins-Industrie" (1962) in: ders., *Einzelheiten* I, Frankfurt am Main, 7~17.

Hans Magnus Enzensberger (1968a) "Berliner Gemeinplätze," in: *Kursbuch* II, 151~169.

Hans Magnus Enzensberger (1968b) "Gemeinplätze, die Neueste Literatur betreffend," in: *Kursbuch* 15, 187~197.

Hans Magnus Enzensberger (1970a) "Offener Brief" (1968) in: Joachim Schickel, (Hg.) *Über Hans Magnus Enzensberger*, Frankfurt am Main, 233~238.

Hans Magnus Enzensberger (1970b) "Baukasten zu einer Theorie der Medien," in: *Kursbuch* 20, 159~186.

Hans Magnus Enzensberger (1978) *Der Untergang der Titanic: eine Komödie*, Frankfurt am Main.

Hans Magnus Enzensberger (2004) "Erinnerungen an einen Tumult. Zu einem Tagebuch aus dem Jahre 1968," in: *1968. Eine Enzyklopädie*, hg. von Rudolf Sievers. Frankfurt am Main, 23~26.

Hans Magnus Enzensberger (2004) "Erinnerungen an einen Tumult. Zu einem Tagebuch aus dem Jahre 1968" (1984) in: *1968. Eine*

Enzyklopädie, hg. von Rudolf Sievers. Frankfurt am Main.

August Everding (1968) "Was ist demokratisches Theater," in: *Theater heute* 9 (September) 1~2.

David Faber (1988) *Chicago '68*, Chicago/London.

Carlos Feltrinelli (1999) *Senior Service. Das Leben meines Vaters.* Aus dem Italienischen von Friederike Hausmann, München.

Sibilla Feltrinelli-Melega (2002) "Erinnerungen," in: *du. Die Zeitschrift der Kultur*, H. 724 (März): *Giangiacomo Feltrinelli. Verleger. Ein Mann der Revolte*, 88.

Carole Fink, Philipp Gasser, Detlef Junker (Hg.) (1998) *1968: The World Transformed*, Cambridge.

Joschka Fischer (2007) *Die rot-grünen Jahre, Deutsche Außenpolitik: vom Kosovo bis zum II. September*, Köln.

Richard Flacks, "Die philosophischen und politischen Ursprünge der amerikanischen New Left," in: Ingrid Gilcher-Holtey (1998) 151~167.

Jane Fonda (2005) *My Life so Far*, New York.

Ronald B. Frankum (2005) *The Rolling Thunder: The Air War in Vietnam 1964~1975*, New York/Toronto/Oxford.

Ronald Fraser (1988) *A Student Generation in Revolt. An International Oral History*, New York.

Marc Frey (1998) *Geschichte des Vietnamkriegs. Die Tragödie in Asien und das Ende des amerikanischen Traums*, München.

Sigrid Fronius (2002) "Als Frau stand ich nicht unter dem Zwang, jemand sein zu müssen," in: Ute Kätzel (Hg.) *Die 68erinnen. Portrait einer rebellischen Frauengeneration*, Berlin, 21~40.

Jenniver Frost (1996) "Desertion," in: Stanley I. Kuder (Hg.)
Encyclopedia of the Vietnam War, New York, 157~158.

Wolfram Fues (1995) *Text als Intertext. Zur Methode in der deutschen
Literatur des 20. Jahrhunderts*, Heidelberg.

Philippe Gavi (1968) "Des ouvriers parlent," in: *Les Temps Modernes*,
No. 265, 82~83.

Ingrid Gilcher-Holtey (Hg.) (1998) *1968: Vom Ereignis zum Gegenstand
der Geschichtswissenschaft*, Göttingen (Neuauflage unter dem Titel
1968: Vom Ereignis zum Mythos, Frankfurt am Main 2008).

Ingrid Gilcher-Holtey (2001) *"Die Phantasie an die Macht." Mai 68 in
Frankreich*, Frankfurt am Main (I. Aufl. 1995).

Ingrid Gilcher-Holtey, Dorothea Kraus, Franziska Schößler (Hg.) (2006)
Politisches Theater nach 1968. Regie, Dramatik und Organisation,
Frankfurt am Main.

Ingrid Gilcher-Holtey (2007) *Eingreifendes Denken. Die Wirkungschancen
von Intellektuellen*, Weilerswist.

Todd Gitlin (1987) *The Sixties. Years of Hope, Days of Rage*, New
York.

John Gittings (2005) *The Changing Face of China. From Mao to Market*,
Oxford.

André Glucksmann (1968) "Strategy and Revolution in France 1968," in:
New Left Review, No. 52 (November-Dezember).

Frank Gorgi (2007) "Selbstverwaltung in Frankreich von den 1968er bis

zu den 1980er Jahren," in: Bernd Cehrke, Gerd-Rainer Horn (Hg.)
1968 und die Arbeiter. Studien zum "proletarischen Mai" in Europa,
Hamburg.

Maurice Grimaud (1977) *En mai, fais ce qu'il te plaît*, Paris.

Sibylle Gut, Francesca Tommasi (2002) "Chronik von Leben und
Werk," in: *du. Die Zeitschrift der Kultur*, H. 724 (März): Giangiacomo
Feltrinelli. Verleger. Ein Mann der Revolte, 78~87.

Sarah Haffner (2002) "Die Kunst als Weg zu sich selbst," in: Ure Kätzel
(Hg.) *Die 68erinnen. Portrait einer rebellischen Frauengeneration*,
Berlin, 141~160.

Maurice Halperin (1981) *The Taming of Fidel Castro*, Berkeley.

Hervé Hamon, Patrick Rotman (1987) *Génération. Les années de rêve*,
Paris.

Peter Handke (1968) *Kaspar*, Frankfurt am Main.

Peter Handke (1969) *Die Innenwelt der Außenwelt der Innenwelt*,
Frankfurt am Main.

Peter Handke (1972) *Ich bin ein Bewohner des Elfenbeinturms*,
Frankfurt am Main.

Václav Havel (1998) "Preface," in: *The Prague Spring 1968. A National
Security Archive Documents Reader*, hrsg. von Jaromír Navrátil u. a.,
Budapest.

Tom Hayden (1988) *Reunion. A Memoir*, New York.

Tom Hayden (2005) "The way we were and the future of the Port
Huron Statement," in: ders. (Hg.) *The Port Huron Statement. The*

Visionary Call of the 1960s Revolution, New York.

Tom Hayden (2007) *Ending the War in Iraq*, New York.

George C. Herting (1998) "Tet and the Crisis of Hegemony," in: Carole Fink, Philipp Gasser, Detlef Junker (Hg.) *1968: The World Transformed*, Cambridge, 31~54.

Harada Hisato (1970) "The Anti-Ampo Struggle," in: Stuart J. Dowsey (Hg.) *Zengakuren: Japan's Revolutionary Students*, Berkeley, 75~99.

Abbie Hoffman (1990) *The Best of Abbie Hoffman*, New York.

Vladimir Horský (1975) *Prag 1968. Systemveränderung und Systemverteidigung*, Stuttgart.

Peter Iden (1968) "Triumph und Pleite der Wörter. Zu Handkes 'Kaspar'," in: *Theater heute* 6 (Juni) 28~31.

Lorenz Jäger (2003) *Adorno. Eine politische Biographie*, München.

Peter Jansen, Leo Kißler, Peter Kühne, Claus Leggewie, Otmar Seul (1968) *Gewerkschaften in Frankreich. Geschichte, Organisation, Programmatik*, Frankfurt am Main.

Laurent Joffrin (1988) *Mai 68. Histoire des Événements*, Paris.

Uwe Johnson (2000) *Jahrestage. Aus dem Leben von Gesine Cressphal*, Frankfurt am Main.

Michaela Karl (2003) *Rudi Dutschke. Revolutionär ohne Revolution*, Frankfurt am Main.

Roland Koberg (1999) *Claus Peymann: Aller Tage Abenteuer. Biografie*, Berlin.

Gerd Koenen (2001) *Das rote Jahrzehnt. Unsere kleine deutsche*

Kulturrevolution 1967~1977, Köln.

Bernard Kouchner (2004) *Les guerriers de la paix*, Paris.

Dorothea Kraus (2007) *Theaterproteste. Zur Politisierung von Straße und Bühne in den 1960er Jahren*, Frankfurt am Main.

Wolfgang Kraushaar (1998) *Frankfurter Schule und Studentenbewegung. Von der Flaschenpost zum Molotowcockail 1946 bis 1995*, 3 Bde., I. *Chronik*, II. *Dokumente*, III. *Aufsätze, Kommentare, Register*, Frankfurt am Main.

James Simon Kunen (1970) *The Strawberry Statement: Notes of a College Revolutionary*, New York (I. Aufl. 1968).

Mark Kurlansky (2005) *1968. Das Jahr, das die Welt veränderte*, Köln.

Jan Kurz (2000) *Eine Universität auf der Piazza. Entstehung und Zerfall der Studentenbewegung in Italien 1966~1978*, Köln.

Stanley I. Kutler (Hg.) (1996) *Encyclopedia of the Vietnam War*, New York.

Jörg Lau (1999) *Hans Magnus Enzensberger. Ein öffentliches Leben*, Berlin.

Jean-Jacques Lebel, Jean-Louis Brau, Philippe Merlhes (Hg.) (1969) *La Chienlit. Dokumente zur französischen Mai-Bewegung*, Darmstadt.

Hans-Thies Lehmann (1984) "Eisberg und Spiegelkunst. Notizen zu Hans Magnus Enzensbergers Lust am Untergang der Titanic," in: *Hans Magnus Enzensberger*, hg. von Reinhold Grimm, Frankfurt am Main, 312~334.

Wolfgang Leonhard (1970) *Die Dreispaltung des Marxismus*,

Düsseldorf.

Siegward Lönnendonker, Tilman Fichter, Jochen Staadt (Hg.) (1983) *Hochschule im Umbruch*. Teil V: *Gewalt und Gegengewalt (1967~1969)*, Berlin.

Jeannette R. Malkin (1992) *Verbal Violence in Contemporary Drama. From Handke to Shepard*, Cambridge.

Herbert Marcuse (1969) *Versuch über die Befreiung*, Frankfurt am Main.

Nakanishi Masahiro (1970) "Kakamaru: Portrait of an Ultra-Radical Group," in: Stuart J. Dowsey (Hg.) *Zengakuren: Japan's Revolutionary Students*, Berkeley, 193~225.

Jacques Massu (1993) *Baden 68. Souvenirs d'une fidélité gaulliste*, Paris.

Tom McDonough (2007) *The Beautiful Language of My Century. Reinventing the Language of Contestation in Postwar France, 1945~1968*, Cambridge.

Klaus Mehnert (1969) *Peking und die Neue Linke. Analyse und Dokumente*, Stuttgart.

Maurice Meissner (1999): *Mao's China and After. A History of the Peoples Republic*, dritte Auflage, New York.

Matsunami Michiro (1970) "Origins of Zengakuren," in: Stuart J. Dowsey (Hg.) *Zengakuren. Japan's Revolutionary Students*, Berkeley, 46~74.

James Miller (1987) *"Democracy is in the streets."* From Port Huron to the Siege of Chicago, New York.

Reinhard Mohr (2008) *Der diskrete Charme der Rebellion. Ein Leben mit den 68ern*, Berlin.

Oskar Negt (1971) "Die Neue Linke und die Institutionen," in: ders. *Politik als Protest*, Frankfurt am Main, 159~174.

Oskar Negt (1980) "Alternative Protestformen als politische Alternative?," in: Roland Roth (Hg.) (1980) *Parlamentarisches Ritual und politische Alternativen*, Frankfurt am Main.

Wolfgang Nitsch, Uta Gerhardt, Claus Offe, Ulrich K. Preuß (1965) *Hochschule in der Demokratie*. Mit einem Vorwort von Jürgen Habermas, Frankfurt am Main.

Claus Offe (1980) "Konkurrenzpartei und kollektive politische Identität," in: Roth (Hg.) *Parlamentarisches Ritual und politische Alternativen*, Frankfurt am Main, 26~42.

Chester J. Pach Jr. (1998) "Tet on TV: U.S. Nightly News Reporting and Presidential Policy Making," in: Carole Fink, Philipp Gasser, Detlef Junker (Hg.) *1968: The World Transformed*, Cambridge, 55~82.

Luisa Passerini (1988) "Le mouvement de 1968 comme prise de parole et comme explosion de la subjectivité: le cas de Turin," in: *Le Mouvement social*, No. 143, 3-II.

Luisa Passerini (1996) *Autobiography of a Generation. Italy, 1968*, Wesleyan.

Jan Pauer (1995) *Prag 1968. Der Einmarsch des Warschauer Paktes, Hintergründe, Planung, Durchführung*, Bremen.

Octavio Paz (1998) *Das Labyrinth der Einsamkeit*, Frankfurt am Main.

Paul Potter (1965) "Speech to the April 17, 1965, March on Washington," in: Judith C. Albert/Stewart E. Albert, *The Sixties Papers. Documents of a Rebellious Decade,* New York 1984, 221~225.

Daniel Rondeau (1968) *In Flammen. Ein Leben für die Revolution, Paris 1968,* Reinbek b. Hamburg.

Hartmut Rosa (2005) *Beschleunigung. Die Veränderung der Zeitstrukturen in der Moderne,* Frankfurt am Main.

Roland Rorh (Hg.) (1980) *Parlamentarisches Ritual und politische Alternativen.* Frankfurt am Main.

Kirkpatrick Sale (1973) *SDS,* New York.

Gaston Salvatore (1995) *Wolfgang Neuss – ein faltenreiches Kind. Biographie,* Hamburg.

Helke Sander, "Nicht Opfer sein, sondern Macht haben," in: Ure Kätzel (Hg.): *Die 68erinnen. Porträt einer rebellischen Frauengeneration,* Berlin, 161~180.

Jean-Paul Sartre (1995) *Plädoyer für die Intellektuellen. Interviews, Artikel, Reden 1950~1973,* Reinbek b. Hamburg.

Jean-Paul Sartre, Philippe Gavi, Pierre Victor (1982) *Der Intellektuelle als Revolutionär. Streitgespräche,* Reinbek b. Hamburg.

Joachim Schickel (Hg.) (1970) *Über Hans Magnus Enzensberger,* Frankfurt am Main.

Roswitha Schieb (2005) *Peter Stein. Ein Portrait,* Berlin.

Dietmar Schings: "Die Sprache macht ihn fertig," in: *Der Tagesspiegel* vom 14. Mai 1968, 4.

Michael Schmidtke (2003) *Der Aufbruch der jungen Intelligenz. Die 68er Jahre in der Bundesrepublik und den USA*, Frankfurt am Main.

Michael Schneider (1986) *Demokratie in Gefahr? Der Konflikt um die Notstandsgesetze: Sozialdemokratie, Gewerkschaften und intellektueller Protest (1958~1968)*, Bonn.

Peter Schneider (1969) "Die Phantasie im Spätkapitalismus und die Kulturrevolution," in: ders. (1977) *Atempause. Versuch, meine Gedanken über Literatur und Kunst zu ordnen*, Reinbek b. Hamburg.

Stuart Schram (1989) *The Thought of Mao Tse-Tung*, Cambridge/New York.

Kristina Schulz (2002) *Der lange Atem der Provokation. Die Frauenbewegung in Deutschland und Frankreich 1968~1979*, Frankfurt am Main.

Wolfgang M. Schwiedrzik, Peter Stein (1968) "Demokratie ist auch Aktion," in: *Theater heute*. H. 9 (September) 2~3.

Wolfgang M. Schwiedrzik (1998) "Theater als 'Aktion'", in: Ingrid Gilcher-Holtey (Hg.) *1968: Vom Ereignis zum Gegenstand der Geschichtswissenschaft*, Göttingen, 224~238.

Wolfgang M. Schwiedrzik (2002) "Theater als 'Aktion'. Die 60er Jahre," in: Harald Müller, Jürgen Schitthelm (Hg.) 40 Jahre Schaubühne, Berlin, 227~241.

SDS Westberlin, Internationales Nachrichten-und Forschungsinstitut

(INFI) (Hg.) (1968) *Internationaler Vietnam-Kongreß Februar 1968 Westberlin. Der Kampf des vietnamesischen Volkes und die Globalisierung des Imperialismus*, Berlin.

Jan Skála (1978) *Die ČSSR. Vom Prager Frühling zur Charta 77*, Berlin.

Peter Stein, Peter Zadek (1968) "Was kann man machen? Ein Gespräch über Theater und Theatermachen in diesem Jahr 1968 mit den Regisseuren Peter Stein und Peter Zadek," in: Peter Zadek, *My Way. Eine Autobiographie. 1926~1969*, Reinbek b. Hamburg, 529~553.

Rolf Steininger (2006) *Der Vietnamkrieg*, Frankfurt am Main (I. Aufl. 2004).

Johano Strasser (2007) *Als wir noch Götter waren im Mai. Erinnerungen*, München, Zürich.

Botho Strauß (1970) "Versuch, ästhetische und politische Ereignisse zusammenzudenken: Neues Theater 1967~1970," in: *Theater heute*, H. II, 61~68.

Emmanuel Terray (1992) *Le troisième jour du communisme*, Paris.

Olivier Todd (1967) "Fuilleront-ils Régis Debray?" in: *Nouvel Observateur* vom 24. Mai, 14~18.

Marica Tolomelli, *"repressiv getrennt" — "organisch verbündet". Studenten und Arbeiter 1968 in der Bundesrepublik Deutschland und in Italien.* Opladen.

Peter Weiss (1968a) "Che Guevara!," in: *Kursbuch* II, 1~6.

Peter Weiss (1968b) *Diskurs über die Vorgeschichte und den Verlauf des lang andauernden Befreiungskrieges in Viet Nam als Beispiel für die Notwendigkeit des bewaffneten Kampfes der Unterdrückten gegen die Unterdrücker sowie über die Versuche der Vereinigten Staaten von Amerika die Grundlagen der Revolution zu vernichten,* Frankfurt am Main.

Peter Weiss (1968c) "Amerika will den Völkermord. Spiegel-Gespräch mit Peter Weiss über Vietnam," in: *Der Spiegel* 32 (5. August) 66~74.

Peter Weiss (1982) *Notizbücher*, Bd. II: 1960~1971, Frankfurt am Main.

Wolfgang Welsch (2002) *Unsere postmoderne Moderne*, Berlin.

Jon Wiener (Hg.) (2006) *Conspiracy in the Streets. The Extraordinary Trial of the Chicago Eight*, New York.

Oswald Wiener (1969) *Die Verbesserung von Mitteleuropa*. Reinbek b. Hamburg.

Elisabeth Young-Bruehl (2004) *Hannah Arendt. Leben, Werk und Zeit*, Frankfurt am Main.

Sawara Yukiko (1970) "The University Struggles," in: Stuart J. Dowsey (Hg.) *Zengakuren Japan's Revolutionary Students*, Berkeley, 136~192.

Kokubun Yutaka (1970) "The University Problem," in: Stuart J. Dowsey (Hg.) *Zengakuren. Japan's Revolutionary Students*, Berkeley, 100~135.

Peter Zadek (2000) *My Way. Eine Autobiographie. 1926~1969*, Reinbek b. Hamburg.

Martha Zapata Galindo (2006) *Der Preis der Macht. Intellektuelle und Demokratisierungsprozesse in Mexiko 1968~2000*, Berlin.

Jörg Zoller (1969) *Aktiver Streik. Dokumentation zu einem Jahr Hochschulpolitik am Beispiel der Universität Frankfurt/Main*, Darmstadt.

Hartmut Zwahr (2007) *Die erfrorenen Flügel der Schwalbe. DDR und 'Prager Frühling'. Tagebuch einer Krise 1968 bis 1970*, Bonn.

| 조직 일람표 |

공산주의학생연합(Union des Étudiants Communistes, UEC)

국제맑스주의그룹(International Marxist Group, IMG)

기초베트남위원회(Comités Viétnam de Base, CVB)

꾸바공산당(Partido Comunista de Cuba, PCC)

남베트남민족해방전선(National Liberation Front, NLF)

노동자의 힘(Force Ouvrière, FO)

노동총동맹(Confédération Générale du Travail, CGT)

독일노동조합연합(Deutscher Gewerkschaftsbund, DGB)

독일사회주의학생연합(Sozialistischer Deutscher Studentenbund, SDS)

맑스레닌주의 청년공산주의연합(Union des Jeunesses Communistes, UJC-ml)

민주사회학생연합(Students for a Democratic Society, SDS)

민주주의사회주의좌파연합(Fédération de la Gauche Démocrate et Socialiste, FGDS)

베트남연대캠페인(Vietnam Solidarity Campaign, VSC)

베트남전 종식을 위한 전국 동원위원회(National Mobilization Committee to End the War in Vietnam, MOBE)

블랙팬더(Black Panther)

비폭력학생협력위원회(Students Nonviolent Coordinating Committee, SNCC)

사회민주주의대학연합(Sozialdemokratischer Hochschulbund, SHB)

3월 22일 운동(Mouvement du 22-Mars)
성무련(省無聯, 후난성회 무산계급 혁명파 대연합위원회)
아나키스트학생연합(Liaison des Étudiants Anarchistes, LEA)
여성해방 행동위원회(Aktionsrat zur Befreiung der Frauen)
5월 2일 운동(May 2nd Movement, M2M)
웨더멘 그룹(Weathermen)
이딸리아공산당(Partito Communista Italiano, PCI)
일본공산당(日本共産堂, Kommunistische Partei Japans, KPJ)
적군파(Rote Armee Fraktion, RAF)
전국고등교원조합(Syndicat national de l'enseignement supérieur, SNEsup)
전학련(全學連, 젠가꾸렌, 전국일본학생자치회총연합)
제도혁명당(Partido Revolucionario Institucional, PRI)
진보노동당(Progressive Labour Party, PL)
청년국제당(Youth International Party, YIP)
청년사회주의자(Jusos)
체코슬로바키아공산당(Kommunistische Partei der Tschechoslowakei, KPČ)
프랑스공산당(Parti Communiste Français, PCF)
프랑스민주노동동맹(Confédération Française Démocartique du Travail, CFDT)
프랑스전국학생연합(Union nationale des Étudiants de France, UNEF)
프롤레타리아 통일이딸리아사회당(Partito Socialista Italiano di Unità Proletaria, PSIUP)
프롤레타리아좌파(Gauche Prolétarienne, GP)
핵군축캠페인(Campaign for Nuclear Disarmament, CND)
혁명적 공산주의청년연합(Jeunesse Communistes Révoluionnaires, JCR)
혁명적 좌파운동(Movimiento de Izquierda Revolucionaria, MIR)

68혁명, 세계를 뒤흔든 상상력

1968 시간여행

초판 1쇄 발행 • 2009년 7월 10일
초판 6쇄 발행 • 2022년 5월 20일

지은이 • 잉그리트 길허홀타이
옮긴이 • 정대성
펴낸이 • 강일우
책임편집 • 안병률
펴낸곳 • (주)창비
등록 • 1986년 8월 5일 제85호
주소 • 10881 경기도 파주시 회동길 184
전화 • 031-955-3333
팩시밀리 • 영업 031-955-3399 편집 031-955-3400
홈페이지 • www.changbi.com
전자우편 • human@changbi.com

한국어판 ⓒ (주)창비 2009
ISBN 978-89-364-8247-3 93900